3년의 폭정으로 100년이 무너지다

- 킬링필드의 상흔 -

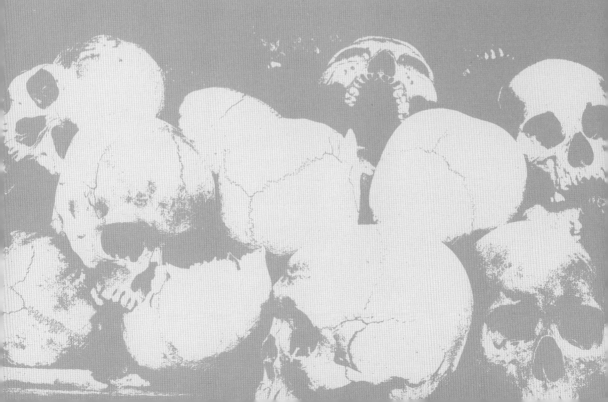

3년의 폭정으로 100년이 무너지다

- 킬링필드의 상흔 -

명나라의 한림학사 유연수가 15세 때 사정옥과 혼인했으나, 20대 중반이 되도록 유연수와 사정옥 사이에는 자녀가 생기지 않아 교채란이라는 여인을 첩으로 들였다. 처로 들어온 교채란은 유연수에게 거문고를 타주게 되는데 사정옥이 이를 알고 혹여 가벼운 노래가 유연수의 심정을 흐트러트릴까 걱정된다며 교채란을 타일렀다. 하지만 교채란은 이를 처의 견제로 알고 유연수에게 이를 과장하여 일러바치지만 유연수는 사정옥이 그럴 사람이 아님을 알고 넘어간다.

그러다 교채란이 아들을 낳고 그해 사정옥도 남아를 낳게 되는데, 아이를 낳기 위해 첩으로 들어온 자신의 입장을 아는 교채란은 자신의 입지를 지키기 위해 사정옥을 핍박하기 시작한다. 결국, 사정옥은 모함으로 인해 쫓겨나 남쪽으로 가게 되고 교채란은 다른 남자를 끌어들여 유한림을 패가망신시켜 쫓아낸다. 유한림은 사정옥을 만나 죄를 씻고 원래 살던 집으로 돌아오고 교채란에게 엄벌을 내린 뒤 사정옥과 함께 잘 살게 된다.

조선시대 김만중이 지은《사씨남정기》의 줄거리다. 이는 숙종과 희빈 장씨와 인현왕후의 일을 풍자하는 이야기다. 김만중이 죽고 2년 후 소설 내용과 똑같이 희빈 장씨가 폐위되며 사약을 받고 인현황후가 복위되면서 남인이 대거 쫓겨나게 된다.

2019년 3월 캄보디아를 방문한 문재인 대통령은 훈 센 총리와 만난 자리에서 "앞으로도 내전을 극복해낸 캄보디아의 지혜를 나누어주시기 바란다."고 말했다.

'내전 극복의 지혜를 나누어 달라'니? 이게 무슨 해괴한 소리인가. 문재인 대통령은 혹시 지금 우리나라의 이념 갈등 상황을 '내전' 상황으로 보고 있다는 말인가? 악명 높은 극좌(極左)공산주의 혁명 집단인 크메르 루주 게릴라로 정치 이력을 시작했고, 1979년 캄보디아를 침공한 베트남의 괴뢰로 권력을 잡은 이래 40년 넘게 독재 권력을 휘두르고 있는 훈 센 총리에게 도대체 대한민국 대통령이 뭘 배우겠다는 것인가? 1인당 국민소득이 3만 달러를 넘은 대한민국 대통령이 1인당 국민소득 1,400달러 수준인 나라 총리에게 무슨 소리를 한 것인가? 야인 시절의 이명박 전 대통령을 경제고문으로 위촉하면서까지 한국의 경제발전 경험을 배우고 싶어 했던 훈 센 총리도 속으

로 '이게 무슨 소리인가?' 싶었을 것이다.

하기야 생각해 보면 훈 센에게도 배울 게 없는 것은 아니다. 적어도 젊은 날 품었던 공산주의 이념에서 벗어나 가난한 나라를 어떻게든 일으켜보려고 노력하는 훈 센 총리의 실용적 리더십은 문재인 대통령이 따라 배워야 할 부분이라고 할 수 있겠다.

또 하나 더 있다. 1975년 4월~1979년 1월 전 인구의 1/4에 달하는 약 200만 명을 잔혹하게 학살했던 크메르 루주 정권의 학살자들을 전범재판에 회부한 것도 문재인 대통령이 배워야 할 대목이다. 학살자들의 말로가 어떠했는가를 똑똑히 배워야 할 것이다.

크메르 루주 정권이 이상적인 농촌공산주의 국가를 건설하겠다고 자행한 잔인무도한 학살은 '킬링필드'로 널리 알려져 있다. 1979년 1월 베트남의 침공으로 크메르 루주 정권은 무너졌다. 하지만 크메르 루주가 밀림으로 들어가 게릴라전을 전개하는 바람에 1990년대 중반까지 내전이 계속됐다.

문재인 정권 3년간 우리들은 한 번도 경험하지 못한 나라를 살아봤다. 살아보니 이건 아니다. 그는 대통령 취임사에서 "기회는 평등할 것입니다. 과정은 공정할 것입니다. 결과는 정의로울 것입니다."라고 말했다. 그 모두 거짓말임이 드러났다. 많은 사람들이 공감하고 있다.

최근 문재인 정권을 향한 날선 비판을 이어가고 있는 진중권 전 동양대 교수가 '조국 전 법무부장관에게 마음의 빚을 졌다'는 문 대통령의 신년 기자회견 발언을 두고 "절대로 '대통령으로서' 해서는 안 될 말"이라며 또 다시 대립각을 세웠다.

그러면서 진 전 교수는 "사실 이는 문재인이라는 분이 대통령이라는 '공직'을 맡기에 과연 적합한 분이었는가 하는 근본적 회의를 갖게 한다."면서 "대통령은 '조국 전 법무부장관이 지금까지 겪었던 고초만으로도 아주 크게 마음에 빚을 졌다'고 말했다. 이는 절대로 대통령으로서 해서는 안 될 말이다. 조 전 장관이 겪었다는 '고초'는 법을 어긴 자들에게 당연히 따르는 대가로, 그만이 아니라 법을 어긴 모든 이들이 마땅히 치러야 할 고초이기도 하다."고 목소리를 높였다.

진 전 교수는 이어 "법을 어긴 이가 대가를 치렀는데, 국민들이 왜 그에게 '마음의 빚'을 져야 하나? 빚은 외려 그가 국민에게 진 거다."며 "공화국의 통치는 '공적 사안' 이어야 한다. 공식석상에서 그에게 마음의 빚을 졌다고 말하는 순간 대통령은 공적 사안(res publica)이어야 할 공화국의 업무를 사적 사안(res privata)으로 전락시켜 버린 거다."라고도 했다.

또 진 전 교수는 "친구의 불법에는 '마음의 빚'을 느낀다는 대통령이 그 불법을 적발한 검찰의 행의는 '초법적'이라 부른다. 공적 업무여야 할 국정을 완전히 사적 업무로 전락시킨 거다. 이는 친구의 자세일지는 몰라도(꼭 그런 것도 아니지만), 결코 좋은 대통령의 자세는 아니다."며 "그는 국민의 대표자가 아니라, 자기 관리에 실패한 어느 위선자의 친구, 그 친구가 속한 계파(PK친문)의 이익의 대변인으로 발언했다. 그래서 우리는 '그 분의 윤리의식과 판단능력이 과연 공직을 맡기에 적합한가?' 근본적 회의를 갖게 되는 거다."라고 쏘아붙였다.

19대 대통령 선거 직후인 2013년 1월 4일의 애국시민단체 모임에서 공안검사 출신인 고영주(高永宙) 변호사는 부림사건 수사 경험을 이야기하면서, "이 사건은 민주화 운동이 아니고 공산주의 운동이었다. 노무현 정권 때 청와대 부산인맥은 부림사건 관련자였다. 문재인 후보도 공산주의자이고, 그가 대통령이 되면 우리나라가 적화되는 건 시간문제라고 생각하였다."는 요지의 발언을 했다. 2015년 8월, 고 변호사가 MBC의 대주주인 방송문화진흥회 이사장으로 인명되자 이 발언이 뒤늦게 문제가 되어 문 씨가 명예훼손 혐의로 고 씨를 제소(提訴)했다.

9월 28일 서울중앙지방법원 김진환 판사는 원고(문재인)가 공산주의자라는 "피고의 발언을 뒷받침할 만한 사실 또는 사정을 인정할 만한 정황은 도무지 찾기 어렵다." 면서 3,000만원을 배상하라는 판결을 내렸다. 김 판사는 부림사건 피고인들이 재심에서 반공법 위반 및 국가보안법 위반 혐의에 대하여 무죄 확정 판결을 받은 점을 지적했다. 무죄 판결 사유는 '장기간 구금 등에 의한 임의성 없는 자백'이 증거능력이 없다는 점이었다. 이들의 신념이 공산주의였느냐 아니냐를 판단한 것은 아니었다.

고 이사장은 문재인 씨를 공산주의자로 보는 이유를 요약했다. '피고의 수사 경험상 공산주의 운동으로 확신하는 부림사건 관련자들과 (문 씨가) 평생 동지가 되었는데 이념이 다른 사람들이 일시 의기투합할 수는 있으나 평생 동지가 될 수는 없다는 점' 등이다.

북핵(北核) 위기에 직면한 나라에서, 2017년 12월의 대통령 선거에 출마, 당선될 가능성이 있는 중진 정치인이 '공산주의자냐, 아니냐'의 논란에 휩싸이고 법정까지 갔다는 것은 흥미 차원의 문제가 아니다. 군(軍)통수권자가 될지도 모르는 사람의 이념적 정체성(正體性)이 대한민국 헌법에 맞느냐, 맞지 않느냐 라는 게 쟁점이기 때문이다.

대규모 광화문 집회를 주도하고 있는 전광훈 목사(한국기독교총연합회 대표회장)는 "미친 자에게 운전대를 맡길 수 없다."는 본 회퍼(Bonhoeffer)의 말을 인용하고, "윤석렬 검찰총장은 문재인 현행범을 체포하라!"는 강력한 문구도 플래카드에 새겨 넣고 있다.

전광훈 목사는 평창올림픽 때 "신영복 선생을 존경한다."는 문재인 대통령의 발언을 상기시킨 후, "미국과 일본의 지도자들 앞에서 한국의 속된 말로 엿 먹인 것"이라며 "이승만 대통령이 만든 한·미·일 동맹으로부터 대한민국을 분리시켜 북한·중국·러시아 등의 대륙동맹으로 가려는 선전포고가 바로 이 말"이라 했다. 그는 "과거 문 대통령의 낮은 단계의 연방제가 뭔지 몰랐는데, 결국 알고 보니 대한민국을 해체하고 북한 김정은에게 갖다 바치겠다는 말이었다."고도 했다.

조국 전 법무부장관에 대해서도, 전 목사는 "김진태 의원이 전향을 물었을 때 조국이 '대답할 수 없다'고 했는데, 조국의 사회주의는 유럽의 사회주의가 아니라 북한의 공산주의를 말하는 것"이라며 "대한민국 헌법 아래에서 사회주의를 할 때가 됐다고도 했는데, 이는 거짓말로, 결국 한국을 공산주의로 만들겠다고 공개적인 선전포고를 한 것"이라 했다.

금년 4월 15일로 총선이 임박했다. 이어서 2022년 3월 9일은 제20대 대통령 선거가 실시될 예정이다. 누구를 국민의 대표로 뽑고, 누구를 이 나라의 대통령으로 선출할 것인가. 이번 총선과 대선은 나라의 명운(命運)이 걸려 있는 중차대한 선거임에 틀림없다. 3년의 폭정으로 100년이 무너진 폴 포트 정권하의 캄보디아를 타산지석으로 삼아 국민들의 현명한 판단을 간절히 바랄 뿐이다.

끝으로 이 책의 출판에 많은 도움을 주신 한올출판사 임순재 사장님과 최혜숙 실장님 그리고 관계자 여러분의 노고에 깊은 감사의 말씀을 드린다.

2020년 3월
저자 씀

Contents

Contents

Chapter 01

킬링필드

3년의 폭정으로
100년이 무너지다

01
/ 개요

킬링필드The Killing Fields는 1975년에서 1979년 사이, 민주 캄푸치아[1] 시기에 폴

포트[2]가 이끄는 크메르 루주[3]가 자행한 학살로 죽은 시체들을 한꺼번에 묻

[1] 민주 캄푸치아는 1975년부터 1979년까지 존속된 캄보디아의 사회주의공화국이다. 캄보디아 내전 이후 건국되었다. 크메르 루주에 의해 세워졌으며, 폴 포트의 킬링필드는 이 시기에 자행되었다. 해체 이후에는 헹 삼린의 캄푸치아 인민공화국으로 이행되었다.

[2] 폴 포트(Pol Pot, 1925년 5월 19일 ~ 1998년 4월 15일) 또는 본명인 썰롯 써(Saloth Sar)는 캄보디아의 독립운동가, 노동운동가, 군인, 정치인이자 공산주의 혁명가이다. 캄보디아의 공산주의 정당이었던 크메르 루주의 지도자이자 1976년에서 1979년까지 민주 캄푸치아 공화국의 총리였다. 흔히 폴 포트(Pol Pot)로 알려져 있는데 이는 이름이 아니라 영어의 '폴리티컬 포텐셜(Political Potential)' 혹은 프랑스어의 '폴리티크 포탕티엘(Politique Potentielle)'의 줄임말로서 영어와 프랑스어로 '정치적 가능성'을 뜻한다.

[3] 크메르 루주(Khmers Rouges)는 캄푸치아 공산당의 무장 군사조직으로, 당 자체를 지칭하는 데 사용되기도 한다. 공산당 정권의 붕괴 이후까지 반군 조직으로 활동했다. 1968년 북베트남의 베트남 인민군에서 떨어져 나와 조직되었다. 1973년부터는 이전의 후원자 북베트남 대신 중국의 후원을 받게 되었다. 1975년에서 1979년까지의 캄보디아(민주 캄푸치아)의 여당이었으며, 지도부는 폴 포트, 누온 체아, 이엥 사리, 손 산, 키우 삼판이었다. 베트남전쟁 당시에는 미국이 이끄는 반공전선에 맞서 북베트남, 베트콩, 파테트라오와 연합 제휴했다.

은 집단매장지다. 현재까지 20,000개 이상의 킬링필드가 발견 및 발굴되었다. 해골이 야지에 무더기로 쌓여있는 사진들로 유명하다. 이 사건은 나치와 함께 포스트 모더니스트에게 '근대의 실패', '이성의 실패'를 드러내주는 사례로서도 주장된다.

DC캠Documentation Center of Cambodia, DC-Cam 매핑 프로그램과 예일 대학의 조사 결과 1,386,734명의 사망자가 발생했다고 발표했다. 크메르 루주에 의한 사망자 수병사한 사람과 굶어죽은 사람 포함해서는 800만 명 중 170~250만 명 가량 되는 것으로 추정된다. 1979년 베트남의 침공으로 민주 캄푸치아는 종말을 고한다.

캄보디아의 저널리스트인 딧 프란은 "내가 독재정권을 탈출한 이후의 기간"이 킬링필드 시기라고 말했다. 1984년 영화 〈킬링필드〉는 딧 프란과 또 다른 생존자 하잉 응고르가 겪은 일들을 보여준다.

영화 〈킬링필드〉의 한 장면

자료 : artntip.com

02
/
배 경

　미국의 지원을 받던 크메르 공화국의 론 놀[4]이 세력이 약해져 해외로 망
명한 사이, 베트남전쟁이 종결되고 수도 프놈펜에 크메르 루주가 입성했다.
국명을 민주 캄푸치아로 개칭한 크메르 루주는 혼란한 국내 상황을 타개하
기 위해, 화폐제도의 폐지 · 도시 주민의 강제 농촌 이주 등의 극단적인 공
산주의를 내세워, 기존의 산업시설을 모두 파괴하고, 기업인 · 유학생 · 부유
층 · 구 정권의 관계자, 심지어 크메르 루주 내의 친 월남파까지도 반동분자
로 몰아서 학살했다.

4　론 놀(Lón Nol, 1913년 11월 13일 캄보디아 프레이벵 주 ~ 1985년 11월 17일 미국 캘리포니아 주 풀러턴)은 캄보
디아 크메르 공화국의 정치인이자 군인이다. 미국의 지원을 받은 쿠데타로 집권하여 미국 하와이 주로 망명하기 전
까지 크메르 공화국의 초대 대통령을 역임하였다.

캄보디아의 두개골 더미

자료: blog.daum.net

학살의 시작

프랑스의 식민지였던 캄보디아는 태평양 전쟁에서 일본 제국에게 점령당한다. 이를 틈타 노로돔 시아누크[5] 국왕은 1945년 3월 12일에 캄보디아의 독립을 선언하였다. 그러나 일본이 연합국에 항복하면서 1946년에는 다시 프랑스의 보호하로 돌아와 독립은 소멸하게 된다. 시아누크 국왕은 끈질기게 독립 운동을 계속해 1947년에는 헌법을 공포하였고, 1949년에 프랑스 연합 내에

---

5 노로돔 시아누크(1922년 10월 31일 ~ 2012년 10월 15일)는 캄보디아의 전 국왕, 정치인이다. 2004년 10월 7일 퇴위할 때까지 캄보디아의 국왕이자 노로돔 시하모니 캄보디아 현 국왕의 부왕이었다. 노로돔 수라마리트 왕과 시소와스 코사막 왕비의 아들로 태어난 시아누크 국왕은 1941년 이후로 가장 많은 직위를 가져, 1941년 출판된 기네스북에 올랐던 적도 있다. 왕이자, 주권 왕자이자 대통령, 수상, 국회의장 등 망명정부의 수반으로서 가장 많은 직위를 가지고 있기도 하였다. 대부분의 직위가 실권이 없는 명예직이었고, 맨 나중에 가지고 있었던 직위는 캄보디아의 합헌 군주였다. 시아누크 전 국왕이 실질적인 권한을 통치한 기간은 캄보디아가 독립한 1953년 11월 9일부터 1970년 3월 18일 론 놀과 국회가 그를 폐위시킬 때까지였다.

노로돔 시아누크

자료: ko.wikipedia.or

서의 독립을 선언하였다. 1953년에는 경찰권, 군사권을 회복해 완전 독립을 이룰 수 있었다. 시아누크는 비동맹·중립 외교 정책을 표명했다.

1965년 5월, 시아누크는 북베트남에 폭격을 행하는 미국과의 단교를 선언했다. 베트남전쟁으로 어수선한 동남아시아였지만 시아누크 정권 시대에는 내전은 격화되지 않았고, 식량이 풍부하여 수입에 의지할 필요도 없었으며, 대량의 난민도 발생하지 않았다. 하지만 베트남전쟁 당시 동부 캄보디아 지역은 사실상 북베트남의 실효 지배하에 있었으며 대규모 지하터널 네트워크를 통한 보급 호치민 루트[6]을 확보하고 있었다. 미군에 의해 '성역'으로 지칭되던 이

호치민 루트

라오스　북베트남

호치민 루트

남베트남

자료: mn.kbs.co.kr

6　베트남전쟁 당시 북베트남과 라오스, 캄보디아 그리고 남베트남을 연결하던 통로다.

지역에 타격을 주기 위해 미 정부는 국제법을 위반한 비밀 작전을 추진한다.

1969년 3월, 미 공군이 동부 캄보디아 지역에 대규모 폭격을 하였으나_{아침식}
_{사 작전} 그 효과는 미미했다. 북베트남 남부전선 사령부_{COSVN}에 타격을 주긴 했
으나 호치민 루트를 절단시키지는 못했고 COSVN의 이동에 따라 폭격 지역
이 확대되며_{점심식사 작전, 메뉴 작전} 폭탄 사용량만 늘 뿐이었다. 남베트남/미 혼성
군의 국경월경 작전인 슈메이커 작전도 무익하게 끝났다.

그리고 1970년 3월에 군부와 미국의 친미 쿠데타가 일어난다. 중립 정책을
펴던 시아누크 국왕은 축출되었고, 론 놀이 집권하게 된다. 캄보디아에서의
폭격은 더욱 격화되었으며, 캄보디아의 농업은 황폐화되었다. 수십만 명 이상
의 사망자가 이로 인해 희생된 것으로 알려져 있다. 이로 인해 100만 명 이상
의 피난민이 수도 프놈펜으로 몰려들었다. 농업 생산이 격감한 캄보디아로서
는 이 난민들을 감당할 수가 없었고, 이는 오직 미국의 식량 지원으로만 유지
될 수 있었다.

닉슨 정권이 베트남전의 월남화를 추진하면서 결과적으로 미국의 캄보디
아 공격은 베트남에서 미군이 철수할 시간만을 벌어주는 역할을 했을 뿐, 오
히려 내전의 확대를 부추겨 결국 크메르 루주가 캄보디아에서 정권을 잡게
해주는 꼴이 되고 말았다. 미군이 베트남에서 철수함에 따라 캄보디아나 남
베트남군이 메울 수 없는 공백을 남겼다. 그 결과 캄보디아와 라오스는 같은
운명을 맞고 말았다.

이러한 혼란상을 파고 든 것이 크메르 루주였다. 크메르 루주는 1960년에
설립되었으나, 론 놀의 독재정권과 미국의 맹폭으로 인한 혼란을 파고들어 세
력을 확장했다. 쫓겨났던 시아누크 국왕도 크메르 루주를 지지하며 복귀를

꾀했다. 이들은 소련과 중국의 지원을 받으며 민족주의자, 농민들을 중심으로 세력을 늘려나갔다. 그들은 사회주의의 실현과 지나치게 친미 성향이었던 론 놀 괴뢰정부를 전복시키는 것에서 이해가 일치하여 자칭 혁명을 주도하게 되었다. 민심을 잃어버린 론 놀 정권은 1973년 3월 29일 미국이 베트남으로부터 완전 철수함에 따라 치명타를 입는다. 1975년 4월 17일 세력이 약해진 론 놀은 하와이로 망명하였다. 이후 크메르 루주가 수도 프놈펜에 입성하였고, 잠시 동안 시아누크 국왕이 상징적인 수반이 된다.

1975년 4월 17일, 악몽이 시작된 날

자료: post.naver.com

04
/
크메르 루주의 집단 학살

좁은 의미에서의 킬링필드는 이 학살을 말한다.

1976년, 크메르 루주는 다시 시아누크 국왕을 축출하고 공식으로 정부를 수립하며 국명을 민주 캄푸치아로 개칭하였다. 하지만 황폐화된 농업 조건에서 프놈펜에 몰려든 난민들을 감당하는 건 불가능했고, 더 이상 미국의 식량 지원도 기대할 수 없는 상황에서 프놈펜의 난민들을 농촌으로 돌려보내야만 했다. 여기에 사상적 측면이 더해졌다. 캄보디아 공산당은 창건 당시에는 사회주의 이념을 고수했지만 1960년대 중반부터 마오이즘을 추종하고 있었고 어차피 이렇게 된 이상 문화대혁명식으로 몽땅 농촌으로 쫓아내기로 결심한 것이다.[7]

---

7   아니 문화대혁명보다 더욱 막장이다. 문화대혁명은 적어도 그저 안경을 쓰고 있다고 죽이지는 않았다.

이 세상에서 제일 심한 바보짓을 저지른 크메르 루주의 수장 폴 포트는 프 랑스 유학시절 사회주의에 심취하였다고 알려져 있지만 사실은 일종의 열성 엘리트로서 지식과 학력은 제법 높았지만 사회 운영이나 갈등 조정에 관한 지혜가 부족했다. 게다가 가치관도 상당히 잘못되어 있던 것 같다.

폴 포트

자료: senhuko.blogspot.com

각지에서 집단 농장을 설치하고 사회주의식 새 세상을 건설하기 위해 도시 주민들을 모조리 그곳으로 내몰았다. 이와 함께 뚜올 슬렝 Tuol Sleng 같은 많은 수용소도 건설되었고, 반혁명 사상을 품고 있다고 의심되는 이들이나 외국과 관련이 있는 이들, 스파이로 의심되는 자들은 고문하고 처형했다. 정부가 정치 범죄자나 경범죄자들에게 처음에는 경고장을 보내지만, 경고장이 두 번 이상 나오면 '재교육'을 위해 호출했다. 이는 거의 확실한 죽음을 의미했다. 그 외에도 종종 정부에서는 '혁명 이전의 삶과 그때 저지른 범죄'를 자백하도록 장려했으며 이를 용서해주고 새 출발을 할 수 있다고 말했다. 그러나 이 말은 곧 비밀경찰 산데바르가 끌고가서 정치범 교화소에 고문을 받고 처형되기 위해 끌려간다는 의미였다.

뚜올 슬렝 대량학살 박물관

그리고 사실상 고등 교육 이상을 받은 캄보디아 국민은 말살당했다. 아무 것도 안했는데 그저 안경을 쓰고 있다고 지식인처럼 보인다고 붙잡아 집어넣은 사례 도 있었다. 그런데 박해의 대상이 된 지식인들이 죽거나 혹은 숨고 탈출하거 나 하여 사라지자 그 대상이 농민들 중 협조적이지 않은 자들로 확대되었고 나중에는 당 중앙을 제외한 크메르 간부들까지 무차별적으로 살해되는 내부 투쟁으로까지 변해버렸다. 말 그대로 캄보디아 전역이 사지死地, 즉 킬링필드 로 변모해 버렸다. 그리고 이 지식인 학살은 문화대혁명처럼 캄보디아 교육에 크나큰 '단절'을 가져왔다. 한창 교육 현장에 종사해야 할 교사들마저 다 학살 당했기 때문이다. 현재 캄보디아 30~40대 교사들 가운데는 "과학 실험을 직 접 해본 적이 없다."는 사람들이 적지 않다. 기술이나 예산 문제도 있지만 본 질적인 문제는 이러한 '단절' 때문이다. 자기들이 못 배웠는데 다음 세대를 잘 가르칠 수 있을 리 없지 않은가.

일단 크메르 루주 반군 실무자들은 대부분 농촌 출신의 젊은이들이 많았 다. 당시 캄보디아는 도농 간 격차가 엄청나 전기가 안 들어오는 시골도 부지 기수였고 교육을 받지 못한 문맹자도 엄청났다. 그들에게 도시 문명의 모든 것은 부의 상징이자 증오의 대상으로 보였고 자동차, 라디오, TV, 전자기기는 '있는 놈'들의 물건이었다. 이러한 물건을 가지고 있다고 잡혀간 사람도 엄청 나게 많았다. 당대 한국 기준으로 보면 TV는 1970년대 들어와서야 보급되기 시작하고 자동차는 아직 대중화되기조차 전이었지만, 라디오는 한국이 한창 가난했을 시절인 1960년대에 대중화되었고 이는 타 개발도상국에서도 마찬 가지였다.

킬링필드 학살 사망자들의 유골로 채워진 위령 사리탑

크메르 루주 정권에서 얼마나 많은 사람들이 죽어갔는지는 분명하지 않다. 베트남 측에서는 300만 명으로 발표하였고 유사한 연구도 있었으나 과장된 것으로 판단하고 있으며 미 국방성은 120만 명, 예일대의 조사에서는 170만 명으로 추산하고 있다. 여기에는 처형뿐만 아니라 강제 노동으로 인한 과로사, 굶주림과 질병으로 사망한 사람들도 포함된다. 소련 붕괴 이전 핀란드 중립국 조사단의 추산은 전쟁 중 사망자 60만, 크메르 정권하에서 100만이 희생되었다고 한다. 이 모든 통계는 추정치이며, 다만 수십만 명 이상이라는 것이 확실할 뿐이다. 현재는 대략 80만 명으로 보는 쪽이 많은 편이다. 다만 문화대혁명의 희생자 150~200만 명과 비교하면 이것도 전혀 적은 것이 아니다. 당시 캄보디아의 700만 인구와 중국의 8억 인구의 차이를 생각하면 엄청난 인적 자원의 손실이다.

킬링필드 희생자의 유골

자료: www.utadeo.edu.co

크메르 루주는 초강경파 민족주의적 성향을 띠고 있었고, 화교, 참파족, 베트남인 등 당시 캄보디아 내에 거주하고 있던 소수민족들을 학살하였다. 이는 제노사이드의 범주에 속하며 당시 국가 간부회 의장 겸 총리였던 키우 삼판[8]도 2003년에 증언을 하면서 자신도 현재 제노사이드라는 걸 의심하지 않는다고 밝혔다. 특히 학살은 민족주의적 감성에 의해 중국계와 베트남계에 집중되었다. 여기서 수십만 명의 베트남계 캄보디아인들이 학살당했고, 이것은 베트남전쟁에서 승리하고 기세등등하던 베트남의 엄청난 도발을 끌었다. 크메르 루주와 베트남 사이에 극한의 외교적 대립이 이어졌고, 결국 1978년 12월 25일, 베트남군은 망명한 캄보디아 난민으로 캄푸치아 민족구국통일전선을 조직하고 크메르 루주 장교로 베트남에 망명한 헹 삼린을 내세워 폴 포트 타도를 기치로 캄보디아에 침공했다.

학살방법

증언에 따르면 고압선을 이용한 전기충격과 물고문은 물론 사람을 고문 침

---

8 키우 삼판(중국어: 喬森潘 1931년 7월 27일 ~)은 캄보디아의 정치가, 사회주의 혁명가로 민주 캄푸치아 정부의 행정부 수반이었다. '캄보디아 민족연합정부(GRUNC)'의 국방상 겸 부총리, 국가간부회의 주석 겸 총리를 지냈다. 반(反)베트남연립정부의 구성에 합의하고, 부주석이 되었다.

1959년 파리 대학에서 수학, 경제학박사 학위를 받은 후 캄보디아로 돌아와서 〈불자신문(佛字新聞)〉을 창간하고, 한때 시아누크공(公) 밑에서 상무상을 지냈다. 1967년 프놈펜을 떠나 크메르 루주에 합류, 1970~1976년 시아누크공이 망명지 베이징에서 결성한 '캄보디아 민족연합정부(GRUNC)'의 국방상 겸 부총리를 지냈다. 1976년 국가간부회의 주석 겸 총리가 되었으나, 군사권은 폴 포트에게 있었다. 1979년 친(親)베트남군에 의한 프놈펜의 함락으로 축출되었다. 그 후 반군(叛軍) 크메르 루주의 지도자로서 1982년 6월 시아누크ㆍ손 산 등과 함께 반(反)베트남연립정부의 구성에 합의하고, 부주석에 지명되었다.

대에 뉘어 놓고 쇳덩어리로 머리를 짓누르는 방법을 사용했으며 반동으로 몰린 사람들이 과거 정권에 협조했다고 불지 않을 때는 도끼로 손을 자르거나 여성의 유방이나 성기 등 인체의 연약한 부분을 예리한 칼 등으로 도려내기도 했다. 게다가 크메르 루주는 반동분자를 산속 나무에 묶어 이 나무를 오르내리며 먹이를 찾고 있는 무서운 열대 붉은왕개미들로 하여금 살을 파먹도록 하기도 했다.

크메르 루주들은 사람을 고문할 때 사진을 찍고 옷을 모두 벗도록 했고, 고문 기술자들은 고문센터에서뿐만 아니라 사람을 구덩이에 처넣기 직전에도 고문을 가했다. 가장 흔한 방법은 눈을 가린 뒤 팔을 뒤로 묶고 몽둥이를 이

참살당하기 직전의 여성. 의자에 묶어 놓고 뒤에서는 드라이버를 돌려 머리를 관통시키고 있는 만행을 저지르고 있다.

자료: www.ohmynews.com

아이를 가시가 많은 나무에 패대기치는 크메르 루주

자료: photos.travelblog.org

용해 죽이는 것이었다. 당시의 고문 중에는 드릴 같이 생긴 도구로 뒤통수를 뚫거나 디딜방아처럼 생긴 도구에다 머리를 넣고 찧어 죽이는 고문까지 있었다. 반동으로 낙인찍힌 사람들로 하여금 스스로 묻힐 구덩이를 파게 하고 밖으로 나와 가장자리에 서게 한 뒤 몽둥이로 뒤통수를 쳐서 구덩이로 밀어 넣어 죽였다고 한다. 캄보디아에 전시된 그림이나 자료들을 보면 사람들의 팔을 뒤로 묶고, 목과 목을 서로 연결해 구덩이에 묻어버리기도 했다.

게다가 크메르 루주는 반동분자들의 씨를 말린다면서 잡힌 사람의 3대를 없애버렸는데 심지어 젖먹이 아이들까지 살해했다. 또한 아이들이 훗날 보복할 수 있으므로 이를 방지한다는 이유로 죽여버렸다. 죽인 방식도 잔인하기 짝이 없는데 갓난아이들이나 애들을 마치 개구리를 잡아 길바닥에 패대기쳐 죽이듯 팔이나 다리를 잡고 몸뚱이를 바위나 시멘트 바닥 또는 통나무 등에 내려쳐 살인했으며 심지어 마을에 스피커를 달아서 온 마을 사람들이 희생자의 소리를 듣게 했다.

또한 갓난아이를 공중으로 던져서 사격연습용으로 이용하기도 했으며 그 외에도 손톱을 뽑거나, 여자의 연약한 젖꼭지를 도려내기도 했다. 총알을 아끼기 위해서 구덩이에 사람들을 생매장시키거나 사람들을 우물에 넣어버리기도 했다.

크메르 루주 학살 아래에서 살아남은 사람이기도 하며 폴 포트 정권의 잔학상을 그린 아카데미상 수상 영화 〈킬링필드〉의 실제 주인공이었던 행 응오르는 "크메르 루주는 물고기를 훔친 부이 소판_{당시 31세}이라는 친척을 인민재판에 회부, 죽인 뒤 간을 꺼내 요리해 먹었다."라고 폭로하기도 했다.

뚜올 슬렝

크메르 루주의 가장 악명 높은 수용소로는 S-21 보안감옥인 뚜올 슬렝이 있다. 독나무 언덕을 뜻하는 이 수용소는 크메르 루주 정권 이전에는 노로돔 시아누크 국왕의 조상의 이름을 따서 붙인 고등학교였으나 전쟁이 끝난 후에 고문소와 수용소로 개조되고 S-21 보안감옥으로 불린다. 약 17,000명이 이곳에 수용되었으며 살아서 나간 사람은 12명에 불과하다. 크메르 루주는 자신들이 죽인 사람들의 통계기록을 정확히 작성하지 않았기 때문에 수용자 수를 2만 명 이상으로도 예상한다.

여기에는 캄보디아 국민 말고도 해상에서 나포된 외국인들도 수용되었고,

당시 뚜올 슬렝에 지식인으로 붙잡혀온 아이들. 사진을 자세히 보면 발과 발이 서로 연결되어 묶여 있다.

당시 뚜올 슬렝에 지식인으로 붙잡혀온 아이들. 사진을 자세히 보면 발과 발이 서로 연결되어 묶여 있다.

자료: madmonkeyhostels.com

모두 죽었다. 79명의 외국인 기록이 남아있으나 수용소에서 일한 전직 사진사의 말에 따르면 실제로는 더 있었다고 한다. 2012년 8월, 무명의 기부자가 캄보디아 문서 관리소에 기부한 S-21 감옥 수감자들의 사진 1,427장 중 서양인의 사진이 2장 포함되어 있었다. 그중 한 장은 1978년에 싱가포르에서 하와이를 향해 배를 타고 가다가 캄보디아 해상으로 진입하는 바람에 나포되어 끌려왔던 미국인 크리스토퍼 에드워드 디랜스 Christopher Edward DeLance의 것으로 확인되었고, 나머지 한 장은 프놈펜의 프랑스 대사관 직원으로 일했던 앙드레 가스통 쿠티뉴의 것으로 추정되고 있다.

뚜올 슬렝에 시신 묻을 자리가 없자 쯔응아익 Cheoung Ek이라는 프놈펜 남쪽의 과수원이었던 곳에 수용자를 옮겨 죽인 후 묻었다. 쯔응아익에서도 8,895구의 시체가 나왔다고 한다.

크메르 루주가 실각하고 내전도 끝난 이후 학살의 현장이 되었던 뚜올 슬렝S-21 형무소와 쯔응아익 매장지는 박물관으로 탈바꿈하여 현재까지 관광객을 받고 있다. 뚜올 슬렝의 경우 원래 프놈펜 도시 한복판에 있던 학교라 비교적 최근에 들어선 주택지 사이에서 그 시절의 모습을 여전히 유지하고 있다. 참고로 해질 무렵엔 폐관해서 조명이 없기 때문에 밤에 근처를 지나거나 높은 건물에서 학교 부지를 내려다보면 이만한 공포가 또 없다.

쯔응아익 기념관

자료: blog.daum.net

참고로 여기 소장이던 카잉 구엑 에아브는 크메르 루주 정권이 무너지자 달아나서 한적한 곳에서 숨어 살다가 1995년 정체가 드러나자 재빨리 교회로 가서 회개한다며 목사가 되어버렸다. 졸지에 학살자를 봐주는 종교라며 개

신교에 비난이 쏟아졌고 결국 1999년 뚜올 슬렝에서 살아남은 현직 형사가 그를 알아보고 체포하면서 목사짓도 막을 내린다. 그리고 2009년 40년형을 선고받았다 이마저도 종신형으로 바뀌었다.

📽 마지막 피난처인 프랑스 대사관

크메르 루주가 프놈펜을 장악할 당시 외국인과 캄보디아인들이 유일하게 대피할 장소가 남아 있었는데, 바로 프놈펜에 있는 프랑스 대사관이었다. 당시 대사관으로 대피한 인원은 외국인과 캄보디아인을 합쳐서 약 3,000여 명으로 추정한다. 대사관 측은 크메르 루주와 안전 보장을 위한 협상을 벌였지만 크메르 루주 측은 캄보디아인은 외국인 남성과 혼인한 여성 및 그 자녀들만 남기고 한 명도 빠짐없이 모두 내보내라고 했다. 그러지 않으면 대사관으로 들어가는 식량과 전기·수도를 차단함은 물론 외국인 당신들의 안전도 보장할 수 없다고 협박했다. 결국 대사관 측에서는 캄보디아인들 '솎아내기' 작업을 거쳐 크메르 루주가 요구한 대로 대문 밖으로 쫓아내야 했다. 이들이 어떻게 되었을지는 위에 나온 그대로이다. 이후 대사관에 남은 사람들은 약 한 달 뒤인 1975년 5월에 프랑스와 크메르 루주 간의 협상이 간신히 타결되면서 트럭에 실려 태국으로 탈출할 수 있었다. 이 당시 대사관에는 한국인 남성도 1명이 있었으며, 무사히 태국으로 탈출에 성공했다.

크메르 루주의 실각과 캄보디아의 내전

크메르 루주의 대학살로 수십만의 난민이 발생했고 친베트남 성향이 강하던 농캄보디아에서 대규모 학살이 벌어진다. 베트남은 1979년 1월 6일, 캄보디아 프놈펜을 공략했고, 원래부터 태국과 더불어 동남아의 최강자였으며, 이에 더해 베트남전쟁으로 단련된 베트남군은 SS처럼 풋 사과에 불과한 크메르 루주를 손쉽게 박살내버리고 프놈펜에 입성한다. 결국 폴 포트, 이엥 사리 등의 크메르 루주는 태국 국경 근처까지 쫓겨나고 유폐에 가까운 상태에 있던 시아누크는 다시 북경에 피신했다. 1월 10일 베트남은 헹 삼린을 수장으로 하는 캄푸치아 인민공화국People's Republic of Kampuchea⁹을 수립했고 크메르 루

9   캄푸치아 인민공화국(약칭: PRK)은 크메르 루주의 정권이었던 민주 캄푸치아가 전복된 이후 캄보디아에 세워진 베트남의 괴뢰정권이다. 이 정권은 크메르 루주 정권을 축출한 베트남의 캄보디아 침공으로 인해 세워진 괴뢰정권으로, 베트남과 소련을 주된 동맹국으로 삼고 있었다. 1979년부터 1993년까지 미국과 영국 등 폴 포트 정권을 축

주의 킬링필드는 일단 베트남의 침공으로 끝이 났다.

하지만 헹 삼린의 캄보디아는 베트남의 괴뢰정권이라는 이유로 세계 각국의 승인을 받지 못했고. 1979년 직후에는 킬링필드가 서방권에서 묻혔기 때문에 마침 미-중 수교 이후 밀월관계에 있던 중국과 미국의 골칫거리로 동시에 등장했다. 우선 중국은 버르장머리 없는 베트남에 대한 징벌행위로서 무력침공을 비밀리에 모의, 대외적으로는 캄보디아 해방 등을 명분

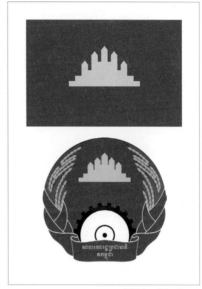

으로 1979년 2월 17일, 중국군이 국경을 월경하며 중월전쟁이 발발했다. 그리고 미국은 베트남전쟁의 치욕을 잊지 않고 베트남을 골탕 먹이기 위해 크메르 루주를 지원한다. 미국은 외교적으로 베트남을 '아시아의 프로이센'이라 지칭하며 깡패 국가로 간주하면서 외교적으로 고립시키고, CIA를 동원해 마약을 팔아가며 크메르 루주를 지원하기 시작한다.

출하는 데 지지를 표명한 많은 국가들로부터 사실상의 캄보디아 유일 정부로 인정을 받지 않았다.

캄푸치아 인민공화국은 마지막 4년 동안 국제 사회의 지지를 얻기 위해 캄보디아국(State of Cambodia)으로 국명을 바꾸게 된다. 하지만 일당제 정치 체제와 캄보디아 왕국을 재건하려는 궁극적 목표에는 변함이 없었다. 1992년 공식적으로 마르크스-레닌주의의 포기를 선언하기까지 1979년부터 13년간 사회주의를 국가 통치 이념으로 채택하였다.

캄푸치아 인민공화국은 폴 포트 정권하에 심각하게 파괴된 사회 제도, 사회 기반 시설, 교육 등을 재건하려 했다. 베트남에 의해 세워진 괴뢰정권이라는 태생적 한계에도 불구하고 하나의 국가 체제로서 캄보디아를 수립하는 데 성공하였으며 현재의 캄보디아가 수립되는 과정에서 생겨난 과도기적 국가 형태로 평가받고 있다.

헹 삼린

자료: nbcambodia.com

이러한 미국과 중국의 지원을 받아 크메르 루주는 타이 국경 근처의 그들의 본거지에서 게릴라전을 수행하기 시작했다. 1982년 크메르 루주는 베트남이 만든 캄보디아 중앙정부에 반대하는 두 개의 비공산계열 크메르 단체들과 같이 연합전선을 형성해서 명목 상 시아누크를 지도자로 한다. 결국 베트남은 크메르 루주를 격파하고도 외교적으로 고립되는 동시에, 미국과 중국의 지원을 받는 잔존 크메르 루주 게릴라 세력과 베트남전과도 같은 게릴라전을 벌이고 휘말리게 된다. 이 상황에서 베트남은 외교적 정당성을 위해 크메르 루주의 학살을 적극적으로 홍보한다.

하지만 캄보디아의 내전은 장기화되었고, 이것은 단두대 매치나 다름없는 상황이 되어버렸기 때문에 더욱 막장으로 흘러갔다. 크메르 루주의 입장에서는 킬링필드가 국제 사회에 널리 알려진 이상, 패배할 경우 학살자로 죽는 수밖에 없었고. 베트남 괴뢰정부의 입장에서는 극단적인 민족주의자였던 크메르 루주가 혹시라도 승리할 경우, 외국의 괴뢰정부에 속했던 그들을 살려둘 것이라고는 결코 기대할 수 없었다. 결국 양측 모두 이기기 위해 온갖 막장 짓을 가리지 않고 사용하게 된다. 닥치는 대로 민간인을 징집함과 동시에 소년병 등을 동원하고, 15~25세의 소녀들은 사기진작을 위해 화장실 같은 으슥한 곳에서 도열하고 있는 군인들의 성기를 펠라치오하고 전비 확보를 위해 마약을 팔아대고, 전국에 지뢰를 깔아버렸다. 이전 시기의 미국의 폭격에 의해 남은 불발탄들과 이 시기의 내전기 캄보디아 전국에 심어진 소련산, 미국산 지뢰들은 아직까지도 희생자를 낳고 있다. 당연히 이 개판인 상황에서 엄청난 사상자가 속출하고, 엉망진창인 농업이 복구될 리가 없으니 기아와 역병 역시 창궐했다. 전설적인 킬링필드로 알려진 크메르 루주의 학살, 베트남전과 연관된 미국의 폭격에 의한 학살에 묻혀 주목받지는 못하는 편이나, 내전기 동안의 사망자 역시 수십만 명으로 추산된다.

크메르 루주 주요 전범들의 운명

폴 포트 크메르 루주 지도자	누온 체아(88) 전 공산당 서기장	키우 삼판(83) 전 부총리 겸 국방장관	카잉 구엑 에아브(71) 뚜올 슬렝 교도소장
반역죄	학살·강간 등 反인도주의 전쟁범죄	민간인 고문· 인종 학살 주도	재소자 1만4,000명 사망 책임
1998년 체포 직후 사망	종신형 선고	종신형 선고	2010년 징역 35년 형

자료: m.blog.naver.com

06
잊혀진 학살

　사실 70년대와 80년대 초까지는 킬링필드 실상이 외부에 잘 알려지지 못했다. 당장 크메르 루주는 외국인 기사들을 다 쫓아내고 학살을 은폐하는 정책을 폈다. 미국은 크메르 루주 정권 수립 직후에 크메르 루주 정권의 대규모 학살을 주장했지만 베트남전쟁 직후 미국의 신뢰성이 바닥까지 떨어진 상태라 친미 국가의 정부조차 회의적인 반응을 보였다. 당시 대규모의 캄보디아 난민 문제로 골머리를 썩던 태국이 그나마 주장하긴 했지만 그 영향은 미미했다. 거기에 80년대 초에는 미국 정부가 베트남을 골탕 먹이기 위해 크메르 루주를 지원하기 시작하면서 크메르 루주의 학살 주장은 완전히 사라져 버렸다.
　본격적으로 킬링필드가 알려진 것은 1979년 베트남이 캄보디아를 점령하고 크메르 루주를 몰아내면서 알려지기 시작한다. 물론 베트남이 순수한 의도로 이런 악행을 알린 건 아니었고, 국제사회에서 주권국가를 침공했다는 반대여론이 전 세계적으로 퍼지게 되자 국제 여론을 달래기 위해 크메르 루주가 저지른 대학살을 외부에 공개하기로 결정한 것이다. 이유야 어찌됐든 베트남은 S-21 수용소 뚜올 슬렝에 박물관을 만들고 이것을 소련과 동유럽은 물론 서방에도 공개했고, 프놈펜 외곽의 다른 킬링필드도 찾아내서 공개했다. 서방기자들은 원하면 캄보디아 전역의 킬링필드를 돌아보고 취재할 수 있었고, 이 취재를 바탕으로 크메르 루주들의 천인공노할 만행들이 전 세계로 확산되기 시작했다.

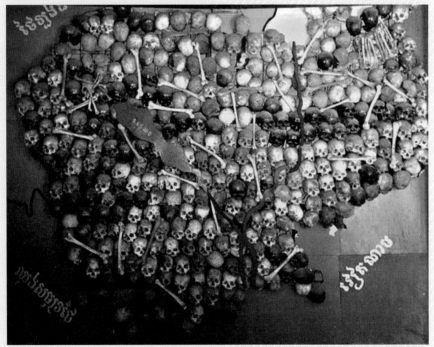

2005년까지 뚜올 슬렝 박물관(S-21)에 전시되어 있던 해골 지도이다. 형무소 내에서 발굴된 유골로 캄보디아 지도를 만들어 놓았으나 반인륜적이라는 인권단체 등의 거센 비난으로 인해 해체되고 현재는 안치되어 현지에서는 더 이상 그 흔적을 찾을 수 없다. 대학살이 관광상품이나 다름없이 전락해버린 이러한 맥락 속에서 베트남이 캄보디아를 침공할 때 정당성을 확보하기 위해 국제사회에 킬링필드를 과장했다고 주장하는 서적도 있다. 《아시아의 기억을 걷다》가 그것이다.

자료: tcatmon.com

07

긴 내전의 끝

어쨌든 수렁에 빠져 있던 베트남군은 1989년 9월에 철수한다. 당시 총리의
자리에 있던 훈 센Hun Sen[10]은 베트남군이라는 배경을 잃고 세력이 약화되어 내
전은 더욱 수렁에 빠졌다. 결국 1990년 6월 4~5일, 도쿄에서 캄보디아 각 파
가 참가하는 평화를 향한 직접 대화의 장소로서 캄보디아에 관한 도쿄 회의
가 개최되었다. 다음 해 1991년 10월 23일, 캄보디아 평화파리협정이 개최되어
최종 합의문 국제 연합 캄보디아 잠정 통치기구, UNTAC'의 설치, 무장해제와 내전 종결, 난민의 귀환, 제헌의회 선거

10　훈 센(Hun Sen, 1952년 8월 5일 ~)은 캄보디아의 총리로, 캄보디아인민당(CPP)의 핵심 지도자 중의 한 사람이
자 정부를 1993년 다당제를 회복한 이후로 왕당파와 연합하여 캄보디아를 통치한 실질적인 지도자 중의 한 사람이
다. 1993년 노로돔 시아누크 전 국왕에 의해 '삼데크(Samdech)'라는 직위가 화합적인 차원에서 부여되었다. 1975년 4
월에 프놈펜을 공격한 크메르 루주에 의해 부상을 당해 의안을 끼고 있다.

훈 센

자료: ko.wikipedia.org

의 실시 등에 19개국이 승인함으로써 20년에 이르는 캄보디아 내전이 종결되었다. 캄보디아 평화 파리협정으로 훈 센 정권과 민주 캄푸치아 연합정부를 통합한 네 계파에 의한 캄보디아 최고국민평의회SNC가 결성되었다. 다음 해 1992년 2월부터, 유엔 캄보디아 잠정 통치기구UNTAC가 평화유지 활동을 시작하였다. 1993년 5월에는 국민의회 총선거가 실시되어 입헌군주제가 채택되고, 시아누크 국왕이 복위되었다.

하지만 크메르 루주의 수장인 폴 포트가 1998년 사망하여 잔존세력이 완전히 소탕되기 전까지 앙코르와트 유적군의 외곽 지역쁘레아 뷔히어, 오다 멘쩨이은 장갑차를 타고 가야 할 만큼 완전한 평화라고 부르기는 어려웠다. 그러나 1979년에 크메르 루주가 베트남군에 의해 전복될 당시 베트남 괴뢰정부 쪽에서 크메르 루주 축출에 가담한 인물들은 여전히 정치권에서 크게 영향을 끼치고 있다. 이들이 바로 지금은 총리가 되어 몇 번째 연임하고 있는 훈 센과 1993년 정부 수립 이래 군건한 여당인 CPP캄보디아인 민당의 주요 인물들이다. 그런데 사실 훈 센은 부패한 독재자인지라, 캄보디아는 아직도 영 좋지 못한 상태에 머물러 있다. 또한 내전기의 베트남과 괴뢰정부에 대해서는 책임을 거의 묻지 않는 편이다. 물론 캄보디아의 개판 상황에서 베트남이 한 일이 아무래도 그나마 나은 건 사실이긴 하다.

21세기 들어 UN과 캄보디아 정부가 학살과 반인권 범죄 처벌에는 시효가 존재하지 않는다는 이념에 입각, 크메르 루주 전범재판소ECCC를 설립하여 사

크메르 루주 전범재판소

자료: nbcambodia.com

건 발생 이후 거의 30년 만에 비로소 책임자에 대한 처단이 시작되었다. 이미 주범들 중 다수는 처벌을 받지 않고 사망한 지 오래이기에 사실상의 처벌보다는 위의 이념을 명시하기 위해 실시하는 재판이라고 볼 수 있다.

2007년 7월 3일 재판소는 죽음의 감옥이라 불렸던 S-21 교도소 카잉 구엑 에아브 소장을 첫 번째로 기소하여 2010년 7월 26일 징역 35년 형에 대한 확정 판결을 내렸다. 2011년 6월 27일에는 사건의 주범 4인방인 크메르 루주 정권 서열 2위 누온 체아[85]를 비롯해 이엥 사리[85] 전 외무장관, 그의 부인 이엥 티리트[79] 전 내무장관, 키우 삼판[79]에 대한 재판이 시작되었다.

하지만 미국 정부와 캄보디아 정부 등 여러 정치집단의 이해관계가 엇갈리면서 이들에 대한 재판이 순조롭게 진행되지 못하고 있다. 특히 크메르 루주 정권 부역자들 다수가 요직을 차지하고 있는 캄보디아 정부와 일각에서 또 다른 킬링필드를 만든 주범으로 여겨지는 미국 정부의 비협조가 가장 큰 장애물로 지적된다. 이렇게 재판이 지연되고 있는 가운데 피고인 중 하나인 고령의 이엥 사리가 단죄받기 전에 먼저 지옥으로 가버렸다. 그럼에도 재판은 여전히 현재진행형이다.

2014년 8월 7일, 전범재판소는 누온 체아 당시 공산당 부서기장과 키우 삼판 전 국가주석에 대해 종신형을 선고했다. 그러나 항소하면서 지체되다가 2년만에 다시 종신형을 선고하였다.

2018년에는 킬링필드 희생자들을 추모하는 날5월 20일을 국가공휴일로 지정했다. 2019년 8월 4일에 폴 포트 정권의 2인자 누온 체아 전 공산당 부서기장이 사망했다.

크메르 루주 피고인 주요 혐의

키우 삼판
크메르 루주 정권의 공식적 국가원수, 자신은 단지 크메르 루주의 껍데기일 뿐이라며 잔학행위에 대한 책임을 부인하고, 크메르 루주의 모든 정책은 폴 포트 책임이라고 주장한다.

이엥 사리
외무부 장관으로 부인과 함께 폴 포트 정권의 정책을 결정한 이너서클 멤버로 알려져 있다. 국외에 있던 외교관들과 지식인들의 귀국을 설득했다. 귀국한 이들은 모두 처형됐다.

이엥 티리트
폴 포트의 처제이자, 이엥 사리의 부인으로 사회장관을 지냈다. '대대적인 숙청'의 입안, 방향, 협력 및 명령에 관여한 혐의를 받는다. 자신의 혐의에 대해 100% 잘못된 것이라고 주장한다.

누온 체아
크메르 루주 지도자 폴 포트에 이어 '2호 동지'라고 불리는 2인자. 크메르 루주 최고 이념가이다. 자신은 '잔인한' 사람이 아니라, '애국자'로 행동했다고 주장하고 있다.

자료: hani.co.kr

08

학살에 대한 논란

📽️ 300만 명이 죽었다?

반공을 국교로 삼던 1980년대 도덕이나 교련 교과서에서도 나오던 널리 알려진 정보지만, 사실이 아니다. 이는 베트남의 캄보디아 침공 당시의 주장이었으나, 과장된 것이었다. 이 정보가 널리 퍼지게 된 것은 학살에 대한 초기의 연구 때문이다. 완전히 개판이었던 캄보디아에서 신뢰할 만한 통계를 찾는 건 불가능했고, 가능했던 것은 태국 일대의 난민수용소에서 사망률을 추산한 뒤 인구에 대입하는 방법뿐이었다. 하지만 사실 피난민들은 일반 국민들보다 훨씬 높은 사망률을 보였던 것당연히 도망친 사람들이 훨씬 상황이 심각했을 것이니까.이다. 현재는 시아누크 퇴위 이후 평화조약까지 희생된 수로 100~200만을 추산하지만 그것 이상일 가능성을 완전히 배제하지는 못하는 정도이다.

📽️ 누구의 책임이 가장 큰가?

그 희생자의 확실한 수를 추산하기는 힘들고 구체적인 기간 내의 피해자의 숫자를 추산하기는 더더욱 어렵다. 하지만 우선적인 책임은 크메르 루주에 있다는 것은 명확할 것이다. 그들은 좁은 의미에서의 킬링필드는 말할 것도 없고, 그 전후의 내전기 동안에도 희생자의 숫자를 불리는 데 엄청난 역할을 했다. 이들에 대한 재판과 처벌이 이뤄지고 있다는 것은 그나마 작은 위안일 것이다.

핵심 전범 5인방

카잉 구엑 에아브	이엥 사리	이엥 티리트	누온 체아	키우 삼판
당시 수용소장	전 외교 장관	전 사회 장관	전 크메르루주 부서기장	전 국가주석
종신형	병사	치매(재판제외)	종신형	종신형

자료: m.newspim.com

미군 폭격에 의한 사망자는 다른 희생자들과 마찬가지로 정확히 계산된 바 없다. 미군이 캄보디아에 쏟아 부은 폭탄의 투하량은 539,129톤에 달한다. 고엽제를 비롯한 화학 무기는 여기에 또 별도로 더해진다. 그리고 캄보디아 동부는 메콩강 하구와 톤레샵 호수 등의 담수 공급원이 집중되어 있어, 언제나 식량 생산의 핵심적인 역할을 했다. 1차적인 폭격의 희생자와는 별개로, 식량생산에 타격이 클 수밖에 없다는 말이다. 이를 무시한다면 캄보디아의 전쟁 이전 경작이 가능했던 논 가운데 80%가 불모지로 변했고, 3,800만 톤에 달했던 쌀 생산량은 66만 톤으로 줄어들어 이로 인해 프놈펜으로 농촌에서 인구가 몰려든 걸 설명할 방법이 없다. 론 놀의 쿠데타, 이후 크메르 루주에의 지원 등은 둘째쳐도, 폭격으로 인한 희생자에 대한 책임이 없을 수는 없다. 일부 주장에 의하면 헨리 키신저가 사실 크메르 루주만큼이나 악독한 학살자였으며 킬링필드를 일부러 부각시켜서 자신들의 학살을 덮으려고 한다는 주장이 있으며, 이로 인해 헨리 키신저를 전범으로 재판을 받게 해야 한다는 주장도 있다.

중국은 수십만 명 이상의 중국계 캄보디아인들이 크메르 루주의 인종 청소에 인해 학살 당했음에도 중월전쟁을 통해 베트남을 공격해서 크메르 루주를 적극적으로 지원했다. 물론 그렇다고 해서 베트남과 캄푸치아 인민공화국 측도 깨끗한 건 아니다.

여하튼 현재의 캄보니아에서는 베트님군이 크메르 루주의 폭정에서 해방시켜준 것은 맞지만 그렇다고 해방군이라고 보기에는 영 찝찝하다는 평가가 지배적이다. 원래 역사적으로도 베트남이 캄보디아 영토 일부를 뺏은 적이 있고, 태국과 함께 캄보디아 내정에 간섭한 적이 있어서 사이가 나쁜데다가 내전과정에서 베트남이 캄보디아 내에서 여러 가지 이권을 가져갔던 면이 있기 때문에 그런 의견이 강한 것이다.

09

/

영화화

1984년 미국에서 만든 영화로 한국에선 1985년 6월 1일에 개봉되었다. 국내에서는 반공 영화로 간주하여 초·중·고교에서 학교 단체관람을 주도하면서 서울 관객 92만5천 명이라는 엄청난 대박을 기록했다. 이는 당시 할리우드 블록버스터급 이상 대박이자 지금으로 쳐도 전국 관객 800만 이상급이다. 공산정권에 의한 학살이 부각된 내용 덕분에 반공 메시지 선전과 맞아 떨어지면서 80년대 '땡전뉴스'로 대표되던 당시의 국내 언론에서도 열렬히 찬양했다. 영화 자체는 상당한 수작이며 음악도 상당한 평가를 받았다. 땡전뉴스의 선두주자 KBS도 1987년 대통령선거 이틀 전에 이 영화를 상영하였다. 영화 〈킬링필드〉는 제57회 아카데미 시상식에서 남우조연상, 촬영상, 편집상 수상작이며, 작품상, 감독상, 남우주연상, 각색상 후보작으로 이름을 떨쳤다.

이 영화가 결과적으로 크메르 루주에 킬링필드의 모든 책임을 전가하고 있

영화 〈킬링필드〉의 한 장면

자료: namu.wiki

고, 꽤 많은 사람들이 미국의 책임을 간과하게 만들었다는 점에서 고도의 프로파간다 영화로 보면서 그 때문에 2000년대 와서는 많이 묻혀버렸다는 의견도 있다. 위에서 언급한 바와 같이 이 영화가 만들어지던 80년대에 미국은 크메르 루주를 지원하고 있었고, 오히려 이 크메르 루주를 몰아내고 킬링필드를 널리 알린 것은 베트남군이었다.

롤랑 조페[11] 감독은 〈미션〉과 이 영화로 꽤 국제적으로 이름을 날렸으나 〈시티 오브 조이〉1993, 〈주홍글씨〉1995 감독을 맡으면서 흥행, 비평으로 말아먹

---

11   롤랑 조페(Roland Joffé, 1945년 11월 17일 영국, 런던 출생)는 영화 감독으로서 텔레비전에서 처음 선을 보였다. 그의 처음 텔레비전 작품들은 〈Coronation Street〉와 〈Adaptation of The Stars Look Down for Granada〉의 에피소드였다. 그는 〈Bill Brand〉 시리즈 같은 충격적인 정치적 이야기들과 〈Play for Today〉 같은 실화 드라마로 명성을 얻어나갔다. 롤랑 조페는 Marc Joffe(Riga 출생)의 아들로서 흔히 틀리게 언급되는 프랑스 영화 감독 Arthur Joffe와는 관련이 없다.

캄보디아 공산 정권의 학살 역사를 그린 영화, 〈킬링 필드〉.

자료: kr.christianitydaily.com

고 영화 〈슈퍼 마리오〉를 제작하여 쫄딱 망했다. 2000년대 와서는 〈4.4.4〉라는 〈쏘우〉 아류작을 감독하기도 하여 예전 명성을 날리며 듣도 보지도 못한 감독 신세가 되었다. 사실 이 사람은 80년대부터도 과대평가되어 있다는 이야기를 많이 들었던 감독이다.

행 솜낭 응오

영화의 주연배우였던 '행 솜낭 응오 Haing S. Ngor'는 실제로 가족과 약혼자를 캄보디아에 남긴 채 탈출한 인물이며 이 영화로 아카데미 남우조연상을 수상했다. 살아생전 캄보디아 난민들을 위해 기부를 많이 했고 이 작품 이후 간간히 베트남이나 캄보디아인으로 출연하는 영화의 출연료를 기부하기도 했다. 심지어 그는 홍금보가 나오

자료: en.wikipedia.org

자료: namu.wiki

는 〈동방독응〉에서도 베트남인으로 출연했다.

　그는 1996년 2월 25일에 아파트에서 시체로 발견되었는데 검사 측 주장으로 크메르 루주의 보복성 암살이 아니냐는 추측이 나와 당시 화제가 되었으나 수사결과 거리의 아시아계 불량배 일당들이 돈을 노리고 벌인 강도 살인이었음이 드러났다. 그리고 이때는 크메르 루주도 서북부 산간 오다 멘쩨이 지방에서 오늘내일 하면서 근근히 버티고 있던 수준이라 미국까지 가서 보복 암살을 벌일 여유도 없었다. 도리어 영화가 한창 개봉하던 80년대 중순이었으면 모를까?

　서구인이 아닌 캄보디아인의 시선을 다루고 있는 감독이라면 리티 판 감독이 있다. 내전으로 가족 전체가 프랑스로 망명해 프랑스에서 영화를 공부한 감독으로, 다큐멘터리와 영화를 오가며 작업하고 있다. 국제적으로 유명해진

영화 〈라이스 피플〉부터 시작해 다큐멘터리 작업인 〈미싱 픽처〉, 〈추방자〉까지 영화 커리어 자체가 킬링필드를 중심으로 삼고 있고, 비평가들에게 높은 평가를 받고 있다.

리티 판

자료: news.joins.com

2017년 안젤리나 졸리 감독의 다섯 번째 작품인 〈그들이 아버지를 죽였다 First They Killed My Father〉가 킬링필드를 소재로 한 영화이다. 넷플릭스를 통해 개봉했다. 실제 킬링필드의 생존자인 작가이자 인권운동가인 로웅 웅이 집필한 동명의 회고록을 원작으로 하였다. 다만, 이 영화는 베트남군을 순수한 해방군으로 그리고 있기 때문에 캄보디아 내에서는 평이 엇갈린다. 이 영화 제작엔 리티 판이 참여했다.

안젤리나 졸리의 킬링필드 〈그들이 아버지를 죽였다〉

자료: mn.kbs.co.kr

Chapter 02

폴 포트

3년의 폭정으로
100년이 무너지다

01

개 요

폴 포트Pol Pot, 1925년 5월 19일 ~ 1998년 4월 15일 또는 본명인 썰롯 써Saloth Sar 는 캄보디아의 독립운동가, 노동운동가, 군인, 정치인이자 공산주의 혁명가다. 캄보디아의 공산주의 정당이었던 크메르 루주의 지도자이자 1976년에서 1979년까지 민주 캄푸치아 공화국의 총리였다. 흔히 폴 포트Pol Pot로 알려져 있는데 이는 이름이 아니라 영어의 '폴리티컬 포텐셜Political Potential' 혹은 프랑스어의 '폴리티크 포탕티엘Politique Potentielle'의 줄임말로서 영어와 프랑스어로 '정치적 가능성'을 뜻한다.

프랑스의 식민지 기간 중 독립운동가로서 민족해방운동에 동참하였고 호치민이 지도하는 반프랑스 운동단체에 가담하여 활동하였다. 해방 후 공산당에 가담하였고 미국과 왕정에 대항하였으며 론 놀 정권을 타도하고 집권에 성공한다. 베트남 공산당으로부터 도움을 받았고 베트남전쟁에도 베트남

캄보디아 독재자 폴 포트

자료: blog.daum.net

민주공화국을 편들었으나 가혹한 학살에 거부감을 느낀 베트남은 그 사람과 결별하고 반제세 인사를 지원한다.

　미국, 베트남과 계속한 전쟁으로 캄보디아의 경제를 황폐화시켰다. 집권 기간 중 지주, 자본주의자, 반대파 200만 명을 숙청하였고, 기타 강제 이주책과 노동책, 흉년, 기근을 위시한 질병으로 국민 다수가 아사했다. 재임 기간 원리주의성 공산주의에 따라 집단농업화 정책을 강제로 시행하여 많은 국민을 심문과 고문으로 죽게 한 소위 킬링필드로 유명하다. 1979년 베트남군의 침공으로 정권을 잃고 북측 국경 밀림 지대로 달아나 게릴라전을 전개하다 체포되어 그 후 1998년 가택 연금 상태에서 죽었다.

02
/
생 애

출생과 유년기

폴 포트는 프랑스령 인도차이나의 프렉 스바우브 현 캄보디아 콘폰틈프의
한 농가에서 9형제 중 8번째로서 태어나 자랐다.

아버지는 부농으로 마을 유지였고 어머니는 자비심이 많아 마을에서 존경
받았으나 곧 몰락했고 폴 포트는 어려서 가난하고 불우한 환경 탓에 불교 사
원에 보내져 6년간 생활하였으며, 2년간은 승려로 지냈다. 폴 포트는 환속하
고서 프놈펜에 소재한 기술학교에 입학하여 1년간 목수일을 배웠다. 유소년
기부터 고독하고 과묵했던 폴 포트는 자신의 사유와 포부를 내색하지 않고
서 평범하게 자랐다. 가족조차도 폴 포트의 사유를 모를 정도였고 예의와 품
행이 바른 소년이었다.

금빛 찬란하게 호화로운 색채를 띠고 있는 왕궁

　9세에 이향해 프놈펜으로 올라가 왕실 공무원인 형과 궁중 무용수인 사촌누나의 자취집을 전전하면서 고단한 유학생활을 한 폴 포트는 가난과 기근에 시달리는 수많은 빈민이 처참하게 생활하는 모습과, 사촌누나를 통해서는 왕실의 부유하고 풍족하면서 부패한 왕실의 실상을 목격했다. 학교에서는 역사 시간에 캄보디아의 자랑스러운 문화유산이 외부 침략자들 탓에 파괴됐다는 사실을 알게 되었다. 분노한 폴 포트는 조국의 영광을 찾겠노라 결심한다.

🎞 수학과 독립운동

　1940년대 초 폴 포트는 호치민 휘하에서 반프랑스 저항운동에 가담하였다. 1942년 당시 캄보디아의 캄퐁참에 신설된 노로돔 시아누크 중학교에 입학하였고, 1946년 캄보디아 공산당에 가입하였다. 신입생은 20명이었는데 이들은 각 주에서 선발되었고 폴 포트는 캄퐁톰의 대표였다. 그 사람들은 여기에서 모두 프랑스어로 공부하였고 음악에도 약간 소질을 보였던 폴 포트는 바이올린을 교습받기도 했다. 노르돔 시아누크 중학교에서 만난 동창생 중 후님은 후에 공산주의자가 되어 폴 포트의 측근이 되었고 후에 폴 포트 정권의 공보부 장관이 된다. 중학교 재학 중 폴 포트는 국사 교사 크반시판의 수업 중 앙코르 제국의 영화를 상기시키며 식민 통치하의 연약하고 비참한 조국의 현실을 토로할 때 국사 교사에게 크게 감명받는다.

1948년 캄보디아 명문 고등학교인 리씨스소와쓰에 응시했으나 떨어지고 프놈펜 기술고등학교에 입학하였다. 1949년에 무선공학을 연구하고자 장학금으로 파리에 유학했다. 유학 중에 공산주의자가 되어 신생 크메르 공산주의 그룹에 참가했다. 이 그룹은 당초 프랑스 공산당 내부에 형성되었으나 무선전자공학을 배우고자 파리에 유학한 폴 포트는 학문보다는 혁명 활동에 더 많은 시간을 할당했다. 그는 시험에 여러 번 낙제한 탓에 장학금이 끊겨 1953년 1월 프랑스 파리를 떠났다.

1952년 익명으로 학생 잡지를 이용해 캄보디아 왕정에 반기를 들어 '군주제는 없애야 한다'는 글을 발표했다. 그 해 폴 포트는 친구들과 프랑스 식민지에서 벗어나려는 이데올로기를 연구하다가 그것이 공산주의라는 결론에 도달한다. 1953년에 캄보디아에 귀국해 프랑스어 교사로서 일하는

젊은 시절의 폴 포트

자료: blog.naver.com

한편 공산당 활동에 열성으로 참여하였고, 파리에서 알게 된 큐 포나리와 1956년 혼인했다.

📽 정계 입문

📖 캄보디아 공산당

당시 프랑스의 인도차이나 지배에 대항하여 공산주의자가 주도하여 일어난 반프랑스 활동의 중심은 베트남에 있었지만, 점차 캄보디아와 라오스로 파급되었다. 폴 포트는 북베트남에 참가하여 활동했지만, 북베트남이 베트남만을 중시하는 국수주의성을 띠었고 라오스와 캄보디아에는 관심이 없다는 사실을 알았다. 1954년에는 프랑스가 프랑스령 인도차이나에서 철수했지만, 베트남의 상황은 한층 더 복잡하게 전개되었다.

폴 포트는 프놈펜에서 1954년 사립학교 교사로 채용되었다. 1955년 3월 3일, 국왕을 퇴위하고 정당 조직에 참여한 시아누크는 그 인기와 권력으로 공산주의 반대 세력을 일소하여 1955년 9월 11일 선거로써 모든 의석을 획득하였으나 정계에서는 좌파와 우파가 부단히 대립했고 시아누크가 필요에 따라서 좌파를 중용하고 탄압하기를 반복했으므로 폴 포트나 이엔 사리와 키우 삼판을 위시해 좌파 지도자들은 정글로 도피하였다.

📖 지하 활동

폴 포트는 시아누크의 비밀경찰을 피해 12년간 지하활동을 하였다. 1960년, 캄보디아 공산당 중앙 상임위원을 거쳐 1962년에 서기로 취임했다. 1963

자료: cambodiaexpatsonline.com

년 경찰이 폴 포트가 공산주의자와 연루됐다고 의심했으므로 그는 교사직을 마침내 사퇴했다. 프놈펜을 떠나고서 베트남전쟁이 발발하자 폴 포트는 베트콩을 지지한다고 천명했다.

1967년에 폴 포트는 중국의 지원으로 반정부 무장 투쟁을 시작했다. 캄보디아 공산당은 후에 크메르 루주로서 알려져 동당의 무장 조직은 폴 포트파로 불리게 되었다. 폴 포트는 그 사상 배경을 모택동주의에서 변형하여 적용하였다. 크메르 루주는 완벽한 평등주의의 토지 균등 분배론을 생각하고 사회주의의 중간 단계를 피하며 공산주의 달성을 목표로 했다.

🎞 시아누크와 한 밀월과 대미전

시아누크가 남베트남 해방민족전선을 지원한다고 생각한 미국은 장군 론 놀을 지원하여 1970년 3월 18일에 쿠데타를 일으키게 하고 시아누크를 정권에서 끌어내렸다. 1970년 이전 캄보디아 공산당은 캄보디아의 미약한 정치 세력이었지만, 친미주의자 론 놀이 미국에 지원받아 일으킨 쿠데타에 대항해 시아누크는 이후 폴 포트를 측면에서 지원하고, 1970년 5월 캄보디아 인민해방군 최고사령부 부의장 겸 작전부장이 되었다. 1970년 미국 대통령 리처드 닉슨은 남베트남과 인접하는 남베트남 해방민족전선의 거점을 공격하고자 캄보디아를 침공하라고 명령했다. 미군은 캄보디아 농촌에 공중 폭격을 맹

리처드 닉슨

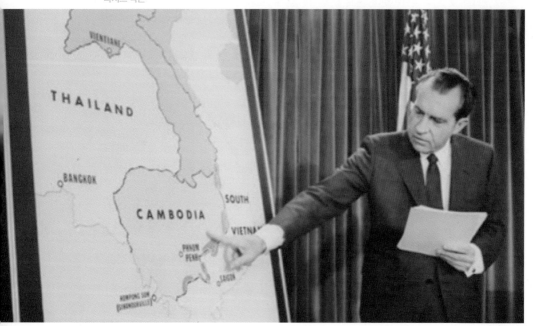

자료: m.blog.naver.com

렬히 무차별로 퍼부은 탓에 어린이를 비롯해 농민 수십만 명이 끔찍하게 학살됐으므로, 간신히 살아남은 대다수 농민은 론 놀의 친미 정권에 등을 돌리고서 크메르 루주에 가입하였고 크메르 루주는 그 세력을 급격히 확대했다.

시아누크의 인기와 미군의 캄보디아 폭격은 폴 포트 측에 유리하게 작용하였다. 폴 포트는 미국의 폭격과 희생자들의 시신 사진을 국제사회의 언론에 발표하며 미국의 잔혹한 만행을 크게 알리고자 분투했다. 베트남전쟁에서 미군의 캄보디아 맹폭이 없었으면 크메르 루주가 쉽게 정권을 잡지 못했으리라고 주장하는 연구자도 있다.

📽 캄보디아 내전과 집권

1973년 미국이 베트남에서 철수하면서 남베트남 해방민족전선은 캄보디아를 떠났지만, 크메르 루주의 싸움은 계속되었다. 노로돔 시아누크 행정부와 론 놀의 친미 군사 행정부에 대한 정적으로서 폴 포트는 크메르 루주 게릴라 부대를 이끌었다. 미국의 지원이 없어지자 국토 관리를 유지하지 못하고 론 놀의 친미 정권은 즉시 붕괴했고 1975년 4월 17일에 크메르 루주는 캄보디아 내전에서 승리하고 프놈펜을 점령했다. 그때 도시민은 크메르 루주 게릴라 부대가 승복을 군복으로 입고 있었으므로 까마귀가 왔다면서 공포에 떨었다. 크메르 루주는 전권을 장악하고 국명을 '민주 캄푸치아'라고 개명하였고 론

론 놀

자료: ko.wikipedia.org

놀은 미국에 망명했지만, 늦게 도망친 론 놀 일파인 론 보레트를 위시한 각료
는 수도 함락 직후에 적군소탕위원회에 신병이 인도되어 전원 처형되었다. 크
메르 루주는 그 밖에도 정치가, 고관, 경찰관, 군인을 위시해 700명 남짓을 처
형했다. 폴 포트는 시아누크와 매국노로 이름을 올린 소수의 인물만을 처형
한다고 약속했지만 이를 지키지 않았다. 이후 정권을 장악하기 전의 공직자
나, 군에 종사한 사람은 가족까지 처형하는 때도 있었고 그 주변 인사들도 처
형하거나 강제수용소로 보냈다.

　1970년대 초 캄보디아 전역에 광범위하게 대규모로 미군이 무차별로 폭격
하여 남녀노소 막론하고 수십만 명이 끔찍하게 죽었고 무능력했던 론 놀 친
미 행정부의 부패 행위에 염증을 느꼈던 국민 거의 대부분이 론 놀 친미 행정
부를 멀리하게 되었으며 이는 폴 포트에게 유리하게 작용했다.

집권

민주 캄푸치아

　1975년 5월 12일에 캄보디아 영해에서 크메르 루주군이 미국 상선 마야그
에이스호를 나포하는 마야그에이스호사건이 발생하였다.

　노로돔 시아누크는 1975년에 복권되었지만, 즉시 자신의 급진성 공산주의
동료와 결별하였다. 군주제 회복을 요구하는 시아누크가 한 계획에 흥미를
두지 않았고 크메르 루주 강경파는 시아누크가 한 계획을 불허하고 1976년
4월 2일 그 사람을 자택에 감금하였다. 기존 행정부는 붕괴하고 국가원수로
서, 국왕인 시아누크는 그 지위를 잃고 키우 삼판이 초대 대통령 겸 국가 간

부회 의장이 되었다.

　1975년 크메르 루주군은 프놈펜을 점령한 후 주민을 즉시 피난시켰다. 1976년 5월 13일, 폴 포트는 민주 캄푸치아의 수상에 정식으로 취임하였고 지방에서 대규모 숙청을 시작해 철저한 국가 개조를 실시하였다. 폴 포트는 모택동주의에 기초해 빈부 격차가 없는 공산주의 사회를 목표했고 자본주의 요소를 모두 부정했다.

자료: blog.daum.net

　이후 베트남의 캄보디아 침공으로 행정부가 무너진 1979년 1월까지 크메르 루주 행정부의 총리로서 열심히 일했다. 폴 포트가 지도하는 크메르 루주 행정부로는 1975에서 1979년까지 강제 노역, 기아, 질병, 고문, 처형으로 말미암아 국민 약 200만 명을 희생시켰다고 추산된다. 한편, 대규모 관개공사와 국토 건설을 목표해 폴 포트는 타 도시민들은 농촌으로 보내거나 농업 생산성을 제고하려는 광대한 규모의 관개공사와 다른 공공 토목공사에 배치하였다. 당시는 전국에 걸쳐 슬픈 생활과 열악한 노동 환경으로 기아와 질병에 시달렸다.

중농 정책과 정치적 탄압

19세기 말 인구의 도시 유입이 시작되었고 내전 중 미군이 농촌을 대규모

프놈펜을 점령한 크메르 루주

자료: bemil.chosun.com

로 무차별 폭격한 탓에 농촌 인구는 난민으로서 도시 유입이 가속화했다. 1976년 직전에 프놈펜의 인구는 100만 이상까지 증가했다. 크메르 루주가 권력을 획득한 후, 미군의 공중 폭격이 있으므로 2일에서 3일만 수도에서 퇴거하게끔 도시 거주자에게 명령하여 지방에 있는 집단농장에 이주시켰다. 생존자의 증언에 의거하면, 환자, 고령자, 임산부를 위시한 노약자도 배려하지 않았고 농장 내에는 링겔을 당기면서 걷는 환자, 노상에서 혼자서 출산하는 임산부를 비롯해 지옥 같았다고 증언하였다. 다른 증언에 의거하면, 가족이 행방불명이 되어, 그 가족이 돌아올 때까지 집에 있게 했으면 좋겠다고 호소한 거주자는, 그렇게 집에 있고 싶다면 죽을 때까지 있으라면서 문에 쇠사슬을 묶어서 음식은커녕 물도 마시지 못하게 해 죽을 때까지 방치되었다고 한다.

교육받은 중산계급과 행정부의 적으로 간주된 사람들을 대상으로 한 크메르 루주군의 조직적인 소탕전은 1979년까지 최소한 캄보디아 국민 100만 명을 죽음으로 내몰았다. 1977년 캄푸치아 공산당은 국가 통치기구로 공식 승인되었다.

잔혹한 학살과 게릴라전을 거부한 베트남을 위시한 인근국가들은 캄보디아 내전에서 승리하여 세운 신캄보디아 공산행정부를 지원했다. 폴 포트는 베트남이 지원하는 신캄보디아 행정부에 대항해서 싸우고자 크메르 루주군을 이끌고 캄보디아 남서부 산악 지대로 철수했는데 신캄보디아 행정부는 폴 포트가 공산당의 지도자로 있는 한 크메르 루주군과 평화협상하지 않겠다고 공표했다.

📷 연금과 사망

1985년 폴 포트는 크메르 루주의 정치상·군사상 지도자직에서 공식으로 사퇴한 후에도 막후에서 영향력을 행사하며 산악 게릴라전을 지도하였다. 1997년 6월 자신의 과거 동료들에게 긴급 체포되었으며 7월에 열린 공판에서 반역죄를 선고받고 창고에 연금되었다가 1998년 향년 73세의 나이에 병으로 사망했다.

'킬링필드'라 불리는 1975~1979년 캄보디아 대학살의 주범 폴 포트(가운데)의 말년 모습.

자료: www.nate-thayer.com

03
정치 활동

📽️ 정치적 탄압

폴 포트 정권은 "썩은 사과는 상자째로 버려야 한다!"라고 주창하고 정치상 반대자를 탄압했다. 통화는 폐지되어 사유재산은 몰수되었고, 교육은 공립학교에서 종료했다.

더욱 국민은 구인민과 신인민으로 구분되어 장기 크메르 루주의 구성원이었던 구인민은 공동체에서 배급받아 스스로 식재료를 재배할 수 있었지만, 프놈펜 함락 후에 도시에서 강제 이주된 신인민은 끊임없이 반혁명 혐의를 두고 숙청할 대상으로 간주됐다. 프놈펜은 기아, 질병, 농촌 강제 이주에 의거해서 유령 도시로 변모했고 의사나 교사도 발견되면 '재교육'이라는 명목으로 불려가 처형되었다. "안경을 쓴다!", "글을 쓸 수 있다!"는 이유만으로 처형

대량학살당한 유골들이 쌓여 있는 킬링필드. 3년간 200만 명(캄보디아 인구의 1/4) 학살

www.futurekorea.co.kr

된 사례도 있었다. 이 결과 지식층은 궤멸되었고 캄보디아의 사회 기반은 소생이 불능하게 타격받았다.

종교 탄압

폴 포트는 공산주의의 속성상 무신론자였고 게오르크 헤겔이나 찰스 다윈의 적자생존론을 신봉하였다. 당시 캄보디아에서는 전통으로 상좌 불교가 신앙으로 자리 잡았지만 불교도 탄압할 대상으로 간주해 많은 승려가 강제 환속당하고 사원이 파괴되었다. 캄보디아에 선교하러 온 기독교 선교사들도 체포하여 본국으로 송환시켰다. 폴 포트 정권하에서 불교는 치명상이 될 만하게 타격받았고 여타 종교도 박멸되었다.

🎞 가족 계획

폴 포트는 어린이는 국가가 키워야 된다고 확신하였다. 부모와 헤어진 자녀들에게 이전 자본주의 체제에서 만연했던 부정, 부패행위, 탐욕을 대상으로 한 경각심을 교육시켰다. 뒤에 헤어진 자녀들이 부모와 재회했을 때 자녀들은 더는 부모를 존경하지 않았으며, 자녀들로서 정책과 행정부를 비판하는 자들을 색출하여 검거하기도 한 한편 대프랑스 민족해방전쟁에서 베트남

부관의 자녀들과 함께한 폴 포트

자료: blog.aladin.co.kr

과 미국과 연하여 벌인 전쟁 탓에 많은 남성이 징집되어 남성 수효가 급감되었다. 일부 여성의 불륜과 외도를 엄히 단속하기도 했다. 자본주의 체제에서 만연했던 부정, 부패, 탐욕을 어린이들과 청소년들에게 가르쳤고 어린 자녀들을 이용해 부모가 죄를 지으면 고발하게 하는 등 크메르 루주 정권 때 심어진 공포와 불신으로 말미암아 가족 간 신뢰성이 없어졌고 개인주의가 기승하게 되었다.

대외 정책

노로돔 시아누크 국왕을 접견하는 김일성

대외로는 중국, 조선민주주의인민공화국과 관계를 강화하고 폴 포트 자신도 적극적으로 외교상 순방하였으며, 폴 포트가 완벽한 병사로 칭찬한 지뢰는 지방 도처에 매설되었다.

자료: blog.aladin.co.kr

04

폴 포트 평전

필립 쇼트Philip Short는 영국의 저널리스트, 작가이다. 1945년 영국의 브리스틀에서 태어났다. 케임브리지 퀸스 칼리지에서 수학했으며, 30년 동안 BBC의 특파원으로서 워싱턴, 모스크바, 파리, 도쿄, 베이징에서 일했다. 1970년대와 1980년대에 중국에서 거주하며 일했고, 이후에도 정기적으로 중국을 방문하며 대작 《마오쩌둥》을 집필했다. 《폴 포트 평전POL POT: Anatomy of a Nightmare》의 초판1999은 평단으로부터 마오쩌둥 전기의 '결정판'이라는 호평을 받았지만, 쇼트는 더욱더 완벽을 기하기 위해 새롭게 입수한 자료들을 참고하고 기존의 미흡한 부분을 보완하여, 20년 만에 전면개정판을 완성했다.

《폴 포트 평전》의 표지

자료: m.yes24.com

중국의 마오쩌둥을 방문한 폴 포트(1977년)

이 책은 '평등주의 이상향'을 꿈꾸던 폴 포트가 어떻게 '인류 최악의 참사'를 일으켰을까 라는 저자의 의문에서 시작된다. 저자 필립 쇼트는 지독한 '비밀주의' 때문에 감춰져 있던 폴 포트와 크메르 루주의 실체를 밝히기 위해 관련국들의 기밀자료를 찾아다니고, 크메르 루주의 본거지까지 직접 찾아가 크메르 루주 핵심인사들의 육성을 들었다. 덕분에 이 책에서 폴 포트의 생애뿐만 아니라 크메르 루주가 형성되는 과정과 또 몰락 과정이 생생하고 자세하게 되살아났다. 또한 저자는 폴 포트와 크메르 루주 정권의 전횡 뒤에 숨은 캄보디아의 근현대사, 특히 주변국들과의 관계와 냉전시대 제국들과의 관계에 주목하여 급변한 캄보디아의 외교사를 촘촘하게 되살려냈다.

폴 포트는 단 한 번 외국을 공식 방문했는데, 이 책의 저자 필립 쇼트는 그

때 폴 포트를 가까이에서 보았다고 한다. 폴 포트가 집권한 지 2년이 지난 1977년 중국에서였다. 저자는 폴 포트의 매력과 카리스마, 초연한 모습에 무척 마음이 끌렸으며 그가 봉건적인 민족국가의 지도자라기보다는 승려처럼 보였다고 말했다. 그러나 폴 포트는 이제까지 시행된 사회공학 실험 가운데 가장 급진적이고 냉혹한 실험을 기획한 인물이다. 폴 포트의 평등주의 이상향이 낳은 공포정치는 캄보디아를 광란의 도가니에 빠뜨렸다. 폴 포트가 집권한 3년 동안 캄보디아 인구 5명당 1명1백만 명 이상이 킬링필드에서 사라지고 기아로 사망했다.

왜 이런 일이 벌어졌을까?

어떻게 정의롭고 부유한 사회를 향한 꿈이 인류 최악의 참사로 변했을까?

저자는 이 물음에 대한 답변을 찾으려고 캄보디아 전역을 누비고 다녔다. 그리고 캄보디아와 베트남 현지인의 도움을 받아 전 크메르 루주 지도자들을 만나 이야기를 나누었다. 최근에 공개된 베이징과 모스크바, 하노이, 파리, 서구 여러 지역의 기밀자료도 꼼꼼히 조사했으며 태국과 캄보디아 접경지역에 있는 크메르 루주의 본거지에서 여러 달을 보내면서 키우 삼판, 이엥 사리를 비롯해 크메르 루주의 핵심인물들의 이야기를 들었다. 이들과 이야기를 나눈 시간은 총 5백 시간이 넘었고, 어떤 경우에는 한 사람과 50~60시간을 면접하기도 했다. 그리하여 사상 처음으로 자신들의 신념과 목표를 말하는 크메르 루주 핵심인물들의 목소리를 담아낼 수 있었다. 그중에는 1950년 파리 유학 시절에 폴 포트를 처음으로 정치세계로 이끈 켕 반삭의 목소리도 들어 있다.

저자는 타인을 배려하던 젊은이가 어떤 과정을 거쳐 끔찍한 정권의 지도자로 변해 가는지 추적해나간다. 그리고 어떻게 캄보디아를 도탄에 빠뜨리는 최고기획자가 되었는지 냉정하게 설명한다. 그러나 저자는 이 일의 기획자는 폴 포트만이 아님을 분명한 어조로 말하고 있다. 저자는 "'베트남전쟁이 없었다면 크메르 루주도 없었다'는 단순한 등식에도 부인할 수 없는 진실이 담겨 있다."고 말한다. 그러면 폴 포트도 킬링필드도 없었을 것이라고, 그러므로 폴 포트와 함께 같은 미래를 꿈꾼 캄보디아의 수많은 지식인과 더불어 서구 국가들, 특히 미국은 인류 역사상 최악의 대참사로 기록될 캄보디아의 이토록 처참한 역사에 대해 책임을 져야 한다는 시각을 냉철한 논리와 고증으로 드러낸다.

이 책의 가장 큰 장점은 저자가 수집하고 동원한 자료에 있다. 크메르 루주 지도부의 여러 생존 인물들과의 심층 인터뷰를 비롯하여 공개되지 않았

1988년 중국 남부 징강산(井岡山)에 있는 마오쩌둥의 옛 게릴라 기지를 방문한 폴 포트

자료: blog.aladin.co.kr

던 중국, 프랑스, 러시아, 베트남 등의 기밀문서 등, 다양하고 생생한 자료를 통한 접근은 아시아의 역사를 꿰뚫는다. 그리하여 폴 포트를 캄보디아 현대사와 아시아 전체의 역사적 맥락 속에서 조명함으로써 한 인물의 전기를 넘어서 평전의 정수를 구현해냈다. 단순히 킬링필드와 크메르 루주의 악마성을 규탄하고 단죄하는 데 그치는 것이 아니라 그런 비극이 어떻게 배태되고 진행되었는지를 다각도로 해부해내고 있는 것이다. 폴 포트를 위시한 주변 핵심인물들의 과거와 현재를 담은 50여 컷의 사진 역시 생생한 이해를 돕는다.

책은 훗날 폴 포트로 불려지게 되는 썰롯 써의 일대기를 따라가는 형식을 취하지만 단순한 인물 전기를 넘어선다. 캄보디아의 비극이 어떻게 배태되고 진행됐는지를 캄보디아의 역사와 지정학적 위치, 종교와 문화, 정치·사회제도 등 다각도로 분석했다. 나아가 자국의 이익에만 몰두했던 베트남 등 주변국과 미·중·소 등 강대국과의 관계를 살피면서 캄보디아 현대사를 꼼꼼하게 되살려냈다. 문제적 인물을 통해 시대의 모순을 짚어내는 평전의 본보기라 할 만하다.

저자는 비극이 잉태된 원인을 캄보디아의 독특한 문화와 사회 조건에서 찾는다. 소승불교의 규범이라는 '프리즘'을 통해 마르크스주의를 받아들였던 캄보디아 공산주의자들은 스스로를 '악인을 물리칠 선인의 화신'으로 여겼다. 사랑과 슬픔 등 모든 감정은 떨쳐버려야 할 개인주의의 소산으로 보고 일부 지역에서 웃거나 노래하는 것조차 금지한 것은 마치 소승불교에서 열반에 이르려면 속세의 번뇌에서 완전히 벗어나야 한다고 한 것과 비슷했다. 폴 포트가 육체노동을 강조한 것도 육체노동이 프롤레타리아 의식을 연마하는 수단이라고 여겼기 때문이다.

프놈펜에 입성하는 크메르 루주군

자료: m.blog.daum.net

크메르 루주 여성대대가 행군하는 모습(1974년쯤)

자료: blog.aladin.co.kr

크메르 루즈 세력들이 1975년 수개월간 포위 끝에 수도 프놈펜에 입성

자료: m.blog.daum.net

비극의 씨앗은 크메르 루주가 농민을 기반으로 하고 있었던 데서도 찾을 수 있다. 저자는 "전 세계 역사를 살펴보면 농민혁명에는 도시에 대한 분노라는 특징이 들어 있다."고 지적한다.

프놈펜에 입성한 크메르 루주에게 프놈펜의 '타락상'은 혐오와 분노의 대상이었다. 이들은 도시민이 땅으로 돌아가 스스로를 개조해야 도시생활에서 묻은 오물을 씻어낼 수 있다고 생각했다. 심지어 폴 포트는 "낡은 사상이나 이를 고수하려는 사람들이 '혁명의 불길' 속에 사라지고 나면 캄보디아가 더 강해지고 깨끗해져서 공산체제의 본보기로 다시 태어날 것"이라고 봤다. 그러나 당시 폴 포트와 그의 동료들이 만든 것은 국민을 '벽 없는 감옥'에 가두는 '현대 최초의 노예제국가'였다.

저자는 "폴 포트 정권의 잔혹성은 캄보디아 역사에 책임이 있다."고 밝힌다. 봉건적 전통질서가 여전한 상황에서 이들은 과격한 방법이 아니면 캄보디아가 변할 수 없다고 여겼다. 더욱이 캄보디아의 존립 자체가 위태로운 상황이었기 때문에 이들의 결심은 한층 더 강했다. "힘없는 동물도 구석에 몰리면 본능적으로 쫓아오는 포식자에게 덤벼들듯이 폴 포트는 사투死鬪가 방책이라고 여겼다."는 설명이다.

그런데 킬링필드의 책임이 모두 폴 포트와 그의 동료들에게만 있을까. 책은 자국의 이익만을 위해 전쟁을 야기하거나 지원한 외국 국가들에도 책임을 묻는다. 미국은 1960~70년대 폴 포트에게 집권 동기를 마련해주었고, 1980년대 반反베트남 세력을 지원함으로써 폴 포트에게 계속 힘을 실어줬다. 중국은 베트남과 소련의 세력 강화를 막기 위해 크메르 루주를 적극 지원했고 베트남의 공산세력도 자신들의 전쟁 승리를 위해 캄보디아 공산세력과 협력 및 결별을 반복했다. 더 거슬러 올라가면 캄보디아의 슬픈 역사에는 프랑스 보호령이라는 제국주의 역사와 동서냉전의 역사가 고스란히 개입되어 있다. 저자는 나아가 현 캄보디아 정부의 부도덕성과 부패를 묵인하는 국제사회에도 비난의 화살을 돌린다.

책은 그러나 가장 큰 책임이 캄보디아인에게 있음을 냉정하게 따진다. '악몽'을 기획한 폴 포트와 그의 동료들뿐만 아니라 이들이 약속한 미래상에 투자한 캄보디아 지식인층과 자신의 권력에만 몰두한 시아누크 국왕, 국내의 정적을 제거하려고 자국 국민들의 고통은 무시한 채 적국과 동맹관계를 맺었던 지도자들 역시 책임이 있다는 것이다.

이 같은 신랄한 비판은 책의 첫머리에 던져졌던 질문을 떠올리게 한다. "도대체 왜 캄보디아 사회는 모두가 잘 알고 있는 자비심과 동정심, 선의와 품위를 저버린 채 끔찍한 만행이 자행되는 것을 내버려두었고 또 여전히 내버려두고 있냐."는 것이다. 그리고 이 질문은 또 다른 곳을 향한다. 나치 독일에서부터 르완다, 보스니아, 팔레스타인 그리고 이슬람 근본주의로 무장한 테러 조직에 이르기까지 21세기에도 여전히 이어지고 있는 또 다른 '악몽들'에게 묻고 있다.

저자는 폴 포트와 그의 동지들의 정신세계를 만든 것으로 스탈린주의와 마오주의, 그리고 프랑스혁명 사상을 든다. 그들은 스탈린이 1938년에 쓴 《소련 공산당 역사》를 읽었다. 그 책에서 스탈린은 이렇게 썼다. "우리는 건강한 몸에 생긴 질병을 가만히 두지 않는 것처럼 당내의 기회주의자를 묵인하지 않는다." 마오쩌둥이 쓴 《신민주주의론》도 읽었다. 마오의 논문에서 그는 캄보디아와 같은 농업국가가 곧바로 사회주의 혁명을 이룰 수 있다는 이론적 보증을 얻었다. 더 결정적인 것은 프랑스혁명에 대한 지식이었다. 썰롯 써^{폴 포트}

캄보디아 프랑스 식민지

소수 인종 수십만 명이 학살됐던 1994년 '르완다 제노사이드(Genocide, 인종말살)'에 프랑스 군대가 직접 개입했다는 주장이 제기됐다.

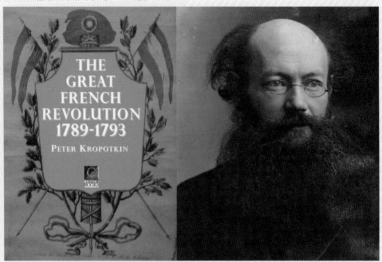

크로포트킨과 그의 저서 《프랑스 대혁명》

는 어느날 파리 헌책방에서 크로포트킨[1]이 쓴 《프랑스 대혁명》을 구해 탐독했다. 거기서 그는 세 가지를 얻었다. 첫째, 혁명을 위해서는 지식인과 농민이 연대해야 하고, 둘째, 혁명은 타협이나 중단 없이 끝까지 진행돼야 하며, 셋째, 평등주의야말로 공산주의의 요체라는 것이 그가 찾아낸 핵심이었다.

1953년 조국에 돌아온 썰롯 써는 무장저항조직에서 활동하다 1963년 캄푸치아노동당 서기장이 됐다. 그리고 12년 뒤 그는 프놈펜을 장악하고 혁명정

---

[1] 표트르 알렉세예비치 크로포트킨 공작[1842년 12월 9일(율리우스력 11월 27일) ~ 1921년 2월 8일]은 러시아 출신의 지리학자이자 아나키스트 운동가, 철학자였다. 보로딘이라는 가명으로 활동하기도 하였다. 그의 생애는 세계 5대 자서전 중 하나로 꼽히는 《한 혁명가의 회상》으로 잘 알려져 있으나 노년기의 활동은 소비에트의 검열로 자세히 알려진 바가 없다. 원래 신분이 귀족이었던 점과 아나키즘에 지대한 공헌을 한 바에 대한 경의의 표시로 '아나키스트 공작'이라는 별명으로 불리기도 하였으나, 정작 크로포트킨 본인은 권위적인 어감을 가지는 이 별명을 싫어했다.

부를 출범시켰다. 저자는 1975년부터 1978년까지 이어진 대참사의 원인으로 먼저 1970년 이래 계속된 미국의 무자비한 공습을 지목한다. 캄보디아 밀림에 미국은 50만 톤이 넘는 폭탄을 쏟아부었고, 이로 인해 수십만 명의 캄보디아인이 살육당했다. 공포에 질린 농민들은 도시로 피난했는데, 1970년부터 5년 동안 수도 프놈펜 인구는 65만 명에서 250만 명으로 폭증했다. 폴 포트 정권은 미국의 무차별 공습 시기에 급속도로 과격해지고 폭력화됐다. 스탈린주의와 마오주의의 폭력적 요소가 그대로 실천될 토양이 갖추어졌다.

도시는 부패했고 오직 농민만이 오염되지 않았다는 사고는 대참사를 키우는 이념적 원인이 됐다. 수백만 도시민을 가차 없이 소개해 농촌으로 내려 보낸 것이다. 수십만 명이 이 과정에서 굶어죽고 병사했다. 저자는 폴 포트 정권이 인류사의 새 이정표를 세우고 싶어 했음을 강조한다. 지상에 유토피아를 세우려 했던 것인데, 그것은 모든 도회적이고

캄푸치아노동당 서기장이 된 폴 포트

자료: onedio.com

개인주의적인 것을 말소한 상태를 가리켰다. 지은이는 마르크스-레닌주의를 소승불교의 사상으로 변형한 것이 폴 포트의 이념이었다고 말한다. 폭력혁명론에 입각해 불교의 금욕적 삶을 철저하게 실현하는 것이야말로 그의 목표였다는 것이다. 그러나 그 순수한 이념은 악몽으로 끝나고 말았다.

책의 첫머리에 던져졌던 질문, "도대체 왜 캄보디아 사회는 모두가 잘 알고 있는 자비심과 동정심, 선의와 품위를 저버린 채 끔찍한 만행이 자행되는 것을 내버려두었고 또 여전히 내버려두고 있냐"는 오늘날 대한민국에도 묻고 있다.

폴 포트의 꿈

자료: vietbestforum.com

05

한국의 폴 포트

조국 법무부장관 후보자는 2019년 9월 6일 국회 청문회에서 "사회주의자에서 전향했느냐?"는 김진태 자유한국당 의원의 질의에 "사회주의가 한국 자본주의 모순을 해결하기 위해 필요하다는 입장을 갖고 있다. 사회주의 정책들을 충분히 받아들일 수 있다."고 말했다.

조 후보자는 과거 남한사회주의노동자동맹사노맹 활동에 가담해 실형을 선고받은 바 있다. 그는 과거 사노맹 강령에 동의했던 것은 아니라며 "물론 당시 여러 사적인 이유로 그 활동에 관련된 것은 사실이지만 대한민국 헌법을 존중해왔다는 점을 강조하고 싶다."라고 했다.

조 후보자는 김 의원의 계속된 지적에도 "우리 민주주의 헌법하에서 사회주의 정책이 필요하다는 입장은 변함이 없다."라며 "전향이란 단어 자체가 낙인적 효과가 있어서 그 부분은 답을 안 하는 게 맞다고 본다. 전향이라는 단

자료: ytn.co.kr

어가 갖고 있는 것이 그 자체로 권위주의적 방식이라고 본다."라고 단호하게 말했다.

또 김진태 의원이 "과거에는 사회주의자였고 지금 대한민국의 자유민주주의 헌법을 존중한다고 하면 양립할 수 없다."라고 비판하자, 조 후보자는 "모순되지 않는다. 자유주의자인 동시에 사회주의자"라고 강조했다.

취임 후 35일간, 조국 법무부장관은 '검찰개혁'이라는 화두에 올인했다. 조 장관은 국회에서 열린 고위 당정청 회의에 참석해 검찰 특수부의 명칭 변경 및 부서 축소에 관한 검찰청 사무기구 규정 개정 방안을 보고했다. 조 장관이 내놓은 검찰개혁안은 새로운 것이라기보다는 그간 나왔던 개혁안을 한데 모은 종합세트라는 평가다. 개혁안의 실천과 시행이 더 중요한 시점이란 점에서 조 장관의 사퇴 이후, 검찰개혁이라는 문재인 정부의 핵심공약 실현 여부에 관심이 모인다.

　한편 한 달여 재임 시기, 조 장관은 대규모 '서초동 촛불집회'라는 강력한
우군을 얻기도 했다. 소규모 집회가 몇 차례 이어지다 2019년 9월 28일 대규
모 인원이 집결한 대형 집회로 발전한 대검찰청 앞 촛불집회는 조 장관에게
는 검찰개혁 추진 동력으로 작용하는 모양새였다. 조 장관은 법무·검찰개
혁에 관한 국민제안을 받고 국민간담회를 개최하는 등 전문가 의견뿐 아니
라 국민 일반의 여론을 반영하는 개혁안을 내겠다는 의지를 표명한 바 있다.

　조국은 물러났다. 그러나 공수처고위공직자범죄수사처안 통과엔 오랜 시간이 걸리
지 않았다. 공수처는 헌정 사상 처음으로 검찰의 기소권을 나눠 갖는 상설 수
사기관이다. 시행 준비절차를 거쳐 2020년 7월께 신설될 것이라고 여권 관계
자는 밝혔다. 법안에 따르면 공수처의 수사 대상은 ▶대통령과 4촌 이내 친인
척 ▶국회의원 ▶대법원장 및 대법관 ▶헌법재판소장 및 헌법재판관 ▶국무총
리 ▶부처 장·차관 ▶판사 및 검사 ▶경무관 이상 경찰공무원 등 6,500여 명
의 고위공직자다. 이 중 경찰·검사·판사에 대해선 공수처가 직접 기소하고
공소 유지도 한다. 공수처장은 다른 수사기관이 같은 사건을 중복 수사할 경
우 해당 기관에 요청해 사건을 이첩받을 수 있다.

　1996년 1월 참여연대가 처음으로 도입을 주장한 공수처는 2017년 대선 당
시에는 문재인 대통령의 '1호 공약'이었다. 청와대 고민정 대변인은 법안 통
과 직후 서면 브리핑에서 "공수처 설치 방안이 논의된 지 20여 년이 흐르고
서야 마침내 제도화에 성공했다."며 "역사적인 순간이 아닐 수 없다."고 했다.

　그러나 자유한국당은 공수처를 '정권을 보위할 무소불위의 권력기관'이라
고 판단했다. 황교안 대표는 표결 전 의원총회에서 "공수처장에 대한 국회 임

명동의안을 없앴고, 유일한 견제 장치인 기소심의위원회도 빼버렸다."며 "살아 있는 권력 수사는 꿈도 꾸지 말라는 메시지"라고 지적했다. 원내대변인은 법안 통과 후 "대한민국의 민주주의를 파괴하고 암흑시대를 시작하는 공수처라는 '사악한 문'이 결국 열리고 말았다."고 논평했다.

한편 검찰 내부에선 "정치권의 시녀^{검찰}를 개혁한다더니 공수처의 시녀로 전락시켰다."는 토로도 나왔다.

공수처가 신설되고 공수처의 장을 대통령이 임명한다면 모든 수사와 기소는 대통령의 입맛대로 이뤄질 수 있다는 가정이 현실화될 가능성이 높아진다. 무엇보다 공수처법은 검찰총장이 헌법에 근거를 둔 범죄 수사·기소의

공수처는 '나치 정권의 게슈타포나 소련의 KGB 같은 괴물'

자료: blog.daum.net

총책임자로 규정돼 있음에도 불구하고 대통령이 조종하는 '슈퍼super' 상위 기관을 검찰총장 위에 두어 공직자를 수사하게 하겠다는 법률이기 때문에, 헌법의 개정이 없이는 불가능한 불법기관을 설치하자는 위헌적 법률이라는 지적이 나온다.

우리 헌법에 국무회의의 심의를 거쳐서 임명하는 수사기관의 장은 검찰총장이 유일하다제89조 제16호. 검찰총장은 헌법에 근거를 둔 법률상의 기관이다. 검찰총장은 영장을 청구하는 검사제12조 제3항 총책임자이며 헌법상 범죄 수사와 기소의 총책임자이다. 그렇기 때문에 헌법에 근거가 없이 검찰총장보다 상위 슈퍼 수사기관을 두는 것은 명백한 위헌이다. 어떻게 위헌적인 공수처가 헌법에 근거를 두고 수사권을 책임지는 검찰총장의 수사권까지 제한할

권력의 사유화를 위해 무서운 공안감찰기구를 운용했던 마오쩌둥과 스탈린

자료: blog.daum.net

수 있는가. 개헌 없이는 검찰총장의 수사지휘권을 박탈하거나 제한할 수 있는 슈퍼 공수처의 설치는 불가능하다. 따라서 위헌적인 공수처는 국회에서 더 이상 논의해선 안 되는 이유가 여기에 있다. 헌법에 근거도 없이 막강한 수사·기소권을 갖는 공수처장을 대통령이 임명하려는 것은 설령 국회의 임명 동의를 받는다고 해도 위헌성이 소멸하진 않는다.

법관이 위법이나 불법행위를 저지를 경우 현행 헌법과 법률로 처벌하면 된다. 하지만 대통령이 인사권을 거머쥐고 조종하는 공수처를 만들어 법관까지 수사 대상으로 삼아 사법부를 통제하겠다는 것은 삼권분립을 파괴하고 독재를 하겠다는 발상이나 다름없을 것이란 비판이 나온다.

공수처 법안에 반대하고 있는 자유한국당 측은 이 법안은 '공안公安' 위에 군림하면서 정적과 반체제세력 탄압에 악용되고 있는 무시무시한 중국의 국가감찰위원회, 북한의 국가보위성國家保衛省, 과거 소련의 KGB비밀경찰, 나치Nazi 정권의 게슈타포Gestapo: Geheime Staatspolizei, 비밀정치경찰 같은 괴물이 될 것이라고 경고하고 있다.

소련의 KGB
자료: blog.daum.net

정식명칭이 국가보안위원회Committee for State Security인 KGB는 1954년부터 1991년까지 첩보, 방첩, 정보 수집 및 정치경찰의 임무를 수행하기 위해 존재했던 소련의 독립 정보기관으로, 법무기관이나 사법기관의 동의 없이 독자적으로 수사·체포할 수 있는 반체제인사 탄압 도구였다.

게슈타포는 민족주의, 전체주의, 군국주의, 반공주의를 표방하는 나치 체제를 강화하기 위해 1933년 친위대Schutzstaffel: SS 안에 창설했다. 독일은 물론이고

북한 국가보위성의 무리수가 김정은을 궁지로 몰아넣다. 북한에서 뇌사 상태로 송환됐던 오토 웜비어가 2016년 3월16일 평양 법정에 끌려 들어가고 있다.

자료: news.chosun.com

독일이 점령한 지역에서 공산주의자와 사회주의자를 포함한 나치 반대 세력을 잔인하게 탄압하고 유대인을 학살하는 등 공포 분위기를 조성하면서 나치 체제를 확립하는 활동을 했다. 북한의 국가보위성은 최고 지도자 김정은 직속의 초법적 기관으로 어떠한 법적 절차 없이도 체포해서 정치범수용소에 집어넣거나 사형시킬 수 있는 막강한 권한을 가지고 있다.

정종섭 자유한국당 의원

자료: www.kyongbuk.co.kr

서울대 법대학장과 법학전문대학원장을 거쳐 국회검찰개혁심의위원회 위원장과 행정자치부장관을 역임한 정종섭 의원은 "공수처 설치는 헌법에 위반되는 부분이 분명히 있다."고 전제하고 "청와대가 적대적 정치세력에 대한 정보를 공수처에

홍콩 염정공서(廉政公署)

넘겨 수사토록 할 경우 공수처는 전형적인 하명사건 수사기관으로 전락할 위험성이 있다."고 우려했다. 그러면서 "검찰개혁이란 검찰을 대통령과 청와대와 집권여당으로부터 독립시키면 된다. 대통령과 집권세력의 정치권력으로부터 검찰을 독립시키면 검찰개혁은 저절로 된다."고 강조했다.

전 서울중앙지검 검사 출신의 박인환 변호사는 공수처 설치의 문제점으로 공수처가 정치적 중립성 확보가 불가능한 정치적 수사기관으로 수사만능주의로 인한 정쟁의 블랙홀, 제왕적 대통령제 강화 수단, 정계 진출을 위한 편파수사의 가능성을 들었다. 또한 공수처는 대통령 직선제와 삼권분립의 헌법정신에 반하는 위헌적 권력기관이라는 문제가 있다고 주장했다. 소추기소기관의 2원화 문제와 권력기관의 총량만 증가시키는 옥상옥屋上屋 기구라는 점에서도 문제가 있다고 강조했다. 대안적 해결방안으로는 특별감찰관제도 및 상설 특검제의 활용과 홍콩식 염정공서廉政公署, ICAC의 모델 활용, 공수처장 임명 방식의 민주적 개선공수처 설치 법안을 받아들일 경우을 제시했다. 염정공서는 홍콩의 반부패 수사기구로서, 홍콩 특별행정구 장관이 직접 지휘하는 독립적인 기구이자 독자적인 수사권을 갖춘 부패방지 수사기구이다.

특히 옥상옥 우려가 있는 공수처 설치보다는 부패방지의 주무부서인 기존의 국민권익위원회의 기능에서 과거의 부패방지위원회국가청렴위원회처럼 부패방지 기능을 분리하는 방안을 제시한다. 부패행위, 공익침해행위, 부정청탁행위, 이해충돌행위 등에 대한 신고와 조사, 공직자 재산등록 및 심사, 재산공개 그리고 이에 따른 조사, 나아가서 이를 포함한 넓은 의미의 부패와 관련한 범죄의 전속적 수사 및 부패방지를 위한 교육, 홍보, 타 기관과의 협력 등 관련 업무를 담당하게 하는 가칭 '부패방지청또는 국가청렴처, 국가청렴원'으로 독립시키는 방안이 타당할 것이라고 제언했다.

부패방지위원회를 방문하여 강철규 위원장과 부패방지의 제도적 개선책에 대해 이야기하는 노무현 전 대통령

자료: archives.knowhow.or.kr

Chapter 03

크메르 루주

3년의 폭정으로
100년이 무너지다

크메르 루주Khmers Rouges, 붉은 크메르는 캄푸
치아 공산당의 무장 군사조직으로, 당 자
체를 지칭하는 데 사용되기도 한다. 공산
당 정권의 붕괴 이후까지 반군 조직으로
활동했다. 1968년 북베트남의 베트남 인
민군에서 떨어져 나와 조직되었다. 1973
년부터는 이전의 후원자 북베트남 대신
중국의 후원을 받게 되었다. 1975년에서

크메르 루주 지도부

자료: bbc.com

1979년까지의 캄보디아민주 캄푸치아의 여당이었으며, 지도부는 폴 포트, 누온 체
아, 이엥 사리, 손 산, 키우 삼판이었다. 베트남전쟁 당시에는 미국이 이끄는
반공전선에 맞서 북베트남, 베트콩, 파테트라오와 연합 제휴했다.

크메르 루주는 자신들의 이념을 인민 전체에게 강요하면서 일으킨 집단학살_{일명 킬링필드}의 주동세력으로 악명이 높다. 학살행위 이외에도 크메르 루주의 농업개혁은 심각한 기아를 발생시켰으며, 의약품이 부족해 수천 명이 학질에 걸려 죽어갔다. 무차별적인 처형과 고문이 난무했으며, 이들이 정권을 잡은 4년간의 행위는 집단살해의 정의를 충분히 충족한다고 판단된다.

크메르 루주는 1977년 과거의 동맹이었던 베트남에 대한 대규모 군사행동을 실시했다. 그러나 오히려 베트남에게 철저하게 패배하여 1979년 실각한다_{베트남-캄보디아 전쟁}. 이후 캄보디아에는 베트남의 괴뢰정권인 캄푸치아 인민공화국이 세워졌다. 크메르 루주는 망명정부를 건립하며 괴뢰정권에 대항하는 정통정권으로서 1993년까지 국제연합 의석을 유지했다. 그러나 1993년 노로돔

캄보디아 집단학살

자료: ko.wikipedia.org

시아누크 국왕이 왕정복고하자 정통정권의 지위도 빼앗기고 일개 반군으로
전락했다. 이듬해 크메르 루주 수천 명은 밀림에서 기어 나와 항복했다. 1996
년에 전 크메르 루주 지도자인 이엥 사리가 민주국가통합운동이라는 정당
을 조직했다. 항복하지 않고 남아 있던 크메르 루주는 1990년대 중반을 지
나며 거의 와해되었고, 1999년 신정부군에 완전히 항복하여 그 역사에 종언
을 고했다.

03

/

좌익무장단체 시절

북베트남의 지원을 받아 탄생하게 되었으며, 베트남전쟁 시기 세력을 확대하여 캄보디아 농촌의 전폭적인 지지를 받는다.

사실 붉은 크마에 크메르 루주가 세력을 확장하고 인기를 얻게 된 배경에는 아이러니컬하게도 미국의 직·간접적인 영향이 크다. 베트남전쟁 과정에서 미군은 베트콩의 보급로를 차단하기 위하여 캄보디아 지역도 폭격을 가했으며, 우익세력의 쿠데타를 획책했다.

본래 캄보디아는 노로돔 시아누크가 사실상 독재하고 있었고, 영구독재를 위한 탄압과 좌우익의 대립으로 국가 상태가 그렇게 좋지 않았다. 이 과정에서 1970년 우익 쿠데타가 벌어져 론 놀에 의한 친미정권이 수립되면서, 오히려 국가 상태가 악화되었다.

이러한 행동은 오히려 공산세력이 득세하는 결과를 낳았고, 캄보디아 내에 프놈펜 함락 후 몇 시간이 안 돼 다수의 정부군(왼쪽과 가운데)이 크메르 루주 게릴라군(우측)에게 항복했다. 정부군 대다수는 곧바로 끌려가 사형당했다.(사진: 롤랑 느봐)

자료: asiatimes.com

서 반미 정서가 팽배해졌다. 이 과정에서 크메르 루주가 론 놀 정권을 무너뜨리고, 1975년 캄보디아 정권을 휘어잡게 되었다.

04

게릴라 투쟁에서 해체까지

정권은 붕괴되었지만, 폴 포트와 그 세력은 잔존하여 게릴라전을 벌였다. 아이러니하게도 이 시기 미국은 도미노 이론과 진영 논리에 따라 배후에서 크메르 루주 세력을 지원했다. 덕분에 미국이 학살자들을 지원했다고 엄청 욕먹고, 지금도 크메르 루주를 이념적으로 비난하면 그러한 크메르 루주를 지원했던 미국은 뭐냐, 라는 식으로 반론당하기도 한다.

이후 1991년 UN 중재로 내전이 내전 양상이 조금 복잡하다.은 종식되지만, 크메르 루주는 이 협상에 참석하지 않았다. 그러다가 1996년 평화협상이 체결되면서 크메르 루주에 속했던 이들이 속속 캄보디아에 귀순하게 되고, 1999년 공식적으로 해체되었다. 하지만 이들에 대한 재판은 이루어지지 않았다.

프놈펜은 제대로 싸워보지도 못하고 함락됐다. 승리한 크메르 루주 게릴라군이 사방에서 프놈펜으로 몰려 들어왔다.
(사진: 롤랑 느봐)

05

과거사 청산과 전범재판

그러던 가운데 21세기에 들면서 UN의 지원하에 캄보디아 전범재판소가 설립되고, 근 30년 만에 학살에 가담한 크메르 루주 인사들이 체포되어 재판을 받았다. 물론 이러한 재판은 단순히 크메르 루주라는 이유로 묻지마식 처벌을 벌인 것은 아니다.

사실 크메르 루주에 속했다가 회개한 이들은 많다. 크메르 루주가 지배할 당시 살기 위하여 크메르 루주에 가입하여 학살에 앞장서거나 동원된 경우도 있었다. 물론 그렇다고 이들의 범죄가 정당화되는 것은 아니지만, 이후 피해자들을 찾아가 사죄하고 용서받은 뒤로 머리카락을 밀고 승려들이 된 전직 크메르 루주 간부들도 많다. 이들은 피해자들을 찾아가 발을 씻겨주면서 용서를 빌었다.

가장 첫 번째로 재판이 이루어진 것은 S-21 교도소 소장이며, 일급 고문자였던 카잉 구엑 에아브_{Kaing Guek eav 또는 lew, 1942~}의 경우는 조금 다르다. 그는 1979년 베트남 침공으로 크메르 루주 정부가 무너지자 신분을 숨기고 달아나 한적한 데서 숨어살다가 1995년 그를 알아본 이들에게 공격받아 아내가 죽고 또 달아났다. 그는 기독교 목사가 되어서 교회를 차리고 선교에 앞장섰다가 그를 알아본 현직 형사에게 잡혀서 1999년 구속되었으며 상소가 기각되어 2009년 2월에 인도에 반하는 범죄로 재판에 회부되어 2010년 징역 35년형을 선고받았다. 이에 항소했으나 유엔 전쟁범죄 법정은 2012년 항소를 기각했다.

이 과정에서 그의 태도는 재판 당시 캄보디아 여론을 격분시켰다. 지난 10년간 회개했다며 자신의 죗값을 치르는 듯한 모습을 취했다. 그러나 정작 재판에선 난 억울하다며 하나님의 힘으로 회개했으니 용서해 달라는 말을 했다. 왜 목사인 자신을 외면하느냐며 교회들을 원망하는 말까지 하여 재판에서 야유를 받았다. 더욱이 죄는 인정하지만 자신의 책임이 아니라는 변명을 해댔다. 즉, 자신은 상부의 지시를 받은 중간 관리자에 불과하다는 것이다. 그

교도소장 카잉 구엑 에아브

자료: news.joins.com

러면서 왜 중간 관리자에 불과한 자신이 먼저 처벌받아야 하는지 모르겠다고 주장했다.

재판과 관련한 '리더스 다이제스트' 기사를 발췌해보면 다음과 같다.

"이 현장을 보던 랑 뚜야우 페르난데스 목사두크를 모르고 목사로 추천하던 인물이다.는 한숨을 내쉬었다. 카잉 구엑 에아브를 옹호하려던 모든 마음이 사라지고 말없이 쳐다봤을 뿐이었다. 바로 그도 크메르 루주에게 형과 아버지를 잃었고 시체도 찾지 못했으며 그 또한 어릴 적에 수용소에서 맞아 남은 상처가 몸에 남아있었기 때문이었다. 하다못해 과거를 뉘우치는 말이라도 했더라면 그를 용서했을지 모를테지만 카잉 구엑 에아브 홀로 종교적으로 회개했다는 말에 그는 분노를 감출 수 없었다. 자신이 목사가 아니라면 가서 무슨 일을 저질렀을지도 몰랐을 것이다."

참고로 카잉 구엑 에아브를 체포한 형사의 어머니도 크메르 루주 대원에게 호되게 고문당해 절름발이가 되었다. 하지만 그 대원도 승려가 되어서 나중에 찾아와 어머니의 발을 씻으며 용서를 빌었고 어머니는 그를 용서해주었다고 한다. 그 형사도 어머니가 용서하고 자신도 용서한다고 했지만 이런 거와 대조적인 두크의 발언을 보면서 절대로 용서 못한다고 이를 갈았다. 이와 관련한 서적으로, 당시 재판을 지켜보았던 프랑스 언론인 티에르 크루벨리에가 쓴 《자백의 대가》2012가 있다. 다소 제국주의적인 시각이 있긴 하지만 꽤나 자세히 다루고 있다.

이후에도 전범재판이 지속적으로 진행되어 크메르 루주 정권의 2인자였던 누온 체아 전 부서기장, 이엥 사리 전 외무장관, 키우 삼판 전 국가주석, 이엥 티리트 전 내무장관의 재판이 진행되었다. 그러나 이들은 하나같이 자신들이 킬링필드에 전혀 관련이 없으며 잘못한 것이 없다는 태도로 일관하고 있어서 전 세계인의 공분을 사고 있다. 특히 키우 삼판의 말이 더 가관인 게 1988년까지 학살에 대해 전혀 몰랐다, 라느니 정책결정권자가 아니었기 때문에 어떻게 해서 그런 일들이 벌어졌는지 알지 못한다, 라는 희대의 변명까지 했다. 게다가 캄보디아 정부 또한 '이번 재판이 마지막 전범재판'이라는 태도로 비협조적으로 나오고 있어 이들에 대한 유죄 판결이 내려질지, 그리고 다른 전범들에 대하여 지속적으로 재판을 할 수 있을지는 불확실하다. 당장 재판이 진행 중이던 이엥 사리는 판결이 내리기도 전에 노환으로 죽었다.

특히 끝내 회개할 줄 몰랐던 1970년대 캄보디아 킬링필드의 주범 중 한 명인 누온 체아 전 캄보디아 공산당 부서기장이 2019년 8월 4일^{현지시간} 수도 프놈펜의 병원에서 눈을 감았다. 사인은 명확히 알려지지 않았다.

양민 200만여 명이 학살된 킬링필드를 일으킨 폴 포트 정권의 2인자였던 그는 유엔과 캄보디아 정부가 함께 설립한 크메르 루주 전범재판소에 인류에

2018년 11월 캄보디아 특별법정에서 대량 학살과 반인륜 범죄로 종신형을 선고받던 누온 체아의 모습

자료: v.daum.net

반하는 죄, 대량학살 죄 등으로 기소돼 2014년 8월 종신형을 선고받았으며 2016년 11월 같은 형이 확정됐다. 2018년 11월에도 별도의 대량학살 재판에서 종신형을 선고받고 불복해 항소심이 진행 중이었다.

누온 체아는 급진 좌익무장단체 크메르 루주가 이 나라를 중세로 되돌려야 한다며 킬링필드의 이념적 바탕이 된 '연호 제로'를 설계한 인물로 알려져 있다. 당시 급진 공산혁명주의자 폴 포트가 이끈 정권은 자신들이 정권을 획득한 첫해를, 모든 것이 새로 시작된다는 의미로 '영년 Year Zero'으로 명명하고, 물물교환체제로 바꿔 시대를 거스르는 원시시대 경제로 만들어버렸다.

크메르 루주 정권은 1975년 친미 성향의 론 놀 정권을 무너뜨리고 공산주의 사회 건설에 나섰다. 그 과정에서 수도 프놈펜의 주민들과 지식인들을 강

키우 삼판 전 국가주석과 누온 체아 전 부서기장

자료: v.daum.net

제로 시골로 이주시켰고 반대 세력에 대한 숙청, 고문, 학살 등을 자행했다. 이렇게 크메르 루주 정권 아래 기아, 고문, 처형, 강제노동 등으로 목숨을 잃은 사람은 당시 인구의 4명 가운데 한 명 꼴인 170만~220만 명으로 추산된다.

베트남의 침공으로 정권이 무너진 뒤 누온 체아는 지지자들과 함께 북서부 파일린의 산악 지대에서 숨어 지내다 1998년 베트남과 평화조약이 체결된 뒤 사면 처분을 받았다. 그 뒤 국제적 압력이 비등해 2007년 캄보디아 당국에 체포돼 심판대에 섰다.

폴 포트는 1998년 사망해 법정에서 단죄할 기회가 없었다. 누온 체아가 사망함에 따라 폴 포트 정권 고위층 가운데 생존자는 키우 삼판38 전 국가주석뿐이며 이로 인해 대학살의 진상을 규명하는 것이 한층 어렵게 됐다고 일본 교도통신은 전했다. 영국 BBC는 폴 포트 정권 지도자 가운데 이른바 '두치 동무'로 알려진 카잉 구엑 에아브가 2012년 유엔 법정에서 종신형을 선고받고 복역 중이라고 전했다.

누온 체아는 1926년 캄보디아 서부 바탐방 주에서 태어났으며, 제2차대전 중 태국에서 교육을 받았고 태국 공산당에 입당했다. 그 뒤 캄보디아로 돌아와 프랑스의 식민 지배로부터 벗어나기 위한 독립운동에 가담한 것으로 알려졌다. 그는 캄보디아 공산당 창당에 참여했으며, 1975~1979년 폴 포트 정권 시대에 지식인 학살이나 도시 주민을 농촌으로 강제 이주시키는 작업에도 관여한 것으로 알려져 있다.

그는 권력에서 밀려난 후에는 전범재판에 따라 체포되기 전까지 "조국을 지키기 위해 어쩔 수 없었다.", "우리가 그렇게 반동분자들을 색출하지 않았더라면 오늘의 캄보디아는 없었을 것"이라고 강변하는 등 절대 회개하는 모습

누온 체아

자료: id.wikipedia.org

을 보여주지 않았다. 그는 전범재판 도중 다수의 양민이 목숨을 잃은 것에 관해 "폴 포트 정권 이전 미국에 의한 폭격이나 베트남의 소행"이라고 말했다. 2004년 AP통신과의 인터뷰에서는 "실수가 있었던 것은 인정한다. 하지만 나의 사상이 있었다. 난 자유로운 국가를 원했다. 난 사람들의 행복을 원했다."며 "그것은 전쟁 범죄가 아니었다."고 주장했다.

크메르 루주 전범재판소의 재판 과정을 3년 동안 취재한 조지 라이트 BBC 기자는 "누온 체아는 자신을 애국자이자 심판자로 규정했지만 역사는 인구의 4분의 1을 학살해 20세기 최악의 범죄를 저지른 무자비한 지도자로 기억할 것"이라고 밝혔다.

한편 전 국가주석 키우 삼판은 지난 1976년부터 3년간 크메르 루주 공산 정권의 국가원수를 지내는 동안 가혹한 노동과 고문, 처형, 기아와 질병으로 170만 명의 캄보디아인을 사망케 한 혐의를 받고 있다. 당시 삼촌과 숙모 등 가족을 잃었던 다라 두옹 씨의 말이다

"키우 삼판의 체포는 캄보디아인과 국제사회에, 누구든지 인권을 유린하는 자는 법과 정의의 심판 아래 처벌을 받게 된다는 것을 보여주고 있다고 생각합니다."

프놈펜 시립 법원에 끌려가는 누온 체아(2002년)

자료: www.washingtonpost.com

법정에 출두하는 키우 삼판

자료: nbcambodia.com

1979년 크메르 루주 정권이 무너진 이후 캄보디아인 대학살에 대한 지도부의 책임을 물어야 한다는 국제사회의 여론이 높았지만 캄보디아 정부의 느슨한 대응 때문에 크메르 루주 지도부는 어떠한 법적 책임도 지지 않고 자유롭게 살아왔다.

하지만 유엔 국제전범재판소는 모두 다섯 명의 크메르 루주 지도부를 체포해 반인도적 혐의로 법의 처벌을 받게 했다. 로버타 코헨 미국 부르킹스 연구소 선임연구원의 말이다.

"참 오랜 시간이 걸렸죠. 하지만 결국 정의가 승리했다는 교훈을 주고 있습니다. 이것은 캄보디아뿐만 아니라 인권유린을 일삼고 있는 다른 국가지도자도 같은 처벌을 받을 수 있다는 것을 알아야 합니다. 북한도 마찬가지지요."

키우 삼판 전 국가주석은 반인도죄 혐의와 전쟁혐의로 기소되어 누온 체아와 함께 2014년 8월 종신형을 선고받았으며 2016년 11월 같은 형이 확정됐다. 2018년 11월에도 별도의 대량학살 재판에서 종신형을 선고받았다. 수많은 캄보디아인을 죽음으로 몰아넣었던 키우 삼판 전 국가주석은 76살의 노령에 역사의 심판 앞에 서게 되었던 것이다.

06
/
크메르 루주 간부 출신 훈 센

📷 개요

훈 센(Hun Sen, 1952년 8월 5일 ~)은 캄보디아의 정
치인이다. 캄보디아 칸달 지역구 하원의원(비례
대표)이며 현직 총리이자 독재자다.

35년째 캄보디아를 통치하고 있으며 1985
년 32살 나이에 최연소 총리가 된 이후 연정,
쿠데타, 선거 등 다양한 방법을 동원해 권력
을 유지하고 있다. 훈 센은 현재도 정적 숙청
과 탄압, 인권 탄압 논란 등으로 야당뿐만 아

훈 센 총리

자료: nbcambodia.com

니라 국제사회의 비난을 받아오고 있으며, 그는 외신과의 인터뷰는 일절 하지 않는 등 폐쇄적인 성격으로도 유명하다.

생애

훈 센은 1952년 캄보디아의 껌뽕짬 주에서 태어났다. 이후 베이징에 망명하면서 라디오로 무장 투쟁을 선동하고 있던 노로돔 시아누크 국왕을 따라서 친미 정권인 론 놀 정권에 대항하는 크메르 루주의 부대 지휘관으로 열심히 싸워 크메르 루주가 집권한 후에도 군에 남아 있었다. 그러나 크메르 루주가 깽판을 부리기 시작하자 그는 점차 크메르 루주를 멀리했다고 한다. 결정적으로 그는 베트남과의 전쟁에 대비하여 변경지대 자국민들을 제거하라는 명령을 받자 크메르 루주의 명령을 거부하고 베트남으로 도주했다. 이후 베트남에서 게릴라 훈련을 하며 반 크메르 루주 군대를 양성했다. 이렇게 키운 군대를 바탕으로 베트남군이 1978년 캄보디아를 침공하자 베트남과 함께 크메르 루주 정권을 무너뜨리는 데 도움을 주어 베트남과 함께 괴뢰정부를 이끌었다. 이후 훈 센은 베트남이 크메르 루주 정권을 몰아내고 수립한 캄보디아 정부에서 주요 자리들을 거친 후 1982년에는 29세에 부총리가 되었고 1985년 32세 때 세계 최연소 총리라는 기록을 세웠다.

1997년 7월에는 쿠데타를 일으켜 노로돔 시아누크의 아들이자 원내 1당 대표인 노로돔 라나리드 제1총리를 캄보디아에서 쫓아냈고, 단독 총리를 맡아 군부의 지지까지 얻어서 권력 기반을 다져나갔다. 물론 라나리드 진영의 게릴라전이 있었으나 손쉽게 격퇴되었다. 이후 캄보디아의 절대 권력자가 된 훈 센 휘하 군부대들은 축출된 노로돔 라나리드에게 동조하는 부대원들의 아내와 자녀들을 학살했다. 태국으로 도피해온 캄보디아의 한 경찰관은 "훈 센의 부대가 라나리드 군인들의 자녀들과 아내들을 모두 죽였다."라고 증언하기도 했다. 또한 라나리드 편에 대해서 무자비한 고문을 실시했는데 증언에 의하면 라나리드 편의 병사는 캄캄하고 환기통이 없는 골방에서 눈이 가려지고 손을 뒤로 묶인 채 심문받는 도중 각목과 허리띠, 부러진 책상다리 등으로 심하게 얻어맞았으며 무거운 쇳덩이로 손바닥을 짓누르는 고문을 당했다고 한다. 훈 센 측 고문 기술자들이 라나리드 측 병사들에게 결코 잠을 재우지 않았으며 이들이 수용소에서 마신 물은 하수도 물, 특히 인분이 섞여 구린내가 나는 물이 전부였다고 한다. 또한 전기충격은 기본이고, 달군 쇳덩이로 몸을 지지거나, 머리를 비닐봉지로 묶어 질식시키는 등의 잔인한 고문을 했다고도 전해진다.

장기집권 중인 훈 센

자료: www.peoplepower21.org

한편 타이 국경지대로 숨어든 크메르 루주와의 싸움은 1991년 파리평화 협정을 끝으로 끝났다. 한편 협정 이행을 위해 대규모 유엔 평화유지군이 캄보디아에 주둔할 때도 훈 센은 야당을 탄압했고 유엔이 지켜보는 데에도 약 100명 이상의 야권 인사가 살해됐다.

근황

현재 캄보디아의 언론은 철저히 통제되고 있다. 캄보디아의 TV인 바욘TV는 훈 센의 맏딸인 훈 마나가 소유하고 있다. 아프사라TV는 캄보디아 여당인 인민당 소속인 사이삼알 환경장관이 운영하고 있으며, 마이TV 등을 비롯한 다른 방송들은 중국계인 끗 멩이 소유하고 있다. 끗 멩은 이름 앞에 옥냐란 별칭이 붙어 있는데, 캄보디아의 국왕이나 총리가 주요 기업인들에게 내리는 일종의 명예 작위로, 그가 캄보디아 여당과 굉장히 친밀한 관계임을 보여준다.

2003년부터 미국 국무부에서는 훈 센의 개인 자산이 5억 달러를 넘어섰다는 이야기가 나오기도 했다. 캄보디아는 2000년대 들어서 경제적 토지양허가 크게 유행했는데 이것은 부동산 개발 이권을 노린 훈 센과 그의 측근들이 막대한 규모의 토지를 외국계 자본에 마구잡이로 팔아넘긴 거나 다름없다. 이를 위한 법과 제도 또한 크게 변경되었는데, 외국인이 100% 지분을 보유한 회사를 차릴 수 있게 했으며, 이들 회사가 토지 등 부동산을 소유하도록 허용했다. 계약기간 99년에 같은 기간을 한 차례 연장할 수 있도록 하는 '장기임대'도 가능하게 만들었다.

항공부터 콘돔 회사까지, 모두 독재자 일가 손에(좌로부터 막내사위 뺏치웃, 장남 훈 마넷, 장녀 훈 마나, 막내딸 훈 말리, 훈 센 총리, 차남 훈 마닛, 소치콩 프놈펜시장)

이런 식으로 캄보디아의 숲과 호수 그리고 해변과 산호섬까지 전부 외국인 들에게 팔려나갔다. 영국 일간지 가디언은 2008년 4월 26일 "지난 18개월 동 안 캄보디아 국토의 절반가량이 외국 투기꾼들에게 팔려나갔다. 크메르 루주 의 학살을 피해 피난길에 올랐던 인구보다 많은 이들이 삶의 터전을 뺏기고 정처 없이 떠도는 신세로 전락했다."고 캄보디아 정부를 비판했다.

사실 그가 크메르 루주라는 희대의 미치광이들 때문에 개판이 된 캄보디 아를 안정시킨 것은 사실이지만, 사리사욕을 챙기는 정책들을 실시하면서 점 점 불만이 고조되고 있는 상태다. 특히 2001년 토지법이 개정되면서 농민의 불만이 커지기 시작했는데, 개정된 법은 농민이 경작하고 있는 토지에 대해 5년 이상 아무런 분쟁이 없으면 소유권을 인정하도록 하고 있지만 농민은 대

캄보디아 다이아몬드 섬은 중국 땅?

부분 권력자들에게 토지를 빼앗겼다. 게다가 캄보디아는 지난 10년간 연간 7% 이상의 고속성장을 거듭해왔지만 임금 인상은 거의 이루어지지 않아 의류공장 노동자의 월급은 80달러10만 원 정도에 지나지 않는다. 전 세계의 내로라 하는 의류기업이 모여들고 있지만 캄보디아 국민에게 돌아가는 것은 적다는 불만이 상당히 팽배한 상황이다. 실제로 2013년 12월 말부터 80달러인 최저임금을 2배 수준인 160달러로 올려달라고 요구하며 파업을 벌인 의류노동자들에게 무장경찰과 공수여단을 투입해 진압하면서 최소 5명이 사망한 사건이 벌어지기도 했다.[1]

1   캄보디아의 경제는 중앙계획경제이자 소련을 본뜬 국영무역제도를 가진 국가였고, 1993년부터 시장경제를 받아들였다. 1960년대 외환 보유고가 안정적인 수준이었기 때문에 캄보디아의 국제 수지는 상대적으로 안정적이었다. 주로 쌀, 고무, 옥수수 등 농산물을 수출하였으며 농산물 수출에서 경공업으로 제품을 다양화하기 시작했다. 1970년대 말부터 중앙계획경제 확립을 목적으로 한 개혁이 시작되었고, 이때 확립된 개혁은 1990년 말까지 이어졌다.
    캄보디아는 전체 80%의 인구가 농업에 종사한다. 쌀농사가 가장 그 비중이 높으며 목축업, 어업, 산림업 순서이

2013년 1월 5일에는 야당이 수개월째 시위장소로 수도 프놈펜 시내에 위치한 자유공원을 사용하자, 훈 센 총리의 큰아들 훈 마넷 중장의 부대원들로 추정되는 오토바이 헬멧을 쓴 사람들에 의해서 강제로 철거되었다. 집회 장소에 간이 텐트를 치고, 임시거처로 삼아 장기투쟁을 벌여온 야당 지지자들과 사회운동가와 승려들도 무력 진압에 의해 강제로 쫓겨나야 했다. 또한 체포된 사회운동가들과 시위 가담자 23명은 정식재판도 받지 못한 채 외딴 교도소에서 약 5개월가량 강제 수감되었다가 간신히 풀려나기도 했다. 그리고 몇 개월 동안 자유공원 진입로는 군과 경찰이 친 철조망으로 막혔으며, 무장한 군과 경찰 병력이 시위진압용 차량을 동원하며 계속해서 지키고 있었다.

실제로 2013년 7월 치러진 캄보디아 총선에서는 투표용지에 여러 차례 표기하지 못하도록 지워지지 않는 잉크를 도입했으나, 잉크가 라임주스 같은 액체에 쉽게 지워지는 등 표 조작 의혹이 생겼다. 많은 사람들이 유권자 명단에서 제외돼 투표를 못 할 정도로 부정선거 의혹을 받고 있다. 이렇게 부정선거 논란이 크게 일어 야당이 선거불복종을 선언하기도 했다. 이후에도 논란이 되기는 했지만 그럭저럭 넘어가고 훈 센의 연임이 확정되었다. 다만, 여기서 인간 말종 같은 발언을 했다. 그는 다음과 같이 말했다. "반대세력을 약화시키는 정도로는 부족하다. 아예 죽여 버려야 한다. 누구든 거리에 나가 시위를 벌일 정도로 강하다면, 그 개새끼들을 흠씬 두들겨 팬 다음 우리에 가둬버리

다. 캄보디아 농업의 저해 요인은 관개 시설과 영농 기술의 열악함, 유통 구조의 부재, 오랜 내전으로 인해 경작지에 지뢰가 있는 등의 요인을 들 수 있다. 캄보디아의 제조업이 전체 GDP에서 차지하는 규모는 작으나 섬유업과 캄보디아의 전략 사업인 봉제업은 현재 130개 기업이 캄보디아에 진출해 있으며 그중 봉제업의 규모가 가장 크다. 민간 저축률이 매우 낮아 자체의 투자 유도가 불가능하여 해외의 원조와 외국 자본에 대한 의존도가 높다. 또한 잦은 내전으로 인해 자국 화폐인 캄보디아 리엘의 가치와 신뢰도가 떨어져 미국 달러가 더 많이 유통되고 있다.

월 100달러의 최저 임금을 177달러로 인상해 달라고 요구하며 시위를 벌인 데 이어 전국 곳곳에서 시위가 번져나가고 있다(2014년 9월).

자료: itnk.co.kr

캄보디아, 훈 센 총리 퇴진 요구하는 대규모 시위 행진

자료: www.ohmynews.com

겠다." 다만, 이런저런 수단을 동원했다고 해도 여당 의석수가 크게 줄어들고 야당 의석수가 크게 불어난지라 훈 센의 입지에 큰 타격이 오기는 했다. 한국으로 친다면 캄보디아판 7대 대선, 8대 총선과 12대 총선인 셈인데 거액의 선거자금을 뿌리고 여러 부정 수단을 동원하지 않았다면 판세가 어떻게 돌아갈지 예측불허였던 상황이었다는 뜻이다.

2015년에는 자신의 아들 세 명을 당 내 고위직으로 승진시켰는데 훈 센 총리의 이 같은 노골적인 조치에 자신의 권력을 아들에게 승계하려 한다는 비난이 나오고 있다. 아마도 장남인 훈 마넷에게 돌아갈 가능성이 높다.

그는 정책 홍보와 이미지 관리에 페이스북을 적극적으로 활용하는 동시에 반정부 목소리에 대한 단속을 강화하고 있다. 캄보디아인권센터CCHR에 따르면 최근 7개월 사이에 캄보디아 당국이 온라인상의 글을 문제 삼아 최소 7명을 체포했으며 적어도 23명이 자신들의 글 때문에 공개적인 위협을 받고 있다고 한다. 2015년 8월에는 한 야당 의원이 페이스북에 과거 캄보디아와 베트남의 국경선 합의를 비판하는 글을 올렸다가 훈 센 총리의 지시로 체포되었다. 최근 제1야당인 캄보디아구국당CNRP의 삼랭시 대표에게 입국 금지 조치를 취했다. 게다가 2016년 11월 27일에는 유엔 인권기구와 갈등을 빚으면

캄보디아구국당(CNRP) 대표 켐 소카

자료: nbcombodia.com

서 캄보디아 정부는 내정불간섭을 약속하지 않으면 유엔인권사무소를 폐쇄하겠다고 밝혔다.

도널드 트럼프 미국 대통령 당선인을 향해 1970년대 초 정권에 있었던 론 놀 정권이 미국에서 빌린 돈을 거론하면서 미국에 진 '더러운 빚'을 모두 탕감해달라고 요구했다. 하지만 미국은 거부했고 그래서 미국과의 합동군사훈련을 취소했다. 물론 미국은 크게 신경 쓰지 않는다. 캄보디아는 이미 충분히 친중 성향이 짙은데다가 옆에는 정치적으로나 군사적으로나 더 유용한 동맹인 베트남이 있기 때문에 미국 입장에서는 있으나 마나 한 곳이다.

캄보디아 지방선거 야당 선전

자료: voakorea.com

2017년 6월 지방선거에서 제1야당인 캄보디아구국당이 크게 약진하여 2018년 총선에서 정권교체가 일어날지 모른다는 예측이 나오던 와중에 9월 들어서 캄보디아구국당 당수를 반역죄로 체포했다. 캄보디아 영자매체인 캄보디아데일리에게 압력을 가해 폐간을 강제하는 행보를 보이고 있어서 차기 총선을 앞두고 야당의 세를 꺾으려는 의도로 탄압을 강화하는 움직임을 보였다. 야당이 무력화된 상황에서 치러진 총선에서 모든 의석을 차지하는 압승을 거두었다. 원래대로라면 캄보디아구국당이 이겼어야 하는 선거였지만 탄압을 강화해서 야당을 무력화시켰기에 승리할 수 있었다는 평이다.

2018년 12월에 장남 훈 마넷이 사실상 후계자로 발탁되었다.

훈 센 총리의 장남 훈 마넷과 그의 아내 핏 찬모니의 모습

자료: www.ohmynews.com

장모가 위독한 상태여서 곁을 지키기 위해 2019년 11월 한국에서 열린 아세안 회의에 불참했다.

📽️ 여담

- 2006년에 한국의 순천향대학교에서 정치학 명예박사를 받았다.
- 얼굴을 자세히 보면 눈 한쪽이 특이하게 생긴 것을 확인할 수 있는데 1975년 4월에 프놈펜을 공격해 크메르 루주와 전투를 하다가 부상을 입어서 의안을 끼고 있기 때문이라고 한다.

의안을 끼고 있는 훈 센

자료: dreamwiz.com

- 한국에서 중앙일보와 인터뷰한 바에 따르면 18세 때부터 담배를 피웠다는데 그 이유는 캄보디아 내전 당시 정글에서 생활할 때 모기를 쫓기 위해 담배를 피운 것이 지금까지 끊지 못한다고 한다. 물론 자신의 주치의도 금연을 권하고 가족과 국민도 담배 끊기를 바라지만 매우 어렵다고 한다. 실제로 몇 차례 금연을 시도했는데 전부 다 실패했다. 다만 손자나, 손녀들과 있을 때 또는 국제회의장에서는 담배를 피우지 않는다고 말했다.

- 2000년부터 골프에 취미를 붙여서 매주 한두 차례 골프장에 간다고 한다. 하지만 골프장에 가기 전에 반드시 집사람의 허락을 받는데 그 이유는 내 식사를 준비해야 하는지를 알려 주기 위해서라고. 또한 노래 작사를 즐긴다고 하며, 직접 만든 가사를 가수에게 주기도 했다. 바쁜 일정 때문에 식사 시간은 10분이면 충분하며 뉴스를 접할 때는 TV 두 대와 라디오를 동시에 켜 놓는 습관도 가지고 있다.

- 캄보디아 최고의 여배우였던 삐셋 삘리카가 1999년 7월 6일 프놈펜의 한 시장에서 권총 3발을 맞고 쓰러져 병원으로 옮겨진 지 일주일만에 사망했는데 이 여자의 사망이 훈 센의 연인이었기 때문이라는 주장도 있다. 그녀는 고아 출신으로 왕립무용단원을 거쳐 영화계에 들어가서 스타가 된 여자인데, 몇몇 주장에 의하면 훈 센이 이 여배우와 사랑에 빠진 것을 훈 센의 아내가 알고 크게 질투하자 경찰국장이 여배우에게 관계를 끊으라고 경고했으나, 그녀가 듣지 않자 경찰국장이 그녀를 암살하라는 명령을 내려 그녀가 살해되었다는 주장이다.

- 야당인 삼랑시당의 의원이 독재자라고 비난하자 "독재자라는 말, 조심해라. 대법원에 고소할 테니.", "우린 입헌군주제 의원내각제다."라고 말하고 "내가 통치하는 동안 캄보디아가 못산다고 주장하는 작자들은 벼락을 맞

아 돼질 것이다."라고 막말을 하였다.

캄보디아 삐셋 삘러카(피지 필러카) 불륜 스캔들

자료: blog.naver.com

- 김영삼 대통령이 사망하자, 2015년 11월 24일 조문을 다녀가기도 했다.
- 이명박 대통령이 2000년부터 2007년까지 그의 경제고문을 맡았다. 퇴임 이후 2013년부터 다시 훈 센 총리의 경제고문을 맡았다. 동남아시아의 지도자들이 대개 그렇지만 한국과 여러 모로 인연이 깊은 인물이다. 박정희와 새마을운동에 대해서도 긍정적으로 평가하고 있으며, 통치방식도 박정희와 전두환의 사례를 적극 참고하고 있는 것으로 보인다.
- 장녀 훈 마나는 2009년 총리 보좌관으로 임명된 바 있으며, 2005~2010년까지 캄보디아 도피 중이던 장진호 전 진로그룹 회장의 사업을 후원하기도 했다.

MB · 훈 센 "우리는 마음으로 통하는 사이"

자료: newdaily.co.kr

훈 센 총리의 직계가계도(방콕 포스트 참조)

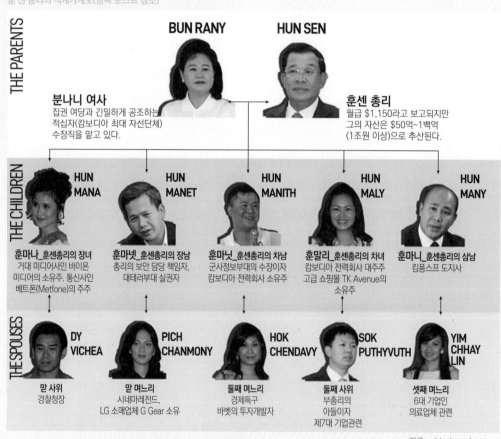

THE PARENTS

BUN RANY　　　**HUN SEN**

분나니 여사
집권 여당과 긴밀하게 공조하는
적십자(캄보디아 최대 자선단체)
수장직을 맡고 있다.

훈센 총리
월급 $1,150라고 보고되지만
그의 자산은 $50억~1백억
(1조원 이상)으로 추산된다.

THE CHILDREN

HUN MANA　　**HUN MANET**　　**HUN MANITH**　　**HUN MALY**　　**HUN MANY**

훈마나_훈센총리의 장녀
거대 미디어사인 바이온
미디어의 소유주. 통신사인
베트폰(Metfone)의 주주

훈마넷_훈센총리의 장남
총리의 보안 담당 책임자,
대테러부대 실권자

훈마닛_훈센총리의 차남
군사정보부대의 수장이자
캄보디아 전력회사 소유주

훈말리_훈센총리의 차녀
캄보디아 전력회사 대주주
고급 쇼핑몰 TK Avenue의
소유주

훈마니_훈센총리의 삼남
킴퐁스프 도지사

THE SPOUSES

DY VICHEA　　**PICH CHANMONY**　　**HOK CHENDAVY**　　**SOK PUTHYVUTH**　　**YIM CHHAY LIN**

맏 사위
경찰청장

맏 며느리
시네마레전드,
LG 소매업체 G Gear 소유

둘째 며느리
경제특구
바벳의 투자개발자

둘째 사위
부총리의
아들이자
제7대 기업관련

셋째 며느리
6대 기업인
의료업체 관련

자료: pridegb.ngelnet.com

07

문재인, 훈 센 총리에게
"내전 극복의 지혜 나누어 달라"

2019년 3월 캄보디아를 방문한 문재인 대통령은 훈 센 총리와 만난 자리에서 "앞으로도 내전을 극복해낸 캄보디아의 지혜를 나누어주시기 바란다."고 말했다.[2]

'내전 극복의 지혜를 나누어 달라'니? 이게 무슨 해괴한 소리냐. 문재인 대통령은 혹시 지금 우리나라의 이념 갈등 상황을 '내전' 상황으로 보고 있다는 말인가? 악명 높은 극좌極左공산주의 혁명 집단인 크메르 루주 게릴라로 정치 이력을 시작했고, 1979년 캄보디아를 침공한 베트남의 괴뢰로 권력을 잡은 이래 40년 넘게 독재 권력을 휘두르고 있는 훈 센 총리에게 도대체 대한

---

2 유용원의 군사세계, 문재인, 훈 센 총리에게 "내전 극복의 지혜 나누어 달라", 2019-03-20.

민국 대통령이 뭘 배우겠다는 것인가? 1인당 국민소득이 3만 달러를 넘은 대한민국 대통령이 1인당 국민소득 1,400달러 수준인 나라 총리에게 무슨 소리를 한 것인가? 야인 시절의 이명박 전 대통령을 경제고문으로 위촉하면서까지 한국의 경제발전 경험을 배우고 싶어 했던 훈 센 총리도 속으로 '이게 무슨 소리인가?' 싶었을 것이다.

곰곰히 생각해 보면 훈 센에게도 배울 게 없는 것은 아니다. 적어도 젊은 날 품었던 공산주의 이념에서 벗어나 가난한 나라를 어떻게든 일으켜보려고 노력하는 훈 센 총리의 실용적 리더십은 문재인 대통령이 따라 배워야 할 부분이라고 할 수 있겠다.

또 하나 더 있다. 1975년 4월~1979년 1월 전 인구의 1/4에 달하는 약 200만

한국·캄보디아 정상회담

자료: news.joins.com

유엔 크메르 루주 전범특별재판소

자료: vietnamlife.co.kr

명을 잔혹하게 학살했던 크메르 루주 정권의 학살자들을 전범재판에 회부한 것도 문제인 대통령이 배워야 할 대목이다. 학살자들의 말로가 어떠했는가를 똑똑히 배워야 할 것이다.

크메르 루주 정권이 이상적인 농촌공산주의 국가를 건설하겠다고 자행한 잔인무도한 학살은 '킬링필드'로 널리 알려져 있다. 1979년 1월 베트남의 침공으로 크메르 루주 정권은 무너졌다. 하지만 크메르 루주가 밀림으로 들어가 게릴라전을 전개하는 바람에 1990년대 중반까지 내전이 계속됐다.

내전이 종식되어 가던 1997년 캄보디아 정부는 크메르 루주 지도자들을 재판에 회부하는 문제와 관련하여 유엔의 지원을 요청했다. 유엔사무총장이 지명한 3인 위원은 1999년 2월 22일 인권침해에 심각한 책임이 있는 자들을 처벌하기 위한 유엔 특별재판소 설치를 건의했다. 그러나 캄보디아 정부는 자국의 재판소에서 학살 책임자들을 처벌하겠다고 주장했다. 이에 따라 캄보디아 국내 법원에 외국인 재판관도 참여하는 특별재판부가 만들어졌다.

이 특별재판부는 1975년 4월 17일~1979년 1월 6일 사이에 크메르 루주 정권이 저지른 제노사이드집단학살, 인도人道에 반하는 죄, 1949년 제네바협정의 중대한 위반, 무력분쟁 시 문화재 보호에 관한 1952년 헤이그 협약을 위반한 문화재 파괴행위, 외교 관계에 관한 1961년 비엔나 협약에 의하여 보호되는 자에 대한 범죄, 살인, 고문, 종교적 박해 등에 관한 캄보디아 형법 위반범죄 등을 저지른 자들을 처벌하도록 했다.

재판은 3심제로 진행되는데 1심 재판부는 3인의 캄보디아 판사와 2인의 외국인 판사, 2심은 4인의 캄보디아 판사와 3인의 외국인 판사, 3심은 5인의 캄보디아 판사와 4인의 외국인 판사가 맡았다. 1~3심 모두 재판장은 캄보디아인 판사가 맡았다.

재판은 2006년 처음 시작됐지만, 2011년에 이르러서야 전 뚜올 슬렝 수용소크메르 루주 정권 치하의 악명 높은 정치범수용소 소장 카잉 구엑 에아브에게 종신형이 선고됐다. 그는 어린 아이들을 포함해서 최소한 1만 2,272명을 살해했다.

캄보디아 특별재판소는 2010년 7월 26일 크메르 루주 정권에서 교도소장을 지낸 카잉 구엑 에아브(Kaing Guek Eav)에 대해 징역 35년형을 내렸다.

자료: www.rfa.org

2014년 8월 7일 재판부는 크메르 루주 정권의 국가주석이었던 키우 삼판과 공산당 부서기장 누온 체아에게 종신형을 선고했다. 이들에 대한 상고심 재판은 2016년에야 종료됐다. 기왕에 판결이 나온 것과는 별개로 이들이 저지른 학살행위에 대한 재판이 진행 중이다.

학살의 최고책임자였던 폴 포트는 1998년, 학살 주범 중 하나인 이

엥 사리 전 외무장관은 2013년, 이엥 사리의 부인이자 사회장관을 지낸 이엥
티리트는 2015년에 사망하는 바람에 단죄를 피했다.

김일성-김정일-김정은 3대는 크메르

치매가 행운이었나, 끝내 단죄 피한 킬링필드의 '여왕'

자료: hankookilbo.com

루주 정권보다 훨씬 잔혹한 독재정치
를 펼쳐왔다. 국내외 북한 인권단체들
은 김정일 생존 시부터 김정일과 북한
정권의 반反인도범죄에 책임이 있는
자들을 국제형사재판에 회부하기 위
한 캠페인을 벌여왔다.

'인권변호사' 출신 문재인 대통령은
훈 센 캄보디아 총리에게 이렇게 말했
어야 했다. "반인도범죄를 저지른 크메르 루주 지도자들을 국제재판에 회부
한 의지와 용기를 나누어 달라."고 말이다.

학살자 크메르 루주 지도자들을 국제재판에 회부한 의지와 용기를 배우라.

자료: mn.kbs.co.kr

Chapter 04

캄보디아
내전

3년의 폭정으로
100년이 무너지다

캄보디아 내전Cambodian Civil War은 크메르 루주 등 베트남의 지원을 받는 공산
군과 미국의 지원을 받은 론 놀의 크메르 공화국 정부군 간의 내전과 더불어
4파 합동 정권이 통일할 때까지, 20세기 후반에 계속된 캄보디아의 내전 상
태를 말한다.

　캄보디아는 1949년에 프랑스령 인도차이나로부터의 독립을 인정받아 노로돔 시아누크 국왕에 의해서 통치되고 있었지만, 왕제에 대항하는 국내 파벌 간의 다툼으로 인해 국내에는 불안정 요소를 안고 있었다. 1960년대 중반까지 유지되어 있던 왕의 미묘한 조정책은 실패로 끝난다.

　캄보디아 영역 내의 북베트남군 및 남베트남 해방민족전선 베트콩의 대규모 보급 기지의 존재, 공산군에 대한 보급 양륙항으로서의 사용, 은밀한 정보 수집, 사보타주 및 남베트남군과 미군에 의한 영공 비행은 캄보디아의 내키지 않은 중립을 선택하게 했다.

　그러나 1965년 2월에 미국이 북베트남의 공습을 단행 베트남전쟁하면서, 시아누크 정부는 대미 단교를 단행해, 남베트남 해방민족전선의 거점이 되었다. 미국은 인도차이나 안정과 전쟁의 수행을 위해서, 캄보디아에 친미적인 정권

캄보디아 내전

을 수립할 필요가 있었다.

론 놀의 친미 쿠데타

1970년 3월 18일의 아침, 시아누크 국왕이 모스크바와 베이징에 방문 도중, 하원이 갑자기 소집되어 국가원수로서의 시아누크의 하야를 만장일치로 가결했다. 주동자이던 론 놀 장군은 비상시 권력이 주어져 수상이 되어, 10월에 크메르 공화국의 수립을 선언했다. 한편, 시아누크의 사촌형제 시리크 마타크는 대리의 수상으로서 그의 지위를 보관 유지했다. 론 놀의 수상 취임식때, 미군은 하늘에서 시아누크를 비판하는 전단을 뿌리는 등 론 놀을 지원하

론 놀 장군

자료: cambodia-doc.blogspot.com

였다. 신정부는 미국이 보증하는 형태로 권력이양의 유효성을 강조해, 많은 외국 정부의 승인을 받게 되었다.

쿠데타의 며칠 후, 시아누크 국왕이 베이징에서 론 놀에 저항을 호소하면서, 거기에 답하는 데모와 폭동이 나라의 도처에서 발생했다. 3월 29일에는 약 40,000명의 농민이 시아누크의 복권을 요구하는 데모 행진을 벌였지만, 군대와 충돌해 많은 사상자가 나왔다. 론 놀은 다음 달인 4월 미군에 자국에의 침공을 허가해, 농촌 지역 곳곳에 공습을 실행하였다. 이것은 베트남전쟁의 호치민 루트를 분쇄하기 위한 목적이었지만, 수십만 명의 농민이 희생되었고, 공산주의 세력인 크메르 루주의 급격한 성장을 불러왔다. 또 론 놀은 격렬한 반베트남 캠페인을 실시해, 남베트남 해방민족전선의 지원이 의심되는 캄보디아에 거주하는 베트남계 주민을 박해, 학살하였다. 플라스틱 소토, 네아크루, 타케오 등지의 강제수용소에서는 베트남계 주민이 집단학살을 당했다. 이 때문에, 시아누크 시대에 50만 명이던 재 캄보디아 베트남인 중 20만 명이 1970년 한 해 동안에 베트남에 집단 귀환하는 사태가 발생하였다.

한편, 중국에 머물러 있던 시아누크를 도와 캄보디아로 귀국을 하게 한 것은, 모택동주의에 심취한 폴 포트 등이 지휘하는 크메르 루주였다. 10월, 폴 포트는 시아누크를 옹립해, 론 놀 정권과의 사이에서 내전이 발발했다.

론 놀 수상

자료: projects.voanews.com

🔌 크메르 루주의 지배

1972년 1월, 미국은 론 놀 정권 지원을 위해서 남베트남 파견군의 일부를 캄보디아에 침공시켜, 이 내전에 직접 개입했다. 미국의 침공으로 인해 베트남전쟁은 인도차이나전쟁으로 확대되었다. 론 놀은 10월에 군사 독재 체제를 선언하고, 다음 달 1972년 3월에는 독재적 권력을 가진 대통령제 신헌법을 공포했다.

그러나 중국으로부터의 지원을 받은 크메르 루주는 정부군과 전투를 계속해 나갔으며, 1973년에 미군이 베트남으로부터 철수하면서 론 놀을 따라잡을 수 있었다. 결국 1975년 4월, 론 놀은 하와이로 망명하였다. 이웃 나라 베트남에서는 사이공이 함락되면서, 베트남전쟁이 끝나게 되었다. 이후, 크메르 루주가 수도 프놈펜에 입성하였고, 1976년 1월에 〈캄보디아 민주헌법〉을 공포하여, 국명을 민주 캄푸치아로 개칭했다.

프놈펜 함락 후, 크메르 루주는 "도시 주민의 양식은 도시 주민 자신이 경작한다."라고 선언하고, 도시에 거주하는 주민, 자본가, 기술자, 학자, 지식인 등의 모든 재산과 신분을 박탈하고 교외의 농촌으로 강제 집단이주를 단행했다. 그들은 농민으로서 농업에 강제 부역하였고, 거의 대부분 반란을 일으킬 가능성이 있다는 이유로 처형되었다. 반란의 주모자가 될 가능성이 있는 크메르 루주 내부의 간부도 살해당했다. 혁명의 성공을 기뻐하면서 나라의 발전을 위해 귀국한 유학생이나 자본가도 모두 살해당했다. 또 아이는 부모로부터 갈라놓고 집단생활을 시켜, 어릴 때부터 농촌이나 공장에서 노동이나 군복무를 강요했다. 폴 포트 시대의 기아와 학살에 의한 사망자는 70만

~300만 명이라고도 알려져 있지만, 캄보디아에서는 1968년을 마지막으로 국세조사는 행해지지 않았고, 게다가 폴 포트 이전의 내전이나 공습에 의한 희생이나 인구의 난민화에 의해, 집계할 수 있는 인구통계가 미비했기 때문에 정확한 희생자 수를 추정하기 어렵다.

크메르 루주 통치하의 잔혹행위에 관한 가장 초기의 기술 중 하나는, 사린에 의해서 1973년에 쓰였다. 그는 크메르 루주의 간부였지만 폴 포트 및 민주 캄푸치아에 환멸을 느껴 당을 떠나, 9개월 후에 몰래 프놈펜으로 돌아왔다. 그의 저서《크메르의 영혼에 대한 후회Sranaoh Pralung Khmer》는 크메르 루주가 존재를 비밀로 한 상부 기구, 중앙위원회를 분명히 밝혔다.

크메르 루주의 대학살

자료: blog.daum.net

03

/

베트남의 개입

1978년 1월부터, 폴 포트는 베트남 영내의 농촌에 공격을 단행함으로써 베트남과의 단교를 선언했다. 당시 중-소 갈등이 심화되어 대립 관계가 되었는데, 베트남은 소련과 관계를 강화하고 있었고, 중국과 관계가 깊은 폴 포트 정권과 대립할 수밖에 없는 상황이었다. 1978년 5월, 반란이 의심되는 베트남과 접경하는 동부군 관할구역의 크메르 루주 간부, 병사 등이 남서군 관할구역의 폴 포트파로부터 공격을 받아 내분에 빠졌다. 그 결과 동부군 관할구역의 장병이 대량 처형되었고, 동부지구 난민이 베트남으로 대량으로 유입되었다. 베트남은 캄보디아 난민으로 캄푸치아 구국민족통일전선KNUFNS을 조직하고, 헹 삼린을 수상으로 내세웠다. 타도 폴 포트의 기치를 내걸고 KNUFNS를 앞장 세워 민주 캄푸치아 영내로 침공을 단행했다. 베트남 침공군의 주력이 된 것은 전 베트콩 병사와 구사이공 정권의 군대였으며, 전투에 능한 병사들이었다. 이때 사용된 대량의 군수물자는 북베트남군이 남부를 제압하기 위해 은밀하게 비축하고 있던 것과 미군과 구사이공 정권이 남긴 것이 투입되어 남베트남의 독자적 군사력을 상쇄시키려는 목적도 있었다.

30년 이상 지속된 캄보디아 내전

자료: www.hariansejarah.id

1979년 1월, 베트남군이 프놈펜을 공략하자 크메르 루주 체제는 붕괴되었다. 베트남군은 폴 포트 일파를 태국 국경 근처의 산악 지역까지 쫓아내었다. 그리고 친베트남계의 헹 삼린 정권이 수립되었지만, 베트남군은 밀림 깊숙히 숨은 폴 포트파의 게릴라 활동에 시달리며, 내전의 수렁에 빠졌다.

이듬해 2월에는 중국군이 캄보디아 침공의 보복으로 베트남을 공격했다중월전쟁. 그러나 베트남군은 전쟁 경험이 풍부했고, 사기와 숙련도도 높았다. 소련으로부터 받은 군사 원조와 미군이 버리고 간 대량의 병기를 가진 베트남군은 중국군을 격파하였고, 3월에는 중국군을 국경 밖으로 물리쳤다.

베트남의 지원으로 KNUFNS의 의장이 된 전 크메르 루주 제 4사단장인 헹 삼린

그 후 크메르 루주와 시아누크 국왕파, 론 놀파의 세 계파는 연합하여, 베트남군과 헹 삼린군과의 내전이 계속되었다. 프놈펜을 지배하던 헹 삼린은 베트남의 괴뢰 정권이 되었고, 이후 베트남군의 장기간 주둔은 베트남을 적대하던 국가로부터 비난을 받게 되었다.

자료: m.blog.naver.com

1982년 2월, 반격을 도모하던 반베트남 3파는 베이징에서 회담을 열었고, 7월에는 반베트남 3파의 연합정부를 구성하고 민주 캄푸치아가 성립되어, 캄보디아는 완전히 양분되었다. 한편, 1983년 2월에 열린 인도차이나 3국 정상회담에서는, 베트남군의 부분적 철수가 결의되었지만, 베트남은 결의안을 따르지 않고, 3월에 폴 포트파의 거점을 공격했다. 1984년 7월의 동남아시아국가연합ASEAN 외상 회담에서는 베트남 주둔군을 비판하는 공동선언을 채택했다. 그러나 베트남군은 내전에 계속 개입하며, 1985년 1월에 대공세로 반베트남 3파의 민주 캄푸치아의 거점인 말레이 산을 공략하였고, 3월에 시아누크 국왕파의 거점을 제압하자 민주 캄푸치아 정부의 군사력은 거의 괴멸되었다.

04

/

평 화

1986년 7월, 공산주의 베트남을 이끌던 레 두안 서기장이 사망했다. 새롭게
정권의 자리를 물려받은 후계자 츄 온 틴 서기장은 소련의 페레스트로이카
를 모방하여, 그때까지 경직된 사회주의 체제로부터의 탈피를 시도하게 된다.
12월에 〈도이모이 노선〉[1]을 채택하면서, 경제개방과 국제협력 노선으로 전환
하였다. 또 츄 온 틴은 차례차례로 정부 수뇌부 교체를 단행하여, 새로운 체
제의 기반을 확립했다. 1988년 6월, 베트남은 동남아시아에서 오랜 세월 골
칫거리였던 캄보디아 주둔군 철수를 시작하여, 다음 해 1989년 9월에 철수
를 끝냈다. 그 결과 베트남이라는 배경을 잃어버린 훈 센 정권은 세력이 약

1   베트남어로 '변경한다'는 뜻의 '도이(doi)'와 '새롭게'라는 의미의 '모이(moi)'가 합쳐진 용어로 '쇄신'을 뜻한다.
    1986년 베트남 공산당 제6차 대회에서 만들어진 개혁·개방 정책 슬로건이다. 베트남은 공산당 1당체제를 고수하면
    서 자본주의 시장경제를 도입하는 '도이모이' 개혁 정책을 채택했다.

도이모이 정책

화되었고, 완전한 강자가 없어진 캄보디아는 국제사회에 의해 평화공존의 길을 찾게 된다.

1990년 6월, 일본의 도쿄에서 〈캄보디아 평화 도쿄회의〉를 개최하였다. 다음 해 1991년 10월, 프랑스의 파리에서 〈캄보디아 평화 파리 국제회의〉를 개최하였고, 국내 4파에 의한 최종 합의문을 이끌어내어 20년에 걸친 캄보디아 내전이 끝나게 되었다.

1992년 3월, 유엔에 의한 '유엔 캄보디아 잠정 통치기구'UNTAC가 평화유지 활동을 시작했다. 1993년 4월부터 6월까지 유엔의 감시하에서 총선거가 실시되었다. 9월에 제헌의회가 신헌법을 공포하고, 입헌군주제를 채택하면서, 시아누크가 국왕에 다시 즉위를 하게 되었다. 1994년에 쿠데타 미수 사건이 발생했지만, 이것을 마지막으로 캄보디아 국내는 대체로 안정을 되찾았다.

크메르 루주 지도자 폴 포트 심장마비로 사망

자료: m.post.naver.com

1998년 4월에는 변경의 폴 포트파 지배 지역에서 폴 포트가 사망하면서, 이 땅도 안정권에 접어들었다.

폴 포트의 무덤

자료: eturbonews.com

05

／

론 놀

📷 개요

론 놀1913년 11월 13일 캄보디아 프레이벵 주 ~ 1985년 11월 17일 미국 캘리포니아주 풀러턴은 캄보디아 크메르 공화국의 정치인이자 군인이다. 미국의 지원을 받은 쿠데타로 집권하여 미국 하와이 주로 망명하기 전까지 크메르 공화국의 초대 대통령을 역임하였다.

📷 생애

론 놀은 프레이벵 주에서 중국계 크메르인과 크메르인의 사이에서 태어났

론 놀 수상

다. 프랑스 식의 교육을 받아 공무원이 되었고, 1946년에 주지사가 되어, 캄보디아 경찰의 초대 장관으로 취임한다. 그 다음 그는 군의 직무에 올라, 1960년에 국방장관으로 취임하였고, 1966년부터 1년간 수상으로 취임하여 1969년에 재임된다.

초기 프랑스령 인도차이나 총독이 되어 여러 공산당 게릴라 제압에 성공하여 1961년에 중장으로 진급했다. 캄보디아 왕국의 시아누크 왕 밑에 있으면서 여러 고위관직과 1966~1967년에 수상을 지냈다.

📖 친미 쿠데타

1970년에 시아누크가 의회에 의해 축출된 뒤 총리직이 유임되어 1970년 3월에 군부와 미국의 친미 쿠데타를 일으켜 1973년 3월 13일 크메르 공화국을 선포하고 초대 대통령으로 취임해 크메르 루주와 캄보디아 내전을 벌였다.

그의 쿠데타 자체가 미국과 전쟁을 벌이고 있는 북베트남 지원을 방지하는 차원에서 이루어진 것이었으므로, 정권 탈취 후는 격렬한 반베트남 캠페인을 실시해, 캄보디아의 베트남계 주민을 박해했다. 플라스틱 소토, 네아크루, 타케오 등에서는 수용소에 격리당한 베트남계 주민의 집단학살이 일어났다. 이 때문에 캄보디아의 베트남계 주민 50만 명 가운데, 1970년부터 불과 한 해 동안, 20만 명이 베트남에 대량으로 귀환하였다.

이때 시아누크는 망명의 길에 올랐고, 미군과 남베트남군은 공산세력을 몰아내고 자유와 민주의 캄보디아를 위해 수많은 희생을 감수해야 했다. 1968년부터 계속된 미군의 민주 캄푸치아 건설을 위한 노력에도 불구하고 론 놀의 집권 내내 수십만 명의 농민이 크메르 루주 게릴라에 의해 공산주의 사상에 희생이 되었다.

100만 명 이상의 많은 난민이 도시에 유입되었고, 캄보디아는 식량 수출국에서 식량 수입국으로 전락했다. 이러한 상황으로 인해 반정부 세력인 크메르 루주의 세력은 빠르게 성장하였고, 정부군과의 사이에 캄보디아 내전은 격화되었다. 론 놀은 미국에 지원을 요구하지 않을 수 없었다. 1970년 11월 18일에 닉슨 대통령은 캄보디아 정부에의 원조금 1억 5,500만 달러를 연방의회에 요구했다. 베트남전쟁에서 시아누크가 중립정책을 펼쳤던 반면, 론 놀 정권은 베트콩 추방의 명목으로 닉슨 정권에 의지해 돈과 CIA의 지원을 받았지만, 크메르 루주의 공세를 멈출 수는 없었다.

크메르 공화국의 초대 대통령 론 놀

자료: www.flickr.com

최후

그러나 캄보디아 내전에서 크메르 루주에게 패배해 1975년 4월 1일에 수도 프놈펜으로 크메르 루주가 진격하자 론 놀은 인도네시아를 경유하여 미국의 하와이로 망명해 도망쳤고, 1979년에 캘리포니아 주 오렌지 카운티의 풀러턴으로 옮겨와 살다가 1985년에 죽었다.

말년의 론 놀

자료: camwatchblogs.blogspot.com

론 놀의 묘비

자료: camwatchblogs.blogspot.com

06

훈 센 승리로 사실상 종결

캄보디아 내전은 훈 센 측 병력이 앙코르와트 사원이 자리하고 있는 제1총리 노로돔 라나리드의 최종 전략 거점 씨엠립을 점령하면서 사실상 훈 센 제2총리의 승리로 끝났다.[2]

캄보디아 정국을 초긴장 상태로 몰아넣고 있는 노로돔 라나리드 제1총리와 훈 센 제2총리는 지난 1993년 이래 끊임없이 정쟁을 벌여온 숙적이다. 라나리드는 노로돔 시아누크 국왕의 둘째 아들이며, 프랑스에서 오랫동안 유학생활을 한 뒤 프랑스의 액상 프로방스 대학의 정치학과 교수로 교편을 잡았던 인물이다. 이에 반해 훈 센은 빈농 가정에서 태어나 19세 때인 1970년 게릴라에 입문, 친미 론 놀 정권에 대항하다 폴 포트를 피해 베트남에 망명했던 군사전

---

2 이창주, 캄보디아 내전 현장 리포트, 시사저널, 1581호, 2020-02-01.

문가 출신이다.

라나리드는 아버지 시아누크
왕의 영향을 받아 친중국 노선
을 걷고 있으며 훈 센의 정치적
지원세력인 베트남을 강력하게
견제하고 있다. 라나리드는 지
난 1983년 아버지 시아누크왕
의 개인 대표자격으로 국제회
의에 참가해 정치에 발을 들여

한 행사장에서 다정한 모습을 보이고 있는 라나리드 제1총리(왼쪽)와 훈 센 제2총리

자료: busan.com

놓기 시작했으며 1986년 1월에는 시아누크파의 군 최고사령관 겸 참모총장
에 올랐다. 그는 또 1992년 민족연합전선FUNCINPEC을 결성해 1993년 유엔 중
재하의 총선에서 승리해 제1총리직에 올랐다.

한편 훈 센은 베트남의 캄보디아 점령 뒤인 1979년 이후 외무장관 등 요직
을 두루 거친 뒤 1985년 총리직에 올랐다. 이어 캄보디아인민당CPP을 이끌고
1993년 총선에 참가해 라나리드 측과 연정을 구성하는 데 성공하여 제2총리
에 올랐다. 캄보디아인민당Cambodian People's Party은 캄보디아의 정당이다. 2013년
기준으로 상원, 하원 모두 과반수를 차지하는 여당이다. 2011년 기준으로, 당
명예의장은 헹 삼린, 의장이 치어 심, 부의장이 훈 센이다.

제1총리와 제2총리에 의해 통치되는 캄보디아는 사실 정상적인 연정상태가
아니다. 권력의 핵심인 국방과 내무 분야를 1, 2총리가 각각 개별적으로 운영
하는 기형적 형태라고 할 수 있다. 현재 군사력을 비롯한 전체 세력면에서 제
2총리 훈 센이 라나리드를 앞서고 있는 것으로 평가되고 있다.

캄보디아의 실력자 훈 센

현재 프놈펜의 표정은 평온하며 훈 센 제2총리는 자신감을 갖고 새 정부 구성에 들어갔다. 훈 센은 노로돔 라나리드 세력을 회유하고 압박하는 양동 작전을 전개해 정치세력 대부분이 내전의 정당성을 지지하도록 만드는 데 성공한 것으로 보인다. 그는 라나리드의 골수 친위세력을 제외한, 피신 중인 정치인의 복귀를 허용하고 있다. 왕궁에 숨어 있던 '로열 패밀리'도 무사하다.

훈 센은 쿠데타가 성공 분위기로 접어들자 제1총리를 서둘러 선출하려 했다. 그러나 국회의원이 30명 이상 해외로 탈출하거나 피신했기 때문에 성원이 부족해 국회를 열기가 불가능하자 민족연합전선 소속 의원들에게 프놈펜으로 복귀하라고 종용하며 신변 안전을 약속하고 있다. 한편 해외로 피신한 정치인 가운데 상당수가 이미 귀국했거나 귀국을 서두르고 있는 것으로 알려졌다.

2018년 7월 29일 캄보디아 총선에서 훈 센 총리가 이끄는 캄보디아인민당 CPP이 대적 상대가 없는 총선에서 '압승'했다. 훈 센이 정권을 장악한 데는 몇 가지 요인이 있다. 첫째는 후진국의 전통적인 권력 투쟁 형태인 의회 해산이나 헌정 중단을 택하지 않은 점이다. 훈 센은 쿠데타 핵심 이슈를 라나리드 제1총리를 축출하는 데 맞추었는데, 이 전략은 유엔이나 국제사회의 개입을 자제시켰다.

둘째는 라나리드 제1총리가 국제적 지원세력으로 믿고 기대한 프랑스와 중국이 라나리드의 호소에도 불구하고 개입을 거절한 것을 들 수 있다. 특히 중국은 훈 센의 절대 지지세력인 베트남을 자극하지 않겠다는 의도 때문에 캄보디아 사태 개입을 꺼리고 있다. 이것은 라나리드 세력을 약화시키는 데 결정적 역할을 하였다. 유엔 안보리의 중립 표명과 시아누크 국왕의 현실적인 태도도 한몫을 하였다. 초기에 상당한 우려를 표시하던 아세안ASEAN도 훈 센 체제를 인정했고 이미 대표가 프놈펜에 들어왔다.

사실 이번 캄보디아 사태에서 가장 요란을 떨었던 국가는 일본이었다. 자국민 구출을 명분으로 전후 최초로 자위대 소속 수송기를 캄보디아에 파견하려 했으나 좌절되고 국내외 비난만 자초했다. 실제로 이곳 프놈펜에서는 일본이 캄보디아 사태를 빌미로 자위대의 해외 파병 선례를 만들기 위해 군용기를 보내려 했다는 비판이 높다.

2019년 11월 25일에 한-아세안 특별정상회의에서 강경화 장관은 쁘락 소콘 캄보디아 부총리 겸 외교장관과 회담을 갖고 협력방안을 논의했다. 그리고 한국과 베트남, 라오스, 캄보디아는 공공행정 협력확대를 합의했고, 캄보디아, 라오스, 미얀마, 필리핀, 베트남 등 5개국과는 신남방 공적개발원조 전략의 구체적인 이행방안을 담은 양해각서를 체결했다.

2019년 11월 25일에 한-아세안 특별정상회의에서 강경화 장관은 쁘락 소콘 캄보디아 부총리 겸 외교장관과 회담을 가졌다.

자료: korea.kr

해외 투자가, 훈 센 체제 환영

프놈펜 외교가는 이들이 훈 센 체제의 들러리가 될 수도 있겠지만 적어도 두 진영 간의 무력 충돌로 인한 혼란은 더 이상 발생하지 않을 것이라고 보고 있다.

이번 캄보디아 사태를 바라보는 해외 투자가나 기업인은 대부분은 훈 센 체제를 환영하는 기색이다. 더 이상 두 권력의 눈치를 보며 양쪽에 줄을 대지 않아도 된다는 기대 때문이다. 현지 기업인들은 수시로 발생하는 무력 충돌 때문에 사업이 중단될까봐 불안해할 필요가 없어졌다며 내전 종결을 반기고 있다. 훈 센 제2총리는 앞으로 외국인에게 불편이 없도록 하겠으며 해외 투자가를 적극 보호하겠다고 발표했다.

일단 훈 센 체제는 자리를 잡아가고 있다. 이와 동시에 캄보디아의 상징 시아누크 국왕 시대도 막을 내리고 있다. 세기 말 캄보디아의 모습이다.

아시아에서 최장 독재를 이어 온 훈 센 캄보디아 총리가 2018년 7월 29일^현지시간 치러진 총선에서 또다시 승리했다. 부정선거 논란에도 5년 추가 집권의 길을 여는 한편 "74세까지 통치하겠다."는 계획도 한발 더 현실화됐다.

캄보디아 총선에서 압승을 거두어 훈 센 총리 38년 장기집권 확실시

자료: ohmynews.com

Chapter 05

베트남 -
캄보디아
전쟁

3년의 폭정으로
100년이 무너지다

01

/

개 요

    베트남-캄보디아 전쟁은 냉전의 지정학적 상황에서 벌어진 베트남 사회주의공화국과 민주 캄푸치아 사이의 무력 충돌이다. 전쟁은 1975년부터 1977년까지 베트남과 캄보디아 내륙 국경 지역의 국지적인 충돌로 시작하여, 때로는 사단 규모 군사적 충돌로 발전했다. 1978년 12월 25일, 베트남은 캄보디아로의 전면적인 침공을 단행하여, 크메르 루주캄보디아 공산당 정권을 퇴출시키고, 캄보디아 국토의 대부분을 점령했다.

    베트남전쟁1964~1975년 중, 베트남 공산당과 크메르 루주는 모두 국내의 친미 정권에 대항하기 위해 연합을 형성했다. 그러나 베트남과의 공동 투쟁을 과시하고 있었음에도 불구하고, 크메르 루주 지도부는 베트남 공산당이 그 지역에서 우세한 군사력으로 인도차이나 연방을 형성하려고 계획하고 있다는 것을 두려워하고 있었다. 우세한 상태에 있는 베트남의 계획을 저지하기

베트남-캄보디아 전쟁

자료: blog.daum.net

위해 1975년 론 놀 정권이 항복했을 때, 크메르 루주 지도부는 베트남에서 훈련한 동지를 숙청하기 시작했다. 이어 1975년 5월 크메르 루주에 지배된 신생 민주 캄보디아는 베트남에 대한 전쟁을 시작하여, 먼저 베트남 푸꾸옥 섬을 공격했다. 양국 간의 전투가 벌어졌지만, 재통일한 베트남 지도부와 캄보디아 지도부는 1976년 겉으로는 양국의 강력한 관계를 강조하는 외교를 전개했다. 그러나 그 뒤에서, 캄보디아 지도부는 여전히 베트남의 팽창주의를 두려워했다. 그런 가운데 1977년 4월 30일 캄보디아는 베트남에 대한 다른 대규모 군사 공격을 개시했다. 캄보디아의 공격에 충격을 받고, 베트남은 캄보디아 정부를 협상 테이블로 끌어내려는 목적으로 1977년 말에 보복 공격을 시작했다. 1978년 1월 베트남군은 그 정치적 목적을 달성하지 못했기 때문에 철수를 했다.

중국이 양국의 평화 협상 중재에 나선 가운데, 1978년에 양국 간에 논쟁이 이어졌다. 그러나 모두 협상 자리에서 수락 가능한 타협에 이르지 못했다. 1978년 경 베트남 지도부는 민주 캄보디아 크메르 루주 정권을 중국을 가까이하고, 베트남에 반감을 가지고 있다고 간주하고 제거하기로 결정했다. 1978년 12월 25일, 베트남군 15만 명이 민주 캄보디아를 침공하여, 약 2주 만에 캄푸치아 혁명군을 섬멸했다. 1979년 1월 8일 베트남 캄푸치아 인민공화국PRK이 프놈펜에서 조직되어 수십 년에 걸친 베트남 점령이 시작되었다. 이 시기 크메르 루주가 이끄는 민주 캄보디아, 몇 개의 무장 저항 집단이 베트남 점령

베트남전쟁

자료: koreahiti.com

에 저항하기 위해 결성되었지만, 여전히 유엔에서 캄푸치아의 합법적인 정권
으로 인정받고 있었다. 그 뒤에서 PRK의 훈 센 총리는 평화 협상을 시작하기
위하여, 민주 캄보디아 연합정부CGDK의 각파에 접근했다. 국제 사회의 강력한
외교적 압력과 경제 압력을 받고, 베트남 정부는 일련의 경제 개혁과 외교 정
책의 개혁을 실시하여, 1989년 9월에 캄보디아에서 철수하게 되었다.

1990년에 열린 제3회 자카르타 비공식 회의에서 호주가 주도하는 캄보디
아 평화 계획 아래 CGDK과 PRK의 임무는 최고국민평의회SNC로 알려진 통
일 정권을 수립하고, 힘을 합치기로 합의했다. SNC의 역할은 유엔이 캄보디
아 잠정 통치기구UNTAC를 통해 캄보디아 정부가 평화적이고 민주적인 과정을

통해 인민에 의해 선출될 때까지 캄보디아 국내의 정책을 관리하는 것을 임무로 하는 것이었다. 하지만 SNC는 국제 사회에서 캄보디아를 대표하게 되었다. 크메르 루주 지도부는 총선에 불참하겠다고 결정했기 때문에, 캄보디아의 평화의 길은 난항이 분명했다. 그들은 참여 대신 유엔 평화유지군에 군사 공격을 했고, 베트남계 주민을 살해하여 선거 운동을 분쇄하는 길을 선택했다. 1993년 5월 시아누크의 펑신펙 당은 총선에서 승리하여 캄보디아인민당CPP을 이겼다. 그러나 CPP 지도부는 패배를 인정하지 않았고, CPP의 표 대부분이 쏠려있던 캄보디아 동부 주를 캄보디아에서 분리한다고 발표했다. 그런 결과가 생기지 않도록 펑신펙 당 지도자 노로돔 라나리드는 CPP와의 연립 정권을 수립하기로 합의했다. 직후 입헌군주제가 부활했고, 크메르 루주는 신생 캄보디아 정부에서 불법화되었다.

베트남-캄보디아 전쟁

자료: blog.daum.net

02

/

배 경

📷 베트남-캄보디아 관계

베트남은 13세기 앙코르 문명과 대략 같은 시기에 캄보디아에 영향을 미치기 시작했다. 그 영향은 간접적으로 점차 확대되어 가다가 19세기 전반 베트남의 직접 지배에 이르기까지 계속되었다.

베트남은 캄보디아를 식민지로, 캄보디아는 베트남 당국의 밑에 지배를 받아 베트남의 현이 되었다. 1830년대 베트남은 중국보다 인도차이나 지역의 사회와 옷, 종교에서 유래하는 크메르 문화를 말살하려 했다. 이후 캄보디아 남부의 원뿔 지역 대부분사이공과 메콩 델타, 테이닌에 해당하는 지역을 강제로 이양하는 상황에서 프랑스의 식민지가 되었지만, 이 시기에서도 베트남이 지배하는 상황이 계속되었다. 이후 이 지역을 복구하는 시도는 베트남 침공에 앞서 크메르 루주 정권에 의해 행해진 국경 침입으로 정당화되었다.

프놈펜에 입성한 베트남군의 모습

🎞 공산주의의 부상

캄보디아와 베트남의 공산주의 운동은 제2차 세계대전에 앞서 원래는 인도차이나 반도에서 프랑스의 식민지 지배와 싸우는 것을 내건 인도차이나 공산당ICP의 설립과 함께 시작되었다. 1941년 일반적으로 별명 호치민으로 알려진 응우엔 신꿍은 베트남독립동맹회비엣민[1]를 발족했다. 제2차 세계대전의 끝에 일본이 패배하자, 이때 프랑스에 대한 제1차 인도차이나전쟁이 시작되었다. 이 시

🛜
1   비엣민(越盟, 월맹)은 베트남독립동맹회越南獨立同盟會)의 약칭이다. 1941년 호치민을 중심으로 인도차이나 공산당과 다수의 베트남의 민족주의 계열 정당의 동맹으로 결성되었다. 비엣민의 당면 목표는 프랑스로부터 베트남의 독립을 쟁취하고 일본 제국에 저항하는 것이었다. 비엣민(베트민)은 1945년 일본 패망 후 프랑스가 다시 꼭두각시로 세워놓은 바오다이 황제의 베트남국을 무너뜨리고 베트남 북부 지역을 빠르게 점령하여 베트남민주공화국(북베트남)을 세웠다.

기의 베트남군은 무기와 식량, 부대 수송에 종
종 캄보디아를 이용했다. 한편, 베트남 공산당
은 남베트남을 공격하는 수송로나 디딤돌로서
캄보디아를 이용했다. 1951년, 베트남은 분리
된 캄보디아 공산당 캄보디아인민당, KPRP의 설립을
지도하고 독립을 추구하기 위해 캄보디아의 민
족주의적 분리주의 운동 크메르 세레이와 공
투했다. 프랑스의 지배를 종식하기 위한 협상
이었던 1954년 제네바 협약에 따라 신생 공산
주의 국가인 북베트남은 캄보디아에서 비엣민

자료: m.blog.naver.com

병사와 간부를 모두 끌어 올렸다. 그런데 KPRP가 그 지도하에 주로 베트남
과 캄보디아인에 의해 조직되었기 때문에 약 5,000명의 공산당 간부가 행동
을 같이했다.

　베트남이 떠난 캄보디아 좌익은 공백 상태가 생겼다. 곧 그 대부분은 프랑
스에서 공산주의 교육을 받은 젊은 혁명가 집단이 귀국해 그 자리를 메꾸
었다. 1960년 KPRP는 캄푸치아 공산당 KCP   캄푸치아 공산당
으로 개칭하고, 이 명칭은 KCP를 기념하
는 '진정한' 시대로 폴 포트 및 이엥 사리,
키우 삼판 주변에 형성된 다수파 연합에
의해 채택되었다. 이 파벌은 크메르 루주
의 근원이 되었으며, 모택동주의에 가장 영
향을 받은 공산당 지부의 모체가 되었다.

자료: ko.wikipedia.org

📽 민주 캄보디아와 크메르 루주

크메르 루주 정권은 수수께끼에 싸인 용어 '안카루'조직를 채택하고 1977년까지 지도부의 진용을 갖췄다. 공식적인 국가 원수는 키우 삼판이었지만, 당을 지배하는 두 사람은 폴 포트와 이엥 사리였다. 크메르 루주의 궁극적인 목표는 캄보디아 국가의 구조를 없애는 데 있었고 자본가를 봉건주의자로 간주하고 토지소유자와 제국주의자 쌍방의 의제에 대해 논의했다. 그 과정에서 유일하게 노동자 계급을 기초로 한 무산계급 사회를 만들기를 원했다. 크메르 루주의 급진적인 사상과 목적은 대중과 상반되는 개념이었다. 사실 사회주의 혁명은 '완전히'라고 말해도 좋을 정도로 대중에게 호소력이 없었다. 이혁명은 초국가주의적 주장과 억압적이고 잔인한 통치를 가진 폴 포트들의 간부를 낳았으며, 캄보디아에 대한 부족한 지배력을 유지하기 위해 베트남을 악으로 몰아갈 수밖에 없었다.

1970~1975년까지 5년에 이르는 크메르 루주의 반란으로, 그들과 중국과의 긴장 관계가 생겨 크메르 루주에 대한 북베트남의 지원은 최종적인 승리를 위해서 불가결한 것이었다. 그러나 베트남전쟁이 끝나기 전에 크메르 루주와미국이 지원하는 론 놀이 국가원수가 되었던 정권으로부터, 권력을 강탈하는 과정에 대해 베트남의 관계는 긴박한 것이었다. 베트남 공산당과 크메르 루주군의 충돌은 1974년에는 이미 시작되어 있고, 다음 해 폴 포트는 크메르 루주와 중국의 '우호 관계'를 성문화한 조약에 서명을 하였다.

03
외교와 군사행동

📷 1975~1976년: 전투에서 우호관계 구축

1975년 4월에 인도차이나전쟁이 끝나면서 곧바로 베트남과 캄보디아 사이에서 새로운 분쟁이 일어났다. 이전 북베트남과 크메르 루주는 서로 공존공영의 관계로 함께 싸우고 있었다. 그러나 신생 캄보디아는 베트남 공산당이 인도차이나 연방을 만드는 꿈을 결코 포기하지 않을 것이라고 생각하고, 큰 의심의 눈으로 북베트남을 계속 보고 있었다. 따라서 캄보디아 정부는 1975년에 프놈펜을 함락시키면 곧바로 캄보디아 영토에서 북베트남군을 제거하기로 결정했다. 양국 간 최초의 대규모 전투는 1975년 5월 1일로 캄보디아 혁명군은 캄보디아 령의 일부라고 주장하며 베트남 푸꾸옥 섬을 침공하면서 일어났다.

9일 후인 1975년 5월 10일 캄보디아군은 토차우를 함락시키고, 침공을 계속하여 그곳에서 베트남 시민 500명을 처형했다. 베트남군은 즉각 반격에 나서 푸꾸옥 섬과 토차우에서 캄보디아군을 쫓아냈다. 뿐만 아니라 캄보디아 포우로 와이 섬을 침공하여 캄보디아의 군사행동에 보복을 가했다. 1975년 6월, 하노이를 방문한 캄보디아의 지도자 폴 포트는 베트남과 캄보디아가 우호 조약을 맺고, 국경 문제에 관한 토의를 시작하자고 제안했다. 그러나 이 제안은 실현되지 못했으며, 캄보디아는 베트남이 두 가지 제안을 거부했다고 주장했다. 1975년 8월 베트남은 포우로 와이 Poulo Wai 섬을 캄보디아에 반환하고, 공식적으로 캄보디아에 영유권이 있다는 것을 인정했다.

포우로 와이 섬

Southeast Asia. Planned route of SS Mayaguez **Hong Kong, Sattahip, Thailand, Singapore**

Detail of Cambodian coast showing **Poulo Wai, Kaoh Tang, Kampong Saom**

자료: ko.wikipedia.org

이 사건으로 양국은 축하 메시지를 주고받고, 상호 방문을 통해 외교 관계를 복구하려 했다. 1976년 4월 17일, 베트남 지도부는 키우 삼판과 누온 체아, 그리고 폴 포트가 각각 국가주석, 인민 대의원 의장, 캄보디아 총리로 선출되자 축하 메시지를 보냈다. 또한 베트남은 1976년 2월에 씨엠립을 "미국이 폭격했다."고 주장하고 이를 통해 이 사건을 캄보디아가 조작했다고 주장하는 견해를 확고히 했다. 1976년 6월 이것에 대해 캄보디아 지도부는 미국이 지원하는 정권이 붕괴하고 나서 남베트남을 통치하고 있던 남베트남 공화국에 건국 7주년을 축하하는 메시지를 보냈다.

1976년 7월, 재통일 국가로서 베트남 사회주의공화국이 건국되면서, 프놈펜 라디오는 "민주 캄보디아 인민과 베트남 사회주의공화국 인민의 전투적 연대와 우호는 끊임없이 활기로 가득 차 꺾이지 않을 관계로 발전하고 있다."라고 선언하는 코멘트를 방송하였다. 그러나 같은 달, 폴 포트 수상은 공적인 자리에서 양국의 관계에 '장애와 곤란'이 있다고 베트남 미디어 대표단에 말해, 베트남과 캄보디아의 긴장관계를 고조시켰다. 그럼에도 불구하고 1976년 9월 21일, 하노이나 호치민 시와 프놈펜을 연결하는 최초의 항공로가 개설되었다. 1976년 12월, 캄보디아 혁명 조직은 베트남 공산당에 제4차 전당대회 개최 축하 메시지를 보냈다.

📽 1977년: 전쟁으로 발전

1976년 연말 베트남과 캄보디아는 공식적으로 상호관계를 개선하려는 것처럼 보였지만, 양국 지도부는 서로에 대한 불신을 가지고 있었다. 베트남의 입장에서는 자신들이야말로 동남아의 '진정한' 마르크스-레닌주의 혁명의 지원자이며, 캄보디아와 라오스를 대한 지배하는 것은 필수적일 수밖에 없었다. 물론, 그것이 북베트남이 론 놀 정권과 싸우는 크메르 루주를 지원한 이유였다. 베트남, 캄보디아의 공산주의자들이 파테이트 라오와 같이 승리할 경우 친베트남 노선을 채택할 것이라는 희망에 따라 지원을 하고 있었다. 그러나 크메르 루주가 통치하는 지역에서 활동하는 북베트남군 부대는 동맹군에게 무장 공격을 당했고, 이미 1973년에는 그 희망이 분쇄되었다. 캄보디아 공산당의 친베트남 인사가 배제되어 캄보디아에서 베트남의 입장은 전후 더욱 약화되었다.

그래서 1976년 9월 친중국계 폴 포트와 의형제 이엥 사리가 총리와 외무장관을 사임하자, 베트남의 팜반동 총리와 레주언 공산당 서기장은 베트남이 캄보디아에서 영향력을 확산할 것으로 낙관했다. 1976년 11월 16일 소련의 주베트남 대사와의 사적 간담회에서 레주언은 이엥 사리와 폴 포트 두 사람을

팜반동 총리와 레주언 공산당 서기장(오른쪽)

자료: m.blog.naver.com   자료: monthly.chosun.com

친중국 성향의 '나쁜 놈들'이라고 비난을 하였다. 그 당시 레주언은 누온 체아가 폴 포트 대신 민주 캄보디아 총리가 되면, 자신이 친베트남계 인물이기 때문에 베트남은 그를 통해 영향력을 행사할 수 있음을 확인했다. 그러나 이후 몇 달 뒤에 일어난 사건으로 레주언은 누온 체아에 대한 평가가 잘못되었음을 인정하게 된다.

한편 프놈펜의 캄보디아 지도부는 캄보디아에 대한 베트남의 역사적 우월로 인해 베트남 지도부에 대한 혐오와 공포감이 늘어나고 있었다. 캄보디아 입장에서 보면 인도차이나에서 베트남의 전략은 베트남에서 훈련된 공산당원이 캄보디아 공산당과 라오스 공산당의 일부가 되어 지배력을 확대하는 것이었다. 따라서 북베트남에서 훈련을 받은 최초의 크메르 루주 당원들이 캄보디아에 귀국하자 곧바로 당에서 숙청되었다. 론 놀 정권이 패배한 이후 폴 포트는 소련과 베트남에 영향을 받은 사람들을 당과 민주 캄보디아 정부에서 계속 숙청했다. 이때, 전쟁에서 '미국 제국주의'를 자력으로 격파했다고 주장하던 크메르 루주 지도부에는 승리 지상주의가 만연했고, 이러한 배경에서 민주 캄보디아는 베트남에 대한 전쟁을 시작했다.

캄푸치아 혁명군이 베트남에 대한 전쟁을 준비하고 있을 때, 베트남의 국영 미디어는 1977년 4월 17일 민주 캄보디아 정부 창립 2주년 기념 축하 메시지를 보냈다. 1977년 4월 30일 사이공 함락 2주년에 캄보디아는 베트남 안장성과 차우독에 군사 공격 형태로 응답하여, 베트남 시민 수백 명을 살해했다. 베트남 인민군은 캄보디아 공격 지점으로 부대를 이동시키면서, 1977년 6월 7일, 베트남은 미결 문제를 토의하기 위한 고위급 협의를 제안했다. 1977년 6월 18일 캄보디아 정부는 베트남이 분쟁 지역에서 전 부대를 철수하고 적대 세력 사이에 비무장 지대를 만들어야 한다고 응답했다.

베트남군에 대항하는 크메르 루주군

　제안이 상호 거부되자 캄보디아 혁명군은 국경을 넘어 베트남 마을을 공격하는 병사를 계속 보냈다. 1977년 9월, 캄보디아 포병대는 국경 베트남 전체 마을을 포격하였고, 동탑 성의 여섯 마을을 캄보디아 보병으로 점령하였다. 직후 캄보디아 혁명군 6개 사단이 타이닌 성에서 10km 정도 침입하여 그곳에서 1,000명 이상의 베트남 민간인을 살해하였다. 캄보디아 대규모 침공에 분노한 베트남 인민군은 약 6만 명으로 구성된 8개 사단을 소집하여 캄보디아에 대한 보복 공격을 시작했다. 1977년 12월 16일 베트남 인민 공군의 소부대의 지원을 받은 베트남 사단은 캄보디아 정부를 협상 테이블에 끌어내리려는 목적으로 국경을 넘었다.

　막상 전투가 시작되자, 캄보디아의 전투 부대는 베트남군에 의해 곧장 점령

지를 잃었다. 1977년 12월 말에 베트남은 캄보디아에 대한 명백한 승리를 거
뒀다. 이 과정에서 베트남군이 스바이리엥 주로 진격하였고, 수도는 단기간 머
물렀다. 베트남의 보복은 잔인했지만, 캄보디아 정부군은 반격을 계속 했다.
1977년 12월 31일 키우 삼판은 '민주 캄푸치아의 거룩한 영역'에서 베트남군
이 철수할 때까지 캄보디아 정부는 '일시적으로' 베트남과 단교한다는 성명을
발표했다. 1978년 1월 6일 베트남 사단은 프놈펜에서 불과 38km 지점에 있
었는데, 베트남 정부는 캄보디아를 협상 테이블로 끌어낸다는 자신의 정치적
목적을 달성하지 못했기 때문에, 캄보디아에서 철수를 결정했다. 철수 시 베
트남군은 훗날 지도자 훈 센을 포함한 수십 명의 포로와 난민도 철수시켰다.

캄보디아에서 철수 중인 베트남군

자료: blog.daum.net

1978년: 정권 교체 준비

베트남의 무력행사가 가라앉아, 베트남이 철군하자 캄보디아 정부는 1975년 4월 17일 '미국 제국주의의 패배'와 똑같이 민주 캄보디아가 대승을 거두었다고 자찬했다. 뿐만 아니라 그들은 1월 6일 합병주의자들에 대한 승리로, 베트남 침략군들이 자신들에게 우리 국민과 국가, 캄보디아 공산당과 캄보디아 혁명군의 힘, 인민 전쟁에 대한 당의 노선에 더 큰 자신감을 주었다고 주장했다. 또한 캄보디아 지도부는 한 명의 캄보디아군은 30명의 베트남군과 똑같다. 그래서 캄보디아가 800만 인구 중 200만 대군을 일으킨다면, 베트남 인구 5,000만 명을 쓸어버리고도 600만 명이 남을 것이라고 주장했다.

실제로 캄보디아 지도부들은 단순히 자국과 베트남에서의 인구 상태를 무시하고 있었다. 베트남인들은 가난해도 신체적 조건이 양호했지만, 캄보디아인들은 수년간의 노동과 기아, 질병으로 인해 신체적·정신적으로 지쳐 있었다.

베트남의 철수와 파리 평화협정의 체결

베트남 지도부가 크메르 루주 정권을 배제하기 위해 캄보디아로 침공을 개시한 1978년, 베트남 정권은 국제사회의 부정적인 반응을 예상하지 못했다. 하지만 침공 후에 일어난 사건에서 베트남 지도부는 자신들의 목적에 대한 국제적인 공감에 큰 차이가 있음을 알게 되었다. 베트남을 후원하는 대신, 거의 대부분의 UN 가맹국은 캄보디아에 대한 베트남의 무력사용을 공공연히 비

난했다.[2]

또 붕괴한 크메르 루주 조직을 부활하려는 움직임도 있었는데, 당연히 군사적인 문제로서 캄보디아는 국제사회에서 베트남에 대한 경제적 문제와 외교문제로 급속히 발전했다. 베트남이 인접국인 캄보디아를 점령한 10년을 통해 베트남 정부는 베트남이 조직했던 PRK 정권이 국제사회에서 지탄당함을 알았다.

캄보디아에 대한 국제사회의 정치적 입장은 이제껏 길게 이어져 온 분쟁으로 인해 이미 황폐화된 베트남 경제에 심각한 영향을 주었다.

캄보디아의 저항전선 세 리더 시아누크(좌측), 손 산(중앙), 키우 삼판(우측)

자료: m.blog.naver.com

당시 베트남에 대한 제재를 실시했던 미국은 베트남과 캄푸치아 인민공화국이 세계은행과 아시아 개발은행, 국제통화기금 같은 주요한 국제기관에 가맹하는 것을 거부하고 다른 UN 가맹국에 대해서도 국채를 받지 말라고 설득했다.

2 도위창, 동양전쟁사 캄보디아 · 베트남전쟁 4, 2016.12.26.

1979년에 일본은 베트남에 대한 경제원조를 모두 연기하는 것으로 압력을 행사했고, 또 베트남 지도부에 대해 경제원조는 캄보디아와 중소대립, 보트피플 문제에 대한 정책을 수정하지 않으면 재개할 수 없다고 경고했다. 스웨덴은 서방에서는 가장 베트남에 충실했던 지원국이긴 했지만 사실상 모든 나라가 원조를 중단하면서 공산주의 세력권에 대한 관여를 축소하기로 결정했다.

외교 압력에 더해 1975년부터 베트남 정부가 실시한 국내 정책은 베트남의 경제성장을 자극시킬 만한 효과가 거의 없다는 것을 증명했다. 소련식의 계획경제를 구축하면서 농업과 경공업 부문의 생산이 정체되는 등, 베트남은 중공업의 발전을 최우선시했고 더욱이 총 인구의 변동으로 생산고가 감소하면서 재통일 후 남베트남의 경제국유화 정책은 혼돈만을 초래했다.

이러한 경제정책의 실패에 더해, 126만 명의 병력을 보유한 세계 5위의 군사력을 베트남은 유지하고 있었다. 이에 매년 120억 달러의 군사원조를 소련으로부터 받긴 했지만 베트남 정부는 군대 유지와 캄보디아에서의 작전에 예산의 3분의 1을 허비해야 했기에 이것은 다시 베트남의 경제재건을 방해했다.

국제적인 압력을 받은 베트남은 여러 지역의 저항집단과 쉴 새 없는 약체화된 분쟁에서 벗어나기 위해 1982년부터 캄보디아에서의 부대철수를 개시했다. 그러나 베트남이 지휘하는 철수과정은 국제사회의 확인이 없어 이 때문에 외국의 감시단은 베트남군의 움직임을 단순한 부대교체 정도로 취급했다. 캄보디아에서의 철수를 위해 베트남은 1984년에 K5 계획이라 알려진 5단계의 전략을 표명했는데, 이 전략은 베트남의 캄보디아 작전을 지휘했던 레둑아인 장군에 의해 실시되었다. 제1단계는 베트남군이 캄보디아와 태국의 국경 연안 무장집단의 기지를 포착하는 것이었다.

제2단계는 태국과 그 국경의 저항집단을 격파하고 주민의 안전을 꾀하며

캄보디아에서 철수하는 베트남군

캄푸치아 인민혁명군을 구축해 국경을 봉쇄하는 것이었다.

외국의 감시단은 1984~1985년의 건기의 공격에서 K5 계획의 제1단계를 완료하고 몇 곳의 반베트남 저항집단의 베이스 캠프를 점령한 것으로 믿었다.

그 후 베트남의 주요한 10개 사단은 지역주민을 확보하며 캄푸치아군을 훈련시켜 마을에 남기고 국경에서의 작전에 종사했다. 1985년까지 베트남은 국제적인 고립과 경제적 빈곤으로 인해 소련에서 보내온 원조만을 기댈 뿐이었다. 1979년 2월의 중국의 침공 시 소련은 14억 달러 상당의 군사원조를 베트남에게 실시했고, 1981년부터 1985년엔 원조액이 17억 달러에 달하였다.

또, 그 사이 베트남이 제3차 5개년계획1981~1985년을 실행하면서 소련은 원조를 실시해 베트남 정부에게 총액 54억 달러를 제공하여 경제원조는 매년 18억 달러에 달했다. 소련은 원료품에 관해서는 베트남의 요구의 90%, 또 곡물수입의 70%를 부담했다. 수치상으로 소련은 믿을 만한 우호국이었지만 소련 지도부의 내심은 캄보디아에서 몰린 하노이의 처리에 불만을 안고 있었다.

소련 스스로도 아직 경제개혁을 경험 중이었기에 베트남에 대한 원조계획의 부담으로 피로를 느끼고 있었다. 1986년에 소련정부는 우호국으로의 원조를 감액한다고 발표하여 베트남 역시 경제원조의 20%를 삭감당하고 군사원조의 3분의 1을 잃어야만 했다. 국제사회로의 재진입과 소련 및 동유럽의 개혁으로 불거진 경제문제 해결을 위해 베트남 정부는 일련의 개혁을 결정했다.

1986년 12월의 제6회 당 대회에서 새로이 베트남 공산당의 총서기로 임명된 응우옌 반린은 베트남의 경제문제를 개선하기 위해 베트남어로 쇄신을 뜻하는 <도이모이>라 알려진 주요한 개혁안을 제출했다. 하지만 베트남 지도부는 베트남의 가혹한 경제상황은 1978년의 캄보디아 침공에 따른 국제적인 고립의 결과로, 도이모이를 성공시키려면 급격한 방위와 외교정책의 수정이 필요하다고 자각했다.

베트남-소련 우정노동문화궁전

자료: yna.co.kr

그 후 1987년 6월에 베트남 공산당 정치국은 국제적인 의무에서 베트남군의 완전철수와 60만 명의 군축, 군사비의 비율확립을 위한 결의 제2호로 인해 새로운 방어전략을 채택했다. 그 후 1988년 5월 13일에 베트남 공산당 정치국은 외교정책에 관한 결의 제13호를 통과하여 베트남의 대외관계 변화와 다각화를 추진하게 되었다. 주된 목표는 UN 가맹국으로부터 부과된 통상금지를 해제하고, 동남아시아와 국제사회와 융화하고 최종적으로는 외국의 투자와 개발원조를 불러일으키는 것이었다. 이 개혁의 일환으로 베트남은 미국을 오랜 원수, 중국을 위험한 적으로 보는 것을 그만두었다.

그리고 베트남 당국의 선전도 아세안을 북대서양조약기구 같은 가짜 기구라고 비난하는 것을 멈추었다. 새로운 개혁을 실시하며 베트남은 소련의 지원을 받아 7만 명 이상의 병력을 보유한 캄푸치아 인민혁명군KPRAF에게 수년 분의 무기를 양도하기 시작했다. 이때 베트남 지도부는 지원하는 무기를 현상유지용으로 쓰라고 하면서 새로운 작전을 세워 전쟁에 나서지 말라고 조언했다. 1988년에 베트남은 캄보디아 국내에 약 10만 명의 병력을 유지했지만 외교의 해결로 본격적인 병력철수를 개시했다. 1989년 4월부터 7월에 베트남 병사 24,000명이 귀국했다. 그 후 1989년 9월 21일부터 26일까지 베트남의 캄보디아에 대한 관여는 정

베트남 개혁 · 개방 정책인 '도이모이'를 이끈 도 무오이 전 공산당 서기장

자료: yna.co.kr

식으로 종지부를 찍어 남은 26,000명이 철수했다. 약 10년간의 점령 시 베트남군은 15,000명이 사망하고 3만 명이 부상당했다.

한편, 이전인 1985년 1월 14일에 훈 센은 캄푸치아 인민공화국 수상으로 임명되어 민주 캄푸치아 연합정부의 각 파와 평화협상을 개시했다. 1987년 12월 2일부터 4일까지 훈 센은 캄보디아의 장래를 이야기하기 위해 프랑스에서 시아누크와 회담했다. 다시 1988년 1월 20일부터 21일에 회합이 열려 훈 센은 시아누크에게 곧바로 캄보디아로 귀국하는 것을 조건으로 캄보디아 정부 내의 지위를 제안했다.

훈 센 캄푸치아 인민공화국 수상

하지만 시아누크는 귀국 시 훈 센이 정한 틀에서 정비되어지는 것에 이 제안을 거절했다. 실패했다고 생각한 훈 센의 캄보디아 정부는 함께 론 놀 정권의 각료였던 쳉헝과 인탐을 설득하여 캄보디아로 귀국시킬 수 있었다. 캄보디아에서의 평화 재구축을 향한 최초의 중요한 단계에서 CGDK 대표단과 PRK 대표단은 1988년 7월 25일의 제1회 자카르타 비공식회의에서 처음 얼굴을 마주했다.

자료: www.seoul.co.kr

이 회합에서 시아누크는 3단계의 계획을 제안하였는데, 먼저 정전, 그리고 베트남군의 철수를 감독할 UN 평화유지활동, 마지막으로 캄보디아 내의 모든 무장세력의 각 파를 단일의 군대로 통합한다는 것이었다. 한편 베트남의 응우옌 코탁 외무상은 관계한 모든 정당에 대해 캄보디아의 문제를 국내와 국외의 면에서 나누어야 한다고 주장했다.

이에 평화의 재구축을 개시함에 앞서, 베트남 대표단은 2단계 계획을 제안하여 먼저 캄보디아 각 파벌에 의한 국내토론을 시작하고 이어서 관계국 모두와의 원탁회의를 실시하자고 했다. 베트남의 제안은 회합에서 지지를 받긴 했지만 합의에는 이르지 못했다.

1989년 2월 19일에 제2회 자카르타 회의에서 호주의 에반스 외무장관은 캄보디아의 평화계획을 추진했다. 그는 정전과 평화유지군, 선거가 이루어질 때까지 캄보디아의 주권을 유지하는 연합정부의 창설을 제안했다. 1989년 4월 29일부터 30일의 베트남 철수 전날 밤, 평화합의를 쉽게 하기 위해 훈 센은 신헌법을 채택하는 국민의회의 회의를 소집하여 모호한 국가주권의 상태를 반영한 캄보디아국으로 개명했다. 그리고 불교를 다시 국교로 정하고 시민의 사유재산을 보장하기로 했다.

그러나 그 사이에도 1989년에 파리에선 캄보디아에 관한 제1회 파리 평화회의가 개최되어 무장집단 각 파의 평화협상이 이어졌다. 1990년 2월 26일, 베트남군의 철수에 이어 제3회 자카르타 비공식회의가 개최되어 최고국민평의회가 캄보디아 주권을 지키기 위해 창설되었다.

원래 최고국민평의회는 12개 의석을 나눠 3석을 CGDK 각 파에게 분할하고 3석을 친베트남계의 캄푸치아 인민혁명당에게 주기로 했었지만 훈 센이 협정안에 이의를 제기하여 대신 CGDK 각 파에 2개 의석씩 6개 의석을 주고 캄푸치아 인민혁명당에겐 6개 의석을 보유할 것을 요구했다. 1991년에 최고국민평의회가 UN총회에서 캄보디아를 대표하여 정치가 개시되었다.

훈 센은 당이 민주조직임을 표명하고, 혁명투쟁을 폐기함으로써 캄푸치아 인민혁명당을 <캄보디아 인민당>으로 개칭했다. 1991년 10월 23일에 최고국

새로운 캄보디아의 재건을 위해 각 파의
통일을 제안했던 훈 센

자료: blog.daum.net

민평의회의 캄보디아 각 파는 베트남과 캄보디아와 관련한 국제평화회의의 15개국과 함께 파리 평화협정에 조인했다.

캄보디아인들에게 있어서 캄보디아 각 파의 지도자 간에는 반목의 분위기가 남아있긴 했지만 20년간의 전쟁과 13년간의 내전이 끝나는 것처럼 보였다. 이 협정에 크메르 루주를 참가시키기 위해 주요국은 1975년부터 1979년까지의 시절에 민주 캄푸치아 정부가 취한 행동을 <집단살육>이라는 말의 사용을 피하기로 합의했다.

그 결과, 훈 센은 파리 평화협정이 완벽함과는 거리가 멀다고 비판하고 크메르 루주 정권에 의해 실시된 잔학행위를 캄보디아 인민들에게 상기시키는 것을 실패했다고 여겼다. 하지만 파리 평화협정에서 UN 안보리결의 제745호에 의해 UN 캄보디아 잠정통치기구UNTAC가 창설되어 캄보디아 정부가 민주적으로 선출되기 전까지 주요한 정책과 통치업무를 감독하기로 했다.

1991년 11월 14일, 시아누크는 선거에 참가하기 위해 귀국했고 며칠 후 프놈펜에 선거사무소를 차리기 위해 크메르 루주의 손 산이 도착했다. 11월 27일에 키우 삼판도 방콕에서 캄보디아로 귀국하였지만 키우 삼판이 탄 비행기가 프놈펜 국제공항에 도착했을 때 학살 당시 생존한 민중들의 강한 분노와 욕설과 마주했다.

키우 삼판이 시내로 나가자 다른 무리가 사무소를 향하면서 차에 돌을 던지기도 했다. 사무소에 도착한 키우 삼판은 바로 중국정부에 구원요청의 전화를 걸었다. 얼마 후 분노한 군중들이 건물 내로 침입하여 키우 삼판을 찾아내 천장의 선풍기 팬에 목을 내걸려했다. 결국 키우 삼판은 얼굴이 피범벅이 되어 사다리로 건물을 탈출해 바로 공항으로 달려가 캄보디아를 탈출했다. 이에 키우 삼판의 도망으로 크메르 루주의 선거참가도 애매모호하게 되어버렸다. 1992년 3월에 캄보디아에서 UNTAC는 22개국에서 부대와 6,000명의 직원, 경찰관 3,500명, 1,700명의 문관, 선출된 지원봉사자 등 총 22,000명의 UN 평화유지요원의 도착으로 임무가 시작되었다.

이 임무는 전 UN 사무차장이던 아카시 야스시 明石康에 의해 주도되어, 1992년 6월에 크메르 루주는 정식으로 캄푸치아 국민연합당을 결성하였지만 다가오는 선거에는 참여하지 않는다고 발표했다. 또 크메르 루주는 파리 합의에 기초한 무장해제도 거부했다. 그리고 베트남족이 선거에 참가하는 것을 방해하기 위해 크메르 루주는 대량의 베트남인이 캄보디아를 탈출하게끔 베트남인의 학살을 개시했다.

크메르 루주는 1992년 말에 UN 평화유지군이 완전히 포진하기 전에 전략적인 우위를 얻을 목적으로 캄퐁톰으로 침공했다. 이에 선거 전에 각국의 UN 부대가 크메르 루주가 지배한 영역에 들어가기 위한 공세에 나섰다. 선거기간 중에 크메르 루주가 저지른 협박에도 불구하고 1993년 5월 28일, 훈신펙캄보디아민족연합전선은 캄보디아인민당의 38.23%에 대해 45.47%를 얻어 승리했다. 확실한 패배였지만 훈 센은 선거결과를 받아들이길 거부하여, 이 때문에 국방성은 캄보디아인민당을 지지한 캄보디아 동부 각 주의 분리를 발표했다. 훈신펙의 지도자로 시아누크의 아들인 노로돔 라나리드 왕

손산

자료: ko.wikipedia.org

자는 국가를 붕괴시키지 않게 하기 위해 캄보디아인민당과 연합정부 수립에 합의했다.

　1992년 9월 21일, 캄보디아 입헌국회는 신헌법을 승인하여 라나리드가 제1수상이 되었고, 훈 센이 제2수상으로 임명되었다. 그 전인 1991년 9월 23일에 노로돔 시아누크를 국가원수로 하는 입헌군주제가 재구축되어 국명을 <캄보디아 왕국>으로 제정했다. 1994년 7월에 캄보디아 정부는 파리협정에 반한 행동을 계속하던 크메르 루주를 비합법화하였다. 가장 중요한 것은 캄보디아 정부가 민주 캄푸치아 정부가 저질렀던 집단학살과 잔학행위를 명확히 인지하고 있었다는 점이었다. 이

중국과 베트남의 관계와 분쟁

자료: hansang1006.tistory.com

는 후에 반군이 된 크메르 루주의 소탕전으로 이어지게 된다. 한편 베트남은 1990년 9월 상순에 도 무오이 수상과 응우옌 반 린 총서기, 팜반동 전 수상이 청두成都로 건너가 그곳에서 중국의 리펑李鵬 수상과 장쩌민江沢民 총서기와 비밀회담을 가졌다.

　1990년 9월 17일, 보응우옌잡 장군은 중국을 방문하여 중국정부에 대하여 조력에 감사를 표시했다. 베트남은 중국과의 외교 관계에 관한 개선에 표면적으로 조인을 환영하였지만, 베트남 지도부는 프놈펜의 괴뢰정권을 약체화시키는 평화계획을 승인할 수는 없었다. 그러나 1990년 2월의 제3회 자카르타 비공식회합에서 캄보디아 4개 파가 권력의 공유에 대한 윤곽을 밝히며 합의에 도달했다. 이로 인해 베트남과 중국은 급속히 정식 외교 관계의 재구축에

나섰다. 1991년 11월에 새로이 선출된 베트남의 보반키엣 수상은 베이징으로 향하여 중국의 리펑과 만나 정식 외교 관계를 구축하지 않고 10년 후에 양국 간의 외교 관계를 재구축하기 위한 11개 조항의 공동성명을 발표했다.

캄보디아 분쟁의 종결로 1979년부터 아세안이 취한 통상금지와 원조금지 도 해제되어 1990년 1월에 태국과 인도네시아는 아세안 가맹에 대한 베트남 의 지원을 표명했다. 1991년 후반부터 1992년에 이르기까지 베트남은 아세안 국가들과 관계를 수복하여 그 결과 아세안의 투자 자금이 베트남 국외투자 의 약 15%를 점유하게 되었다.

명백한 경제발전과는 별개로, 아세안은 냉전 후 베트남의 대외적 위협에 대 해 안전보장을 준수하는 평화적인 환경 만들기에도 나서 이에 베트남도 합의 해 1995년 7월 28일에 베트남은 아세안의 7번째 가맹국으로 공식 등극했다. 그리고 이 해 8월에는 하노이의 미국 연락사무소가 빌 클린턴 대통령의 베트 남 국교정상화를 계기로 대사관으로 격상되었다.

클린턴 당시 미국 대통령이 베트남을 방문했다. 1969년 이래 미국 대통령의 방문은 처음이었다.

자료: hansang1006.tistory.com

Chapter 06

베트남전쟁

3년의 폭정으로
100년이 무너지다

01
개 요

베트남전쟁Vietnam War은 제1차 인도차이나전쟁1946년 12월 19일~1954년 8월 1일 이후 분단되었던 베트남에서 1955년 11월 1일부터 1975년 4월 30일까지 사이에 벌어진 전쟁이다. 이 전쟁은 분단된 남북 베트남 사이의 내전임과 동시에 냉전시대에 자본주의 진영과 공산주의 진영이 대립한 대리전쟁 양상을 띠었고, 1964년 8월부터 1973년 3월까지는 미국 등 외국 군대가 개입하고 캄보디아 · 라오스로 전선이 확대되어 국제전으로 치러졌다.

베트남전쟁은 남베트남 민족해방전선의 게릴라전과 북베트남 정규군인 베트남인민군의 정규전이 동시에 전개되었다. 1964년 8월에 미국이 통킹만 사건을 구실로 개입함으로써 국제전으로 확대되었고, 1965년에 미국, 대한민국 등이 지상군을 파병하였다. 이후 8년간의 전쟁 끝에 1973년 1월에 프랑스 파리에서 평화협정이 체결되어 그 해 3월 말까지 미군이 전부 철수하였고, 1975

자료: ppss.kr

년 4월 30일에 사이공 함락으로 북베트남이 무력 통일을 이뤄 1976년에 베트남 사회주의공화국이 선포되었다.

이 전쟁은 제공권을 장악한 압도적 군사력의 미군이 폭격과 공습, 포격, 수색 섬멸 작전 과정에서 네이팜탄과 같은 대량살상무기를 투하하고 고엽제 등 화학무기를 사용하여 무차별적으로 민간인을 희생시킴으로써, 미국 내에서 반전운동을 촉발시켰을 뿐만 아니라 미국의 국제적 군사개입에 대한 정당성에 큰 타격을 입혔다.

02

/

명 칭

베트남 사회주의공화국은 이 전쟁을 베트남전쟁 또는 대미항전對美抗戰이라
고 부른다. 미국에서는 일반적으로 베트남전쟁Vietnam war으로 칭하지만, 프랑
스와 베트남이 치른 전쟁이었던 제1차 인도차이나전쟁의 연장선에서 제2차
인도차이나전쟁second Indochina war이라 부르기도 한다. 대한민국에선 흔히 월남
전으로 부른다.

베트남전쟁: 냉전, 인도차이나전쟁의 일부

프랑스령 인도차이나

베트남 마지막 왕조였던 응우옌 왕조는 쩐 왕조를 무너뜨리고 새 왕조를 세울 때 프랑스의 지원을 받았다. 당시 프랑스는 인도 식민지 각축에서 영국에게 패한 뒤 베트남으로 눈을 돌리고 있었다. 그러나 미국전쟁으로 비롯된 경제 위기로 당장에 식민지화 정책을 펴지는 못하였고, 소극적인 통상과 로마 가톨릭교회 선교사 파견에 그쳤다.

응우옌 왕조는 새 왕조를 세운 뒤 배외 정책을 폈고, 2대 황제였던 민망明命에 이르러 로마 가톨릭의 선교를 금지하고 프랑스 선교사를 처형하였다. 프랑스는 이를 빌미로 인도차이나 반도를 식민지로 만들기 시작하였다. 1843년 프랑스의 외무장관 프랑수아 기조는 장바티스트 세실 제독과 레오나르 샤

1905년 판보이쩌우가 펴낸 《월남망국사》는
청과 한국의 민족주의자에게도 많은 영향을 주었다.

자료: ko.wikipedia.org

르네르 Léonard Charner 대령의 지휘하에 베트남에 함대를 파병하였다. 프랑스는 코친차이나를 할양받은 이후 차츰 식민지를 확대하여 1887년 베트남과 캄보디아, 라오스를 병합한 식민지인 프랑스령 인도차이나를 설립하였다. 프랑스령 인도차이나는 제2차 세계대전이 끝난 1945년까지 계속되었다.

응우옌 왕조가 무너진 뒤 베트남에서는 지속적인 독립운동이 있었다. 1885년 관군이 프랑스군에 패하자 응우옌 왕조의 관원이었던 쯔엉딘은 의병을 일으켜 싸웠다. 그는 수차례 프랑스군에게 승리를 거두기도 하였지만, 결국 수세에 몰려 자결하였다. 무장 투쟁이 실패로 돌아간 뒤에는 문신들에 의한 근왕운동이 있었고, 근왕운동이 실패한 뒤에도 판보이쩌우와 같은 민족주의자들이 항불 독립운동을 지속하였다.

제2차 세계대전이 일어나자 프랑스는 자국의 방어를 위해 프랑스령 인도차이나에 있던 군대를 송환하였으며, 이 공백기를 틈타 일본군이 베트남을 점령하였다.

1930년 호치민이 결성한 베트남 공산당과 1941년 결성된 비엣민은 프랑스의 식민지였던 프랑스령 인도차이나의 독립을 위해 무장투쟁을 하고 있었으며, 제2차 세계대전 기간에는 일본 제국의 점령군과 싸웠다. 제2차 세계대전 기간 동안 호치민은 비엣민에 대한 중화민국의 중국 국민당 정부와 미국의 승인을 얻어내었다. 미국의 전략사무국은 일본에 대항하는 비엣민을 지원하였으나, 1945년 프랑스 측이 비엣민이 공산주의 조직이라고 문제를 제기하자 지원을 중단하였다.

제1차 인도차이나전쟁

> "모든 사람은 평등하게 태어났다. 사람들은 모두 생명, 자유, 행복을 추구할 천부의 권리를 조물주로부터 부여받았다."
>
> — 〈베트남 독립 선언〉의 서문, 호치민 – 1945년 9월 2일, 하노이, 바딘 광장

호치민은 1945년 9월 2일 일본이 항복문서에 조인한 날에 맞추어 베트남 민주공화국을 세우고 독립을 선언하였다. 호치민은 베트남 독립 선언의 첫머리에서 미국 독립 선언의 구절을 차용하여 천부인권을 선언하였다. 또한, 미국의 전략사무국 책임자로서 1945년 4월부터 대일전쟁을 함께 하였던 아르키메데스 페티 소령을 귀빈석에 초대하였다. 호치민은 트루먼 독트린에 입각하여 미국이 베트남 민주공화국을 승인해주기를 희망하였다. 베트남전쟁과 관련된 미국 국방부의 비밀 보고

매복 중인 프랑스 군인(1952년)

자료: ko.wikipedia.org

서인 《펜타곤 페이퍼》에서는 "1945년 말에서 1946년 말까지 프랑스와 베트남이 소강상태를 보일 때 호치민은 백악관에 정부의 승인을 요청하는 전문을 계속하여 보냈다. 하지만 호치민은 아무런 회신을 받지 못하였다."고 기록하고 있다.

한편, 프랑스는 베트남의 독립을 인정하지 않고 응우옌 왕조의 마지막 황제 바오 다이를 내세워 베트남국을 세웠다. 결국 베트남 민주공화국과 프랑스 사이에 제1차 인도차이나전쟁이 일어났다. 8년간 계속된 제1차 인도차이나전쟁은 1954년 5월 7일 디엔비엔푸 전투에서 프랑스가 궤멸적인 패배를 맞아 종결되었고 1954년 4월 26일부터 7월 21일까지 열린 제네바 협정을 통해 평화협정을 맺게 되었다. 제네바 협정 의장국이었던 영국의 외무장관은 '회의 최종 선언'을 발표하여 통일된 베트남을 수립하기 위해 1956년 7월 이내에 보통선거를 진행한다고 규정하였다. 이는 한반도 분단 상황에서 1947년 11월 14일 유엔이 의결하였던 총선거 방식을 준용한 것이다.

호치민(1947년)

자료: vi.wikipedia.org

제1차 인도차이나전쟁 이후 정전 협정의 준수를 감시하기 위해 캐나다, 인도, 폴란드로 구성된 국제조정위원회가 조직되었다. 하지만 캐나다는 사실상 미국이 원하는 대로 활동하였다. 제1차 인도차이나전쟁에서 프랑스를 지원했던 미국은 프랑스가 물러난 뒤 공산화된 중국을 견제할 전략적 요충지로서 베트남을 바라보았고, 도미노 이론을 내세워 베트남에 반공정부가 세워져야 한다는 입장을 고수하였다.

🏺 베트남 공화국의 수립과 분단

1954년 5월 미국은 남베트남에 대한 경제 원조 계획을 발표하였고, 12월 23일에는 미국, 프랑스, 남베트남 간의 상호 방위 조약을 추진하였다. 당시 미국은 냉전에 의한 소련과의 대립 속에서 베트남 문제를 파악하고 있었다. 하지만, 이러한 미국의 군사 보호는 베트남 남북 모두의 군사 동맹 가입을 제한한 제네바 협약을 어긴 것일 뿐만 아니라, 제국주의로부터 독립을 쟁취하려는 베트남인들의 의사에도 반하는 것이었다.

당시 바오 다이의 베트남국은 이미 국정 운영능력을 상실하여 민심 이반이 극에 달해 있었다. 1955년 1월 미국은 군사고문단을 파견하면서 새로운 정권이 필요하다고 판단하고 응오딘지엠을 지지하기 시작하였다. 그러나 바오 다이는 왕위를 내줄 생각이 없었고 미국과 갈등을 빚기 시작하였다.

한편, 1955년 6월 6일 북베트남의 호치민 정부는 제네바 협정의 규정에 따라 베트남 통일 정부 구성을 위한 선거를 실시하기 위한 협의를 촉구하였다. 그러나 6월 28일 미국의 국무장관 덜레스는 적당한 전제 조건 없이는 투표를 할 수 없다고 거부하였다. 결국 미국은 1955년 10월 23일 남베트남 지역의 국민 투표를 실시하였다. 바오 다이의 베트남국에 염증을 느끼고 있던 남베트남 사람들은 왕국의 폐지와 공화국의 수립을 묻는 국민 투표를 환영하였다. 남베트남에서 45만 명의 유권자가 참가하였고 사이공에서는 98.2%의 높은 투표율로 60만 5,025표가 등록되었다.

선거 이후 10월 26일 바오 다이가 폐위되고 응오딘지엠을 대통령으로 하는 베트남 공화국이 수립되었다. 남베트남인들은 새로운 정부를 지지하고 기대하였으나, 1년 후 지엠 정권의 부패와 실정에 실망하였고 반정부 시위가 잇따

응오딘지엠

자료: ko.wikipedia.org

르게 되었다. 이로써 베트남의 남북 분단은 고착화되게 되었다.

베트남인들은 응오딘지엠 정권을 미국의 괴뢰정권으로 인식하였고, 원조에 의존하는 남베트남의 경제는 정부의 부패로 인해 제대로 작동하지 않았다. 이러한 사정은 농민들이 남베트남 민족해방전선을 지지하는 요인이 되어 남베트남에서는 크고 작은 시위와 무장 봉기가 그치지 않았다. 한편, 호치민이 이끄는 베트남 민주공화국^{북베트남}의 공산주의 정치에 불안을 느낀 북부 지역의 로마 가톨릭 신자들 약 80~100만 명이 남부로 이주하여 왔고, 이들에 대해 편향적인 종교 정책을 취한 응오딘지엠 정권은 불교와 극심한 갈등을 겪게 되었다.

내전에서 대리전쟁으로

북베트남은 미국이 원하는 분단 고착을 인정하지 않았으며 남베트남 민족해방전선의 무장 봉기를 지원하였다. 미국은 남베트남이 자력으로 국가를 유지할 수 없을 것이라고 판단되자 1964년 통킹만 사건을 빌미로 직접 베트남전쟁에 개입하였다.

미국 개입 이전에 있었던 북베트남과 남베트남 사이의 교전은 제네바 협정의 불이행에 따른 내전의 성격이 강했다. 그러나 미국이 직접 개입하고 대한민국, 태국 등의 국가가 지원군을 보내는 한편, 소련 역시 직·간접적으로 북베트남을 지원하면서 베트남전쟁은 냉전 구도에 따른 대리전쟁의 양상을 띠게 되었다.

제네바 협정(1954년)

자료: ko.wikipedia.org

지엠 정권의 독재

응오딘지엠은 독실한 로마 가톨릭 신자이자 철저한 반공주의자였다. 역사학자 루도안후인Luu Doan Huynh은 "지엠은 편협하고 과격한 민족주의를 앞세운 독재정권이었고 친족들로 권좌를 채우는 네포티즘을 펼쳤다."고 평가하고 있다. 지엠은 동생 응오딘뉴를 수석보좌관 겸 비밀경찰 책임자로 세웠고, 독신이었던 지엠은 국가 의전에서 누의 아내 마담 누를 퍼스트 레이디로 삼았으며, 마담 누의 아버지는 미국 대사로, 어머니는 유엔 참관인으로 보냈다. 자신의 친형은 후에베트남 중부에 위치한 도시로 트어티엔후에성의 성도의 추기경으로, 다른 2명의 형제들은 지방의 권력자로 임명하였으며, 사촌과 일가친척 역시 주요 요직에 등용하였다.

응오딘지엠은 부유한 가톨릭 엘리트였고 식민지 정부의 관리였다. 이 때문에 다수의 베트남인들은 지엠을 프랑스 지배의 연장으로 인식하고 있었다. 게다가 베트남인 대다수가 믿고 있던 불교를 탄압하고 베트남을 가톨릭 국가로 만들려 한 지엠 정권의 종교 정책은 많은 반감을 불러일으켰다.

응오딘지엠

자료: ko.wikipedia.org

1955년 초 여름 지엠은 반공 정책을 강화하여 공산주의자뿐만 아니라 다른 반정부 인사들을 체포, 구금하고 고문하거나 처형하였다. 지엠은 정권에 반대하는 어떠한 움직임도 모두 공산주의로 몰았으며, 1956년 8월 다수의 반대 인사들이 사형 당하였다. 지엠 정권의 정치적 박해로 죽임을 당한 사람은 1955년에서 1957년 사이 12,000명에 달했고, 1958년까지 정치범으로 감옥에 수감된 사람의 수는 약 4만 명이나 되었다. 지엠 정권의 반공을 앞세운 독재는 민심 이반을 불러 대다수의 베트남인들이 남베트남 민족해방전선을 지지하는 결과를 가져왔다.

응오딘지엠의 가장 큰 실책 가운데 하나는 토지개혁 실패였다. 북쪽 베트남 민주공화국이 공포정치라는 비난을 받으면서도 비엣민 시기 협력의 대상이었던 민족주의적 지주까지 예외 없이 토지개혁을 단행하였던 것과는 달리, 지엠 정권은 별다른 토지개혁을 하지 않아 농민들의 이반을 자초하였다. 베트남의 대표적인 농업지역인 메콩 강 삼각주를 비롯한 농지는 프랑스 식민지 시기 이래 지역 인구의 2%인 지주가 전체 토지의 45%를 차지하고 있었다. 그러

자료: ko.wikipedia.org

나 지엠 정권이 실시한 토지개혁은 매우 미약한 것이었다. 1956년 미국의 압력으로 발표한 토지개혁은 지주의 토지 보유 면적을 1.15km²로 제한하였으나, 지주들이 가족에게 토지를 이양하는 것을 허용하여 사실상 토지개혁 자체가 무용지물이 되었다. 결국, 남베트남의 토지개혁으로 이익을 본 소작인은 10% 정도에 불과하였다. 이와 같은 남북의 토지개혁 차이는 농민들이 남베트남 민족해방전선을 지지하는 이유가 되었다.

1957년 5월 응오딘지엠은 미국을 방문하였다. 당시 미국 대통령이었던 아이젠하워는 응오딘지엠과 함께 뉴욕 시에서 퍼레이드를 열었고 지엠 정권에 대해 계속하여 지지하겠다고 약속하였다. 공식적인 환영과 달리, 당시 국무장관 존 포스터 델레스는 사적인 자리에서 지엠 정권의 악행을 알고 있지만 대안이 없기 때문에 계속적인 지지가 필요하다고 말하였다. 훗날 당시 미국의 국방부 장관이었던 로버트 맥나마라는 베트남 공화국의 새로운 후원자인 미국은 베트남 문화에 대해 무지한 상태에서 간신히 몇 마디 말과 역사가 오랜 나라라는 정도만 알고 있었다고 기록하였다. 미국은 베트남에 대한 영화 한 편 없는 상태였고, 응오딘지엠이 서구의 방법을 그대로 가져와 베트남 문제를 풀려는 것은 환상일 뿐이라고 주장하였다.

불교계의 저항

응오딘지엠 정권의 친가톨릭 정책은 베트남 불교계의 저항을 불렀다. 1963년 6월 11일 오전 10시, 베트남 사이공 중심가 도로 한복판에 티엔무 사원의

1963년 6월 사이공에서 틱꽝득의 소신공양

자료: ko.wikipedia.org

틱꽝득釋廣德 스님이 분신자살을 시도했다. 이 충격적인 장면은 AP통신 사진 기자에 의해 해외로 타전되어 서구 사회에 경종을 울리며 전국적인 저항의 신호탄이 된다. 틱꽝득 스님의 분신은 쿠데타의 도화선이 되었다. 1963년 11월 즈엉반민 장군이 일으킨 군사 쿠데타에 의하여 응오딘지엠 정권은 무너지고 피습 후, 병원으로 이송 도중 아우 응오딘뉴興廷柔와 함께 응오딘지엠은 살해된다.

📷 남부 내의 무력 충돌

미국의 아이젠하워 대통령은 제네바 협정에 따른 총선거가 열리면, "아마도 인구의 80퍼센트 가량이 공산주의자 호치민에게 투표하였을 것"이라고 기록하였다. 지엠 정권은 더욱 반대 세력을 탄압하였고 그 때문에 더욱 지지를 잃고 있었다.

지엠 정권은 1954년부터 1960년 사이 체포한 5만여 명의 사람들을 정치범수용소에 구금하였다. 1959년 영국의 학자 P. J. 허니는 정치범수용소를 방문하여 구금된 사람들과 인터뷰를 한 뒤 "정부의 탄압을 받고 있는 이들의 주장 대부분은 공산주의나 용공 세력의 것이라고 하기는 어렵다."고 기록하였다.

《펜타곤 페이퍼》[1]는 "수인들이 '정부가 반대세력을 격리시키기 위한 수용

---

1 《펜타곤 페이퍼(Penagon Papers)》는 제2차 세계대전 때부터 1968년 5월까지 인도차이나에서의 미국의 역할을 기록한 보고서이다. 합계 250만 자료, 총 47권(약 3,000쪽의 설명과 4,000쪽의 부속서류로 구성)으로 구성되어 있으며, 공식 명칭은 '미-베트남 관계: 1945-1967'〈United States-Vietnam Relations, 1945-1967〉이고, 1967년 미국의 국방장관 로버트 맥나마라(Robert S. McNamara)의 책임 아래 작성, 위임된 미국의 국방성 1급 비밀문서이며 대니얼 엘스버그(Daniel Ellsberg)가 이 과정에 참여하였다.

소'에서 공산주의자건 아니건 고문을 받고 있다."고 보고하고 있다. 지엠 정권은 지방의회 선거에서 비엣민이 승리하자 투표 결과 공표를 거부한 채 정부가 직접 지방 정부를 통치하기도 하였다.

지엠 정권은 1954년부터 1957년 사이에 광범위하게 일어났던 각지의 저항을 진압하고 1957년 초 남베트남에 처음으로 평화가 찾아왔다고 공표하였다. 그러나 정부의 발표와는 달리 1957년 중반부터 1959년 사이에도 반정부 무장 투쟁은 증가 일로에 있었다. 1959년 초까지만 하여도 지엠 정권은 이를 "베트남 정부를 부정하는 무질서일 뿐 조직적 활동으로 여기지 않는다."고 표명하였으나, 태도를 바꾸어 10/59 법안을 선포하여 반정부 투쟁 가담자를 사형시키고 재산을 몰수하기 시작하였다. 이 시점에서도 옛 비엣민의 목표는 제네바 협정에 따라 총선거를 이행시키는 것이었다. 이를 위해 옛 비엣민 활동가들은 공산주의자들이나 다른 반정부 활동가들과의 연계 없이 살쾡이 파업을 주도하였다.

📑 남베트남 민족해방전선

1960년 12월 20일 떠이닝 성 떤비엔 현 떤럽 사에서 각 계급, 종교, 민족 대표들로 구성된 〈남베트남 민족해방전선南越南民族解放戰線〉이 결성되었다. 결성 대회는 선언과 10개항의 행동목표를 통과시켰는데, 주 내용은 제국주의

남베트남 민족해방전선의 기

자료: ko.wikipedia.org

미국과 응오딘지엠 정권을 타도하여 독립, 민주, 평화, 중립의 남부를 세워 통일된 조국을 세우자는 것이었다. 남베트남 민족해방전선은 1962년 열린 전체

회의에서도 평화지역 유지, 중립정책 시행, 조국의 평화적 통일을 주장하였다. 남베트남 민족해방전선을 지지하는 세력은 1961년 33개 국가 10개 국제조직에서 1964년 63개 국가 400개 국제조직으로 늘어났다.

훗날 베트콩으로 널리 알려지게 된 것과는 달리 남베트남 민족해방전선은 공산주의자가 아닌 지엠 정권에 반대하는 모든 활동가들도 망라되어 있었다. 《펜타곤 페이퍼》는 민족해방전선이 "미국의 영향력으로부터 벗어나고 토지개혁을 실현하며 베트남 정부의 민주화를 실현하여 연합정부 구성을 통한 베트남을 통일하는 것을 주로 강조하고 있다."고 기록하였다. 민족해방전선은 조직 보호를 위해 비밀결사로 운영되었다.

1961년 2월 15일 남베트남 민족해방전선은 각지에 여러 단위로 나뉘어 있던 전투 부대를 남베트남해방군으로 통합하였다. 같은 해 9월 2일 남베트남해방군 보병 1대대가 설립되었다.

베트남 공산주의자Vietnamese Communist의 경멸 섞인 약자인 베트콩비엣꽁이란 낱말은 남베트남 민족해방전선이 결성되기 이전인 1958년 1월 응오딘지엠이

베트콩 처형사진

자료: dvdprime.com

처음 사용하였다. 지엠은 사이공 북쪽 농장지역을 공격한 농민 게릴라를 베트콩이라 비난하였는데, 당시 지엠은 자신을 반대하는 세력을 모두 공산주의자로 규정하고 있었다. 훗날 남베트남해방군이 게릴라전을 시작하자 지엠은 이들 역시 베트콩이라 불렀는데, 이는 당시까지 이들을 비엣민이라 부르던 여론을 돌리기 위한 것이었다.

📖 북베트남의 개입

북베트남이 1960년 이전에 남베트남 무장 투쟁을 지원하고 조직하였는가에 대해서는 출처마다 서로 다른 입장을 보이고 있다. 케인과 루이스는 다음과 같이 언급하고 있다.

> "미국의 정책적 가정과는 달리 모든 유용한 증거들로 볼 때 1958년 남베트남의 무장 투쟁은 하노이의 개입 없이 독자적으로 발생한 것이다. 남베트남에서 발생한 사이공 정부에 대항한 무력 활동의 지도자들은 하노이로부터 어떠한 지시도 받지 않았다. 오히려, 하노이는 무장 투쟁에 반대하고 있었다."

역사학자 아서 쉬레징거 주니어 역시 "1960년 9월 이전까지 북베트남의 공산당은 미 제국주의로부터 남부를 해방하겠다는 천명을 하지 않았다."고 파악하고 있다. 이에 반해, 제프리 레이스는 "그것은 겉으로 보기에만 아닌 척한 것일 뿐이지 그런 것을 곧이곧대로 믿는 것은 '정말 우스운 일'이다."라고 했다. 앙쩡구안Ang Cheng Guan은 1960년 당시 민족해방전선이 독자적으로 독립을 위해 활동하였고 북베트남이 이에 직접적인 개입을 하지 않았다고 하더라도, 민족해방전선은 제네바 협정을 준수하라는 북베트남의 선전에 강한 영향을 받았다고 서술하고 있다.

1956년 3월 남베트남의 공산주의 지도자 레주언Lê Duẩn은 하노이의 정치국에 〈남부로 가는 길〉이란 제목의 무장 투쟁 계획을 보냈다. 이 계획에 대해 소련과 중국은 모두 반대하였고, 레주언의 계획은 거부되었다. 그러나 제임스 올슨과 랜디 로버츠는《어디에서 도미노가 무너졌는가: 미국과 베트남 1945~1995년Where the Domino Fell: America and Vietnam 1945-1995》에서 북베트남의 지도자들이 1956년 12월 시험적인 무장 투쟁 지원을 승인하였다고 서술하고 있다.

1959년 1월 베트남 공산당은 하노이에서 제15차 전체회의를 개최하였다. 전체회의는 결의를 통해 "남베트남에서 혁명 발전의 근본적인 길은 무장 투쟁의 길이다."라고 표명하였지만, 정치 투쟁을 통한 승리의 희망도 버리지는 않았다. 호치민은 미국의 개입을 불러들일 무장 투쟁에 매우 신중한 태도를 보였다. 베트남 공산당은 레주언을 제1서기로 선출하였으며 〈결의안 15〉를 통해 남베트남의 무장 투쟁을 '인민 전쟁'으로 규정하고, 5월부터 호치민 통로의 정비와 향상을 위한 '559단'을 발족하였다. 559단은 6개월에 걸쳐 라오스 산악지역에 통로를 개척하였다. 호치민 통로가 정비된 첫 해에 500여 명의 '재편성' 인원이 남부로 향했다. 호치민 루트를 통한 군대의 첫 이동은 1959년 8월에 있었다.

북베트남은 1959년부터 1961년까지 3만 명의 병력을 라오스로 보내 라오스와 캄보디아를 지나는 호치민 통로를 만들었다. 약 4만여 명의 병력이 1961년에서 1963년까지 이 통로를 통해 이동하였다. 1964년에는 베트남 인민군 1만여 명이 호치민 루트를 통해 남베트남을 공격하였고, 1965년에는 10만 명에 달했다.

베트남전쟁의 북베트남군 침투 루트

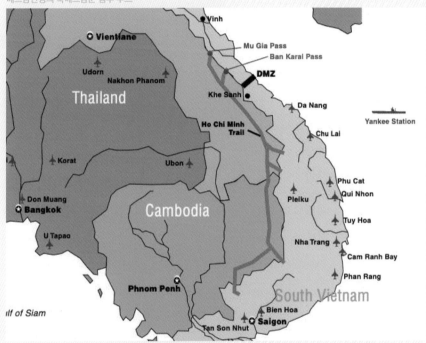

자료: https://vietnam-war-history.com/

05

/

1961~1963년: 케네디의 정책

1960년 미국 대통령 선거 결과 존 F. 케네디가 대통령이 되었다. 전임 대통령 아이젠하워가 베트남과 라오스, 유럽, 라틴아메리카의 상황에 대해 언급하며 "그가 보는 것보다 아시아의 문제는 더 크다."고 경고하였지만, 케네디는 "얼마를 지불하든, 져야 할 짐이 얼마이든, 얼마나 어려운 일이 닥치든, 모든 친구를 지원하고 자유의 승리와 생존을 확약한다."는 야심만만한 공약을 발표하였다. 1961년 6월 케네디는 소련의 니키타 흐루쇼프 수상과 빈 회동을 갖고 베트남 문제를 논의하였으나 합의점을 찾지 못하였다.

케네디 정부는 트루먼 정부와 아이젠하워 정부 이래 계속된 냉전을 바탕으로 한 외교 정책의 핵심 사항들을 유지하였지만 여러 방면에서 실패를 거듭하고 있었다. 특히, 1961년 미국 정부는 피그스 만 침공의 실패, 베를린 장벽의 형성, 파테트라오 결성 등의 삼면 위기 대처에 실패하였다. 이러한 실패 때

1967년 남베트남 군사 구역

자료: ko.wikipedia.org

문에 케네디는 공산주의 확산을 더 이상 막지 못할 경우 미국에 대한 평판과 동맹들의 신뢰가 낮아질 것이라 여겼다. 케네디는 베트남에서 공산주의가 승리하는 것을 막기 위해 '모래 위에 선을 긋기'로 결심하였다. 케네디는 니키타 흐루쇼프를 만난 빈 회동에서 돌아온 직후, 뉴욕 타임스의 제임스 레스턴에게 "지금 우리는 우리 힘이 신뢰받을 수 있도록 만들어야 하는 문제를 갖고 있고, 베트남이 바로 그런 곳이다."라고 말하였다. 케네디 정부는 전임 아이젠하워 정부가 베트남의 문제를 남북 간 대결로 몰고 가려 한 '단순화 전략'이 남베트남 민족해방전선의 활동으로 실패하였다고 보고, 전쟁의 상황에 따라 선전포고 없는 대 게릴라 전쟁부터 시작하여 국지전, 통상전, 전술 핵무기 사용으로 전쟁 수위를 끌어 올리는 '유동성 대응 전략'으로 전략을 수정하였다.

니키타 흐루쇼프와 케네디(오른쪽)

자료: news.kmib.co.kr

케네디의 남베트남 정책은 지엠의 군대가 스스로 게릴라를 완전히 섬멸하여야 한다는 가정에 기반한 것이었다. 케네디는 미군 전투 부대의 파병에 부정적이었는데, "큰 규모의 파병은 군사적 충돌을 일으킬 수밖에 없고, 결국 정치적으로 해결은 어려워져 장기적으로는 군사 점령을 지속하게 될 것"이라 보았기 때문이다. 그러나 남베트남 군대는 형편없는 지경이었다. 무능한 지휘부, 부패, 그리고 정치적 거래가 남베트남군과 정부의 핵심에서부터 만연해 있었다. 1961년 5월, 부통령 린던 B. 존슨은 사이공을 방문한 자리에서 '지엠은 아시아의 윈스턴 처칠'이라 추켜세웠다. 왜 그런 말을 했냐는 질문에 그는 "거기에 우리 편은 지엠 뿐"이라고 답했다.

케네디의 중요한 관심사 가운데 하나는 소련의 우주 미사일 프로그램이 미국의 것을 앞설지 모른다는 것이었다. 장거리 미사일의 수준은 미국과 소련이 대등하였지만, 케네디는 우주 공간을 군사화하여 제3세계에서 일어나는 공산주의 무장 투쟁에 대응하는 것에 관심을 보였다. 베트남의 게릴라들은 프랑스 정규군을 상대로 한 제1차 인도차이나전쟁에서 이미 전선의 후방을 교란하는 것에 익숙해져 있었기 때문에, 케네디는 미국 육군 특수부대와 같은 특수전 부대를 이용하여 특정 전술 목표에서 소규모 전투를 치르고 전장을 빠져나오는 '브러시 파이어Brush fire' 전술이 주효할 것이라고 여겼다.

존 케네스 갈브레이스

자료: blog.daum.net

케네디의 고문이었던 맥스웰 D. 테일러와 월트 휘트먼 로스토우는 미군을 홍수 방제 인원으로 위장시켜 남베트남에 파병하자고 제안하였다. 케네디는 이 제안을 거절하였지만 남베트남에 군사고문을 증파하였다. 1962년 4월 존 케네스 갈브레이스는 케네디에게 "우리가 프랑스군을 대체한 식민지 점령군이 되면 프랑스군처럼 피를 흘리게 될 위험이 있다."고 경고하였다. 1963년, 남베트남에는 16,000명의 미군 병사가 주둔하고 있었는데, 이는 아이젠하워가 권고한 900명을 훨씬 웃도는 것이었다.

전략촌은 1961년부터 세워졌다. 미국과 남베트남이 함께 추진한 전략촌은 농촌 인구를 일정 지역으로 이주시켜 게릴라와 주민을 분리하고 지방에 대한 정부 통제를 강화하기 위한 것이었다. 그러나 전략촌이 세워진 뒤 얼마 지나지 않아 남베트남 민족해방전선의 활동가들이 전략촌에 잠입하기 시작하였다. 지엠 정권의 전략촌 담당자였던 팜응옥타오는 공산주의자들이 가톨릭 교인으로 위장 침투하여 베트남 공화국을 안쪽부터 파괴하고 있다고 주장하였다. 지엠 정권이 토지개혁을 무산시킨 뒤 농민들은 막대한 지대를 지주에게 내고 있었기 때문에 남베트남 민족해방전선을 지지하게 되었다.

1962년 7월 23일, 남베트남과 북베트남, 소련, 중화인민공화국, 미국을 포함한 14개국이 라오스의 중립을 약속하는 조약을 체결하였다. 캄보디아의 시아누크 국왕 역시 중립을 표방하고 있었기 때문에, 베트남 주변국의 상황은 북베트남에게 유리하게 전개되었다.

응오딘지엠의 하야와 죽음

1963년 1월 2일 압박 전투에서 350명 규모의 남베트남 민족해방전선의 게릴라 부대가 1,500명 이상의 남베트남군을 상대하여 승리하였다. 남베트남군을 지원하던 미군은 8대의 APC 장갑차와 15대의 헬기10대는 치누크 헬기였고, 나머지 5대는 UH-1 헬기였다.를 지원해줬다. 이 전투에서 지엠의 총애를 받던 후인반까오 Huỳnh Văn Cao 장군이 지휘하는 베트남 4군은 크게 패하였다. 압박 전투 당시 남

쿠데타 뒤 총격을 받아 사망한 응오딘지엠

자료: ko.wikipedia.org

베트남군 측에서는 83명 이상이 전사하고, 미군 헬기 5대가 파괴됐던 데에 비해, 베트콩 측의 전사자는 18명이었다. 까오는 능력보다는 가톨릭 신자라는 종교적 배경 때문에 발탁된 인물로, 주된 업무는 쿠데타를 방지하는 것이었다. 까오는 게릴라의 공격을 받자 도망가기 바빴다. 워싱턴의 정책결정자들은 지엠 정권이 쿠데타를 억누르는 데 온 힘을 쏟느라 호치민을 상대하여 공산주의를 막는 데는 역부족이라는 생각을 갖기 시작하였다. 1960년부터 1962년 동안 지엠은 쿠데타가 발생할지 모른다는 두려움에 사로잡혀 있었다. 로버트 F. 케네디는 "지엠은 작은 양보도 할 줄 몰랐다. 그는 이성을 잃은 듯하였다."고 기록하였다.

1963년 5월 8일, 석가탄신일을 맞아 후에에서 불교 신자들이 국제불교기를 들고 지엠 정권의 불교 탄압에 항의하는 시위를 벌였다. 남베트남군이 군중들을 향해 총을 쏘았고, 9명이 사망하였다. 후에 펏단 총격 사건으로 지엠 정권에 대한 불교계의 분노가 폭발하였다. 지엠 정권은 애초부터 가톨릭에 우호적인 종교 정책을 펼치고 있었고, 특히 지엠의 형 피에르 마르탱 응오딘툭 Pierre Martin Ngô Đình Thục은 후에의 가톨릭 대주교였기 때문에, 후에에서는 종교와 국가가 분리되지 않는 상황이었다. 지엠 정권 기간 동안 후에에서는 가톨릭에 의해 사찰과 석탑이 파괴되는 일이 빈번하였고 석가탄신일을 기념하는 행사 역시 억압받았다. 총격 사건이 일어난 후 불교 지도자들은 책임자의 처벌을 요구하였지만 지엠은 이를 거부하였다.

1963년 6월 11일 베트남의 승려 틱꽝득이 지엠 정권의 불교 탄압에 항의하여 분신하였다. 그러나 지엠의 동생 응오딘뉴의 부인이자 독신이었던 지엠을 위해 퍼스트 레이디의 역할을 하였던 마담 뉴는 이를 '땡중의 바비큐 쇼'라고 비하하였고 이로 인해 불교 신자들은 지엠 정권에 저항하게 되었다. 8월 21일, 지엠의 동생 응오딘뉴의 수하인 레꾸앙뚱 대령이 이끄는 베트남공화국 특전부대는 수백 군데의 사찰을 습격하여 석탑을 파괴하였다.

미국은 1963년 중반부터 지엠 정권의 종교 정책 변화를 요구하였다. 미국 국방부가 지엠 정권을 계속 지지하는 동안 미국 국무부는 쿠데타도 용인할 수 있다는 태도를 취하였다. 1963년 8월 23일 미국 국무부는 주베트남 미국 대사 헨리 캐벗 로지 주니어 Henry Cabot Lodge, Jr에게 전문 243을 보내 불교에 대한 탄압과 응오 일가 통치의 핵심인 비밀경찰과 특수부대를 장악하고 있는 뉴를 제거할 필요가 있다고 지시하였다.

미국 중앙정보국은 지엠 정권을 제거하기로 한 계획을 접수한 뒤 베트남 군부에게 지엠이 하야하더라도 미국은 이에 대한 책임을 묻지 않을 것이고 원조를 줄이지도 않을 것이라고 전하였다. 1963년 11월 2일 군부는 쿠데타를 일으켜 지엠과 그의 형제들을 체포하였다. 훗날, 맥스웰 테일러는 베트남 쿠데타 소식을 들은 케네디가 "충격을 받고 집무실에서 달려 나와 얼굴을 쓸어내렸다."고 회고하였다. 케네디는 지엠을 죽이는 것을 승인하지 않았다. 주베트남 미국 대사는 쿠데타 지휘자를 대사관으로 초청하여 성공을 축하하고, 케네디에게는 '이로써 전쟁이 더 빨리 종식될 것'이라고 보고하였다.

쿠데타가 일어난 뒤 남베트남은 혼란에 빠졌고, 북베트남은 이 쿠데타로 남베트남 정권은 미국의 꼭두각시일 뿐인 것이 여실히 드러났다고 주장하였다.

미국 군사고문단은 남베트남군의 모든 분야에 투입되어 있었다. 하지만 그들은 내전의 본질에 대해 완전히 무지하였다. 남베트남군과 남베트남 민족해방전선 게릴라 사이의 내전은 본질적으로 정치권력 투쟁으로 군사 교전은 부차적인 것이었다. 케네디 정부는 남베트남의 안정을 확보하는 것을 주된 목표로 삼도록 미군의 관점을 재조정하려고 하였고, 이를 통해 주민들의 '마음을 얻기' 위해 노력하였다. 그러나 미군 지도부는 군사 고문이 베트남 정규군 훈련 이외의 업무를 담당하는 것에 거부감을 보였다. 주베트남 미군사령부의 폴 D. 하킨스 장군은 1963년 크리스마스까지는 완벽히 승리할 것이라고 호언장담하였다. 그러나 미국 중앙정보부는 "베트콩은 지방의 상당한 지역을 사실상 지배하고 있으며 그 영역이 꾸준히 증가하는 추세이다."라고 조금은 낙관적이지 않은 전망을 하였다.

준군사조직인 미국 중앙정보국 특무부는 라오스의 흐몽족을 훈련시켜 베트남에 투입하였다. 이들은 원래 라오스의 공산주의 단체인 파테트라오에 대항할 목적으로 훈련되었다. 미국 중앙정보국은 또한 피닉스 계획을 운영하고 특수작전 수행을 위해 베트남 군사 원조 사령부 연구 관찰 그룹Military Assistance Command, Vietnam - Studies and Observations Group, MAC-V SOG을 조직하였지만 성공적이지는 않았다.

06

/

1963~1969년: 린든 정부의 확전

케네디 암살 이후 대통령 권한 대행이 된 린든 B. 존슨은 베트남 문제보다 '위대한 사회' 정책을 실행하는 것을 당면 과제로 여겼다. 대통령 자문위원이었던 잭 발렌티는 "그 시점에서 베트남은 자신의 지평을 향해 뻗은 한 사람의 주먹보다 크지 않았다. 그것은 토론할 가치가 없었기 때문에 우리는 그것에 대해 그리 토론을 하지는 않았다."라고 말했다.

1963년 11월 24일 존슨은 "공산주의에 대항하는 전투에 반드시 합류할 것을 강력히 결심하였습니다."라고 말하였다. 존슨의 이러한 공약은 지엠 정권을 퇴출시킨 쿠데타 이후 메콩 강 삼각주를 중심으로 남베트남 측의 상황이 악화일로에 있었기에 나온 것이었다. 존슨은 11월 26일 국가 안보 조치 각서 National Security Action Memorandums, NSAM 273호를 통해 소규모 특수전을 위주로 대응하였던 케네디의 정책을 뒤집고 1963년 말까지 1만여 명의 병력을 남베트

남에 배치하여 전쟁을 확대시
켰다.

쿠데타를 일으킨 군부는 즈
엉반민을 수장으로 하는 군사
혁명위원회를 세웠지만, 베트
남 지역에서 활동하였던 미국
언론인 스탠리 카르노프Stanley
Karnow는 훗날 이들이 '무능력
의 표본'이었다고 평가하였다.
로지는 1963년 말 즈엉반민에
대해 "정상을 차지할 충분한
힘이 있을까?" 하는 질문을 받
았다. 1964년 1월 응우옌칸이

쿠데타를 일으켜 즈엉반민을 축출하였다. 그러나 정국은 여전히 불안하였고
몇 차례의 쿠데타 기도가 계속되었다.

1964년 8월 2일, 북베트남 해안에서 첩보 작전 중이던 미국의 구축함 USS
매덕스가 통킹만에서 북베트남의 어뢰정에게 공격을 받았다. 미국은 이틀
후인 8월 4일 같은 장소에서 USS 매덕스와 USS 터너 조이가 재차 어뢰정
의 공격을 받았다고 주장하였다. 공격 전후의 상황이 확실치 않은 가운데 린
든 존슨은 국무차관 조지 발에게 "그 수병들이 날치라도 쐈나보지."라고 말
했다.

통킹만 사건 뒤 며칠이 지난 1964년 8월 7일 미국은 보복을 명분으로 북베
트남에 폭격을 감행하였다. 선전포고 없이 진행된 이 폭격은 대통령 존슨이

동남아시아에 주둔 중인 미군에 직접 명령한 것이다. 미국 연방 하원은 통킹만 사건이 전면전으로 확대되는 것을 거부했지만, 존슨은 이미 대통령 독단으로 전면전을 개시하고 있었다. 같은 달, 존슨은 "아시아 '보이boy'들은 자기 땅을 지키기 위해 스스로를 도와야 할 것이고 미국 '보이boy'들이 그곳에 가 싸우는 일은 없을 것"이라고 공약하였다.

통킹만 사건 당시 미국의 주장과는 달리, 2005년 기밀 해제된 미국 국가 안전국의 보고서에서는 8월 4일 어뢰정의 공격은 없었다고 기록되어 있다. 북베트남은 8월 4일에 있었다는 어뢰정 공격에 대해 통킹만 사건 직후부터 강하게 부인하고 있었으며, 미국 내에서도 여러 차례 사실이 아닐 수 있다는 지적이 있어왔다. 통킹만 사건 연구가인 루이스 저지스Louise Gerdes는 "통킹만 사건은 존슨이 베트남전쟁에 대한 지지를 얻기 위해 조작한 것"이라고 주장한 바 있으며, 후에 맥나마라 자서전에서도 이 같은 언급이 있었다. 또 다른 미국의 역사학자 조지 C. 헤링은 1979년 자신의 책에서 "맥나마라와 펜타곤은 결정적이지 않은 사건 증거들에서 자신들이 바라는 것만을 조합하였다."고 지적하였다.

"1959년 당시 5천여 명에 불과하였던 베트콩의 수는 1964년 말에는 10만여 명으로 추정되었다. 반면, 남베트남군의 수는 1백만여 명에서 85만여 명으로 감소해 있었다." 베트남 주둔 미군의 수는 1961년 2천여 명에서 16,500명으로 증가하였다.

미국 국가안전보장회의는 북베트남에 대한 폭격을 3단계로 격상시켰다. 1965년 3월 2일, 미국 해병대는 전략 요충지인 쁠래이꾸를 공격하였다. 소련 수상 알렉세이 코시긴이 북베트남을 국빈 방문한 동안 전개된 플래밍 다트

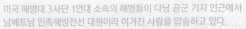
미국 해병대 3사단 1연대 소속의 해병들이 다낭 공군 기지 인근에서
남베트남 민족해방전선 대원이라 여겨진 사람을 압송하고 있다.

자료: ko.wikipedia.org

작전과, 롤링 선더 작전, 그리고 아크 라이트 작전이 진행되었다. 이후 3년간
지속된 폭격의 목표는 북베트남이 남베트남 민족해방전선을 지원하지 못하
도록 북베트남의 방공망과 공업시설을 파괴하는 것이었다. 미국은 이를 통해
남베트남 민족해방전선의 사기를 꺾고자 하였다. 1965년 3월부터 1968년 11
월까지 진행된 '롤링 선더' 폭격으로 북베트남에는 일백만 톤에 달하는 폭탄
과 미사일, 로켓이 퍼부어졌다. 베트남전쟁 전체 기간에 미군이 사용한 폭탄
은 모두 700만 톤에 달한다.

폭격은 베트남을 벗어난 인근 국가에도 행해졌다. 코만도 헌트 작전과 같

은 공군 작전은 호치민 통로를 파괴하기 위해 캄보디아와 라오스지역을 폭격하였다. 그러나 이러한 폭격에도 불구하고 북베트남은 호치민 통로를 통해 남베트남 민족해방전선을 계속하여 지원하였다. 작전에 참가한 미군 장교는 "이 전쟁은 정치적 전쟁이다. 이것폭격은 살인과 다르지 않다. 차라리 칼이 최선의 무기이지 비행기는 최악의 무기일 뿐이다."라고 회의적인 기록을 남겼다. 그러나 미국 공군 참모총장 커티스 레메이는 베트남 전역에 대한 폭격을 지지하였다. 그는 "그들이 침략을 멈추지 않으면, 우리는 폭격으로 그들을 석기시대로 돌려놓을 것"이라고 말했다.

📷 격화되는 지상전

미국 공군이 주둔한 비행장이 몇 차례 공격을 받게 되자, 미국은 약체인 남베트남군 대신 직접 공군 기지를 방어한다는 이유로 지상 전투 부대를 파병하였다. 1965년 3월 8일 3,500명의 미국 해병대가 베트남 다낭에 상륙한 것을 시작으로 미국은 지상군을 파병하였다. 여론은 압도적으로 파병을 지지하였다.

미국의 파병은 제1차 인도차이나전쟁 당시 프랑스의 파병과 비슷한 양상을 보였다. 호치민은 미국이 "20년 동안 전쟁하기를 원한다면, 우리는 20년 동안 전쟁을 할 것이다. 미국이 평화를 원한다면 우리는 그들을 초대하여 함께 차를 마시며 평화를 이룩할 것이다."라고 경고하였다. 북베트남의 외교부 제1 대의원 쩐꾸앙꼬는 전쟁의 최우선 목표는 베트남의 통일, 그리고 통일된 베트남의 독립과 안전확보라고 기록하였다. 베트남 민주공화국의 이러한 목표는 당시 동남아시아의 여러 신생독립국들이 바란 것과 그리 다를 바 없었다. 그러나 《펜타곤 페이퍼》는 "베트남의 팽창주의는 손쉽게 인접한 캄보디아와 라오스를 집어 삼킬 것이고 … 그리고 태국, 말레이시아, 싱가포르, 심지어 인도네시아가 다음 목표가 될 수 있을 것"이라고 주장하였다.

3,500명으로 시작된 미국 해병대의 파병은 그해 12월 200,000명으로 늘었다. 애초에 천명한 파병의 목표는 방어 임무였지만, 미군의 군사는 오랫동안 공격적인 전쟁에 익숙해 있었고, 미군 사령부 역시 정치적 지침에 따라 방어 임무에 치중하는 것은 익숙하지 않았다. 12월, 빈지어 전투에서 남베트남군은 막대한 손실을 입었다. 남베트남 민족해방전선의 게릴라들이 치고 빠지기 작전을 유효하게 사용하여 강력한 남베트남군을 패퇴시킨 것이다. 이로써 6월 동써아이 전투 이후 남베트남군은 연이어 큰 전투에서 패배하게 되었다.

작전 지역을 포기하는 비율이 늘고 사기가 바닥에 떨어지자 윌리엄 웨스트모어랜드 장군은 미국 태평양군 사령관인 U. S. 그런트 샤프 주니어 제독에게 상황이 매우 다급하다고 보고하였다. 샤프 주니어 제독은 "나는 미군의 에너지, 이동력, 그리고 화력이라면 충분히 민족해방

미군에 의해 베트콩 용의자로 지목된 농민들(1966년)

자료: ko.wikipedia.org

전선을 제압할 수 있다고 확신한다."고 답하였다. 이 답변을 회신받은 웨스트모어랜드는 기존의 주베트남 미군 전략을 남베트남군 지원과 방어에서 직접 공격과 독자적인 작전 수행으로 전환하였다. 웨스트모어랜드는 전쟁 승리를 위한 세 단계 계획을 수립하였다.

- 1단계: 1965년 말까지 미국과 여타 '자유 세계' 군대가 위수 지역에서 영토를 잃는 경향을 멈출 필요가 있음.
- 2단계: 미국과 동맹국의 군대가 게릴라와 적군을 포위 섬멸하는 대규모 공세를 시작. 이 단계는 적군이 지역 방어를 포기하고 패퇴할 때까지 계속하여 대부분의 지역을 회복할 때까지 계속
- 3단계: 2단계 작전 수행 후 12개월 내지 18개월이 지났을 때 적군이 계속하여 저항할 경우, 남아있는 적군의 이동 기지 지역을 최종적으로 섬멸

존슨 정부가 승인한 이 계획은 남베트남 정부가 게릴라를 억제할 책임이 있다고 하였던 케네디 정부의 구상과는 배치되는 것이었다. 웨스트모어랜드는 1967년 말까지는 최종적으로 승리할 수 있을 것이라 예측하였다. 존슨은 이러한 전략 변경을 언론에 알리지는 않았지만, 전쟁이 계속될 것이라고 말하였다. 미국의 이러한 정책 변환은 북베트남 및 남베트남 민족해방전선과 더욱 격렬한 무장 충돌을 가져오게 되었다. 이 계획은 미국이 직접 전투 수행에 나섬으로써 남베트남 정부가 보류하였던 다른 당면 과제들을 처리할 수 있도록 하자는 의도도 포함하고 있었다.

베트남전쟁에 참전한 미군의 의무 복무 기간은 1년이었다. 한 병사는 "우리가 베트남에 10년 동안 있지는 않겠지만, 1년씩 열 번을 있을 것"이라고 자조

글래스버러 회합에서 만난 소련의 알렉세이 코시긴 수상과 미국의 린든 B. 존슨

자료: ko.wikipedia.org

하였다.

남베트남에는 온갖 물자가 넘쳐나게 되었는데, 스탠리 카노우는 "사이공의 PX Post Exchange, 영내 매점 규모는 뉴욕의 백화점 블루밍데일즈에 맞먹을 정도"였다고 기록하였다. 미국의 이러한 변화는 남베트남 사회의 경제에도 영향을 주었다. 남베트남에서는 부정부패가 만연하였다.

미국은 동남아시아조약기구 Southeast Asia Treaty Organization, SEATO에 파병을 요청하였다. 오스트레일리아, 뉴질랜드, 대한민국, 태국, 그리고 필리핀이 베트남전쟁에 파병하였다. 그러나 북대서양조약기구의 회원국이었던 캐나다와 영국은 파병을 거부하였다. 미군은 파병된 동맹국 군대와 연합작전을 하였다.

이 기간 동안에도 남베트남의 정치 상황은 매우 불안정하여 쿠데타 시도

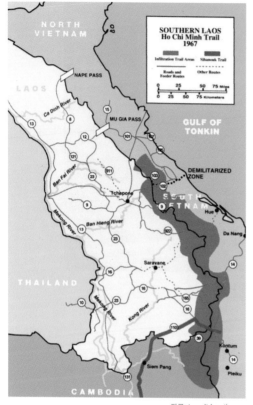
1967년 당시의 호치민 통로. 라오스 영토를 지나 남베트남으로 연결되었다.

자료: ko.wikipedia.org

가 빈발하였다. 공군 총사령관이었던 응우옌까오끼와 국무장관이었던 응우옌번티에우 등이 쿠데타를 일으켰다. 1967년 티에우는 끼와 연합하여 쿠데타를 일으켜 정권을 탈취하였다. 티에우 정부는 표면상으로는 민간 정부를 표방하였으나, 티에우가 군부를 장악한 상태에서 실권을 차지한 사실상 군사 정권이었다.

존슨 정부는 미디어 대응 정책으로 이른바 '최소한의 진실 정책'을 도입하였다. 전쟁에 대한 뉴스와 이야기들은 정부의 통제하에 미디어에게 제공되었다. 이 때문에, 시간이 지날수록 대중들은 전쟁에 대한 정부의 공식발표를 믿지 않게 되었다.

구정 대공세

웨스트모어랜드의 미군이 꽝찌 성에서 케산 전투를 벌이느라 베트남 중부 내륙으로 이동한 사이, 베트남 민족해방전선과 북베트남은 베트남의 음력 설날 명절인 뗏 휴일에 이틀 동안 휴전을 하겠다는 약속을 깨고 1968년 1월

미군이 마을에서 베트콩 색출 작전을 하고 있다.

자료: ko.wikipedia.org

30일 남베트남 전역에서 기습 공격을 시작하였다. 100곳이 넘는 도시에서 공격이 이루어졌으며, 주베트남 미군사령부의 본부와 미국 대사관이 있던 사이공 역시 공격을 받았다.

구정 대공세 초기 미군과 남베트남군은 고전을 면치 못하였고 상당수의 지역에서 퇴각하여야 하였지만, 얼마 지나지 않아 막강한 화력으로 응전하여 베트남 민족해방전선과 북베트남의 공격을 막아내었고, 이 과정에서 특히 베트남 민족해방전선 전투원들이 큰 피해를 입었다. 응우옌 왕조 시절의 수도였던 후에는 한때 베트남 민족해방전선과 북베트남의 베트남인민군에 의해 점령되었으나 미군은 도시 전체의 80%가 폐허로 변하는 포격을 퍼부으며 전투를 벌여 후에를 탈환하였다. 후에 전투 중 베트남 민족해방전선과 북베트남 측이 후에에 살고 있던 비전투원을 학살하는 일이 벌어졌다. 후에 학살에서 희생된 민간인의 수는 수천 명에 달할 것으로 추산된다. 전쟁 후 북베트남은 베트남 민족해방전선에 의한 민간인 살해를 인정하였다.

북베트남과 베트남 민족해방전선은 구정 대공세를 통해 잠시나마 남베트남의 주요 도시들을 획득할 수 있었지만 결국 큰 피해를 입고 퇴각하였다. 그러나 구정 대공세는 그동안 전쟁 승리를 낙관하였던 미국 내 여론에 큰 충격을 주었다.

주베트남 미군을 총괄하던 베트남 군사 원조 사령부의 사령관 웨스트모어랜드 장군은 베트남전쟁에 참전한 미군의 표상이었다. 그는 《타임》지가 선정한 1965년 올해의 인물이었고, 《타임》은 그를 "미국 전사의 늠름한 화신 … 역사에서 바로 뛰쳐나온 듯 전투 계획을 수립하고 … 병사들에게 그가 지닌 미국의 목표와 책임을 이상적으로 제시하였다."라고 평했다. 1967년 11월 웨스트모어랜드는 린든 B. 존슨 정부와 함께 승리를 낙관하고 있었다. 그는 내셔널 프레스 클럽에서 베트남전쟁이 '끝이 보이는 단계'에 와 있다고 공언하였다. 구정 대공세로 웨스트모어랜드의 단언이 허풍일 뿐이란 것이 드러나자 미국의 미디어들은 미군이 막대한 병력을 투입한 존슨 정부의 정책이 효과적인지 의문을 나타내기 시작하였다. 존슨 정부는 군사적 실패를 인정하지 않았지만, 결국 존슨은 재선에 실패하게 되었다. 구정 대공세를 펼친 북베트남과 남베트남 민족해방전선은 군사적으로 철저히 패배하였지만 정치적 승리를 거둔 것이다.

제임스 위츠는 구정 대공세가 "존슨 정부와 군부가 만든 … 베트남전쟁의 단계를 정면 반박하는 것"이었다고 평하였다. 구정 대공세로 미국의 베트남전쟁 개입은 변환점을 맞을 수밖에 없었다. 그동안 미국 정보 당국이 평가하고 있던 베트남 민족해방전선과 북베트남의 전력이 과소평가되어 있었다는 것이 드러나자 언론인 피터 아네트는 벤째에서 근무 중인 익명의 장교가 "마을을 탈환하려면 파괴할 필요가 있다."는 명령을 받았다고 폭로하였다. 또 다

구정 대공세 중 미국 공군이 주둔 중인 떤선녯 공항을 공격하다 사망한 남베트남 민족해방전선과 베트남 인민군의 전투원들

른 정보원은 제9 보병 사단의 부리스 소령이 이러한 명령을 하였다고 지목하였다.

CBS 이브닝 뉴스의 앵커였던 월터 크롱카이트는 "우리는 지난 시기 잘못된 낙천가가 내놓는 증거들을 통해 승리가 멀지 않았다고 믿고 있었습니다. 우리가 패배에 직면하였다고 말하는 것은 무책임한 비관주의일 것입니다. 냉정히 현실을 보면 우리는 스테일메이트stalemate, 체스에서 서로 움직일 수 없는 상황이 되는 것에 빠진 것 같습니다. 불만스럽지만, 그게 결론입니다."라고 논평하였다. 크롱카이트가 이와 같이 논평하자, 존슨 대통령은 "크롱카이트를 잃는다면, 미국 중부를 잃었을 것"이라고 말하였다.

1968년 3월, 구정 대공세가 정리되자 웨스트모어랜드는 육군참모총장이 되었다. 이는 정규 인사의 결과였지만, 구정 대공세가 있었던 데다가 그가 20만 명의 증파를 요청하였다는 것이 언론을 통해 폭로되자, 격렬한 비난을 받았다. 베트남 군사 원조 사령부의 사령관은 그의 부관이었던 크레이턴 에이브람스가 승계하였다.

1968년 5월 10일 북베트남과 미국 사이에 평화협정 논의가 시작되었다. 그러나 5개월 뒤 존슨이 북베트남에 대한 폭격 중지를 명령하기까지 협상은 이루어지지 않았다. 미국 민주당은 대통령 후보로 부통령이었던 휴버트 험프리를 선출하였고, 공화당에서는 전 부통령 리차드 닉슨을 후보로 선출하였다.

역사학자 로버트 달렉은 "린든 존슨의 베트남전쟁 확전은 결국 미군 병사 3만 명과 자신의 대통령직을 대가로 지불하였다."고 서술하였다.

베트남 방문 중 미군에게 메달을 수여하는 존슨 대통령

자료: news.kmib.co.kr

닉슨 독트린

새로 미국의 대통령이 된 리차드 닉슨은 구정 대공세가 지나고 난 뒤 철군 계획을 발표하였다. 닉슨 독트린이라 불린 그의 계획은 남베트남군을 강화시 켜 스스로의 영토를 방어하도록 한다는 것이었다. 이 때문에 닉슨의 정책은 '베트남화'라고도 불렸다. 베트남화는 케네디 정부가 구상하였던 남베트남의 독자적 전쟁 수행과 비슷한 것이었지만, 그것과는 달리 분쟁 확산의 방지를 위해 미군이 계속 개입한다는 점이 달랐다.

닉슨은 한 발표에서 "저는 오늘밤 15만 명의 추가적인 철군 계획을 설명하 려 합니다. 철군은 내년 봄까지 이루어질 것입니다. 이것으로 베트남에 주둔 한 미군 병력은 15개월 전과 비교하여 총 265,500명으로 줄게 되었습니다."

라고 말하였다.

1969년 10월 10일 닉슨은 자신이 베트남전쟁을 종결하기 위해서는 어떠한 일도 할 수 있다는 것을 보이기 위해 B-52s 폭격기 편대에 핵폭탄을 무장하고 소련 영공 부근을 비행하도록 지시하였다. 닉슨은 또한 정전 협상을 지속하는 한편, 차기 주베트남 미군 사령관인 크레이턴 에이브람스에게 남베트남군과 협조하여 북베트남의 보급로를 차단하는 공격을 지속하라고 명령하였다. 동시에 닉슨은 세계적인 긴장을 완화하기 위해 소련 및 중화인민공화국과 데탕트를 추진하여 초강대국이 동시에 핵무기를 감축하자는 합의를 보았다. 그러나 닉슨은 소련과 중화인민공화국이 북베트남에 대한 원조를 지속하는 것에 실망하였다.

닉슨은 미국의 침묵하는 다수가 자신의 전쟁 정책을 지지한다고 주장하였지만, 미라이 학살과 그린 베레가 캄보디아를 비밀리에 폭격한 감마 계획 등이 알려지면서 미국 내의 반전운동은 점점 거세게 되었다. 1970년 초 미군은 많은 사상자가 발생하던 내륙 지역에서 철수하여 기지를 해안 지역으로 옮겼고, 이로써 1969년보다 사상자를 줄일 수 있었다.

호치민의 죽음

1969년 9월 2일 북베트남의 지도자 호치민이 사망하였다. 호치민은 유언으로 당의 단결과 전쟁 후 국토 재건을 당부하였다. 일생을 프랑스, 일본, 미국과 상대로 싸웠던 호치민은 베트남 사람들에게 공산주의자이기 이전에 민족주의자로 알려져 있었다. 남베트남 정부의 지도자였으며 호치민을 상대로 싸웠고 한때 남베트남의 부통령을 지낸 응우옌까오끼는 전쟁 후 "그는 베트남 인민들에게 존경 그 자체였다. 그는 프랑스는 물론 다른 외침에 대항하는 투쟁에 언제나 앞장섰다. 내가 어려서 철이 없었을 때, 대부분의 베트남 사람들은 호치민을 대단한 애국자로 생각했다. 나도 그를 대단히 칭송했었다."라고 말했다. 미국의 CBS는 광고 없이 7분간 호치민의 사망을 헤드라인 뉴스로 보도하였다. 1969년 9월 8일 하노이 바딘 광장에서 10만 명이 운집한 가운데 호치민의 장례식이 치러졌다.

미국 좌파 단체가 발행한 호외, 호치민 유언시가 영어로 번역되어 적혀 있다.

자료: ko.wikipedia.org

📽 캄보디아 · 라오스 비밀 폭격

1955년 캄보디아의 군주 노로돔 시아누크는 중립을 선언하였다. 하지만 북베트남과 남베트남 민족해방전선은 캄보디아 영토에 기지를 만들어 사용하였고, 시아누크는 전쟁의 여파가 캄보디아로 확산되는 것을 피하고자 이를 묵인하였다. 하지만 미국은 1969년 캄보디아의 이러한 정책을 바꾸라고 압력을 가하였고, 캄보디아는 더 이상 북베트남과 남베트남 민족해방전선을 받아들이지 않기로 하였다.

닉슨 대통령은 캄보디아의 중립을 지지한다는 미국의 기존 입장과 달리 캄보디아-베트남 국경지대를 비밀리에 폭격할 계획을 갖고 있었다. 1969년 4월 닉슨은 시아누크에게 서신을 보내 국경지역의 폭격을 허용할 경우 미국은 "캄보디아 왕국의 주권과 중립성, 그리고 영토 보전"을 보장하겠다고 제안하였지만, 시아누크는 이를 거절하였다. 1970년 캄보디아 쿠데타가 일어나 친미 성향의 론 놀 수상이 시아누크를 퇴위시키고 집권하였다. 이를 계기로 정부군과 크메르 루주 사이에 캄보디아 내전이 발생하였고, 북베트남은 크메르 루주의 요청을 받아 내전에 개입하였다. 미군과 남베트남군 역시 캄보디아에 개입하여 캄보디아 전역에서 전쟁을 치렀다.

미군이 캄보디아를 침공하자 베트남전 반대 운동은 더욱 거세졌다. 오하이오 주에서는 켄트 주립대학교에서 반대 시위를 벌이던 네 명의 학생이 총격을 받고 사망하는 일이 발생하였고, 이에 격분한 사람들이 시위에 참여하면서 반전운동은 더욱 커졌다.

1971년 〈뉴욕타임즈〉는 미국의 베트남 개입에 대한 사항을 정리한 일급 기밀문서인 《펜타곤 보고서》를 폭로하면서, 미국이 오랫동안 남베트남 정부의 국방부 고위 관리들에게 뇌물을 건넨 사실을 보도하였다. 하지만 미국 연방 대법원은 정부의 이런 행위가 합법이라고 결정하였다.

1971년 2월 남베트남군은 라오스 영토 내의 호치민 통로를 봉쇄하기 위한 람선 719 작전을 시작하였다. 당시 라오스는 표면상 중립을 표방하고 있었지만 북베트남의 호치민 통로를 묵인하고 있었다. 작전에 나선 남베트남군은 저항군과 교전한 뒤 후퇴하다 길을 잃었다. 남베트남군은 잘못된 길을 헤매다 연료가 떨어지자 차량을 버리고 미군이 헬리콥터로 후송하여 줄 것을 요청하였다. 미군은 남베트남군의 탱크와 차량이 적에게 노획되는 것을 방지하기 위해 파괴하여야만 하였다. 그러는 사이 북베트남의 공격으로 남베트남군의 절반가량이 죽거나 생포되었다. 결국 베트남군의 단독 작전은 큰 실책으로 끝났고, 이는 닉슨의 베트남화 정책 역시 실패하였다는 것을 뜻하였다. 카르노는 "잊지 못할 실수였다. … 미군에 의해 5년에서 10년 동안 훈련된 베트남군 고위 장교들도 그다지 배운 게 없었다."고 기록하였다.

1971년 오스트레일리아와 뉴질랜드가 철군하였다. 미군 역시 196,700명으로 감축되었고, 1972년 2월까지 45,000명을 추가로 철군하기로 되어 있었다. 한편, 미국의 반전 시위는 전국적으로 확대되고 있었다.

1972년 부활절 공세에서 북베트남과 남베트남 민족해방전선은 남베트남 북부 지역을 신속히 공격하면서 동시에 캄보디아를 지나 남베트남 중부를 양단하는 공세를 가했다. 미국 공군은 뒤늦게 공습에 나섰지만 공세는 이미 지난 뒤였다. 이로써 닉슨의 베트남화 정책은 실효성이 없다는 것이 다시 한번 드러나게 되었다.

실효성 없는 닉슨 독트린(베트남화) 거세지는 반전여론

자료: oldconan.tistory.com

베트남전쟁은 1972년 미국 대통령 선거의 주요 논점이 되었다. 닉슨에 대항하여 민주당 후보로 나선 조지 맥거번은 베트남에서 철수해 오는 군인들이 내리는 기차역에서 선거 캠페인을 하였다. 닉슨의 국가안보 자문이었던 헨리 키신저는 북베트남의 레득토와 비밀리에 정전협상을 지속하고 있었다. 1972년 8월 키신저와 토는 합의에 도달하였다.

그러나 남베트남의 대통령 응우옌반 티에우는 평화협정 대다수의 내용을 변경하여 줄 것을 요청하였다. 북베트남이 협정 내용을 공표하자 닉슨 정부는 북베트남이 기만 전술을 쓰고 있다고 비난하였고, 협상은 중단되었다.

닉슨은 남베트남에게 여전히 지원하고 있다는 것을 보이고 북베트남으로부터 유리한 협정 조건을 얻기 위한 목적으로 1972년 12월 18일부터 29일까지 하노이와 하이퐁을 폭격하는 라인베커 II 작전을 실행하였다. 무차별 폭격

라인배커 II 작전 중인 미국 공군(1972년 12월)

자료: ko.wikipedia.org

작전에 사용된 폭탄은 총 12만 톤으로 히로시마 원자폭탄의 5배에 해당하는 양이었다. 이 중 4만 톤이 하노이 시내에 집중되었다. 이 폭격으로 북베트남의 경제와 공업은 큰 타격을 입었다. 같은 시기 닉슨은 남베트남의 티에우를 압박하여 남북 양자 간의 평화 유지와 미군 철수를 골자로 하는 협정 조건을 승인하도록 하였다.

1973년 1월 15일 닉슨은 북베트남에 대한 공격을 중지한다고 발표하였고, 1월 27일 '종전과 베트남의 평화 복원에 대한' 파리 평화협정을 체결하여 미국의 베트남전쟁 개입을 공식적으로 종결하였다. 평화협정이 체결된 뒤 베트남 남북 정부는 휴전하였고 미군 전쟁포로가 석방되었다. 파리 평화협정은 제네바 협정과 같이 남북 양측의 영토를 보장하고 선거를 통하여 통일정부를 구성하도록 규정하였으며, 60일 안에 모든 미군이 철군하도록 하였다. 피

터 처치는 "이 조약에 따라 이행된 것은 미군의 완전한 철수밖에 없었다."고
평하였다.

 미국 내의 베트남전쟁 반대운동

미국 안에서 베트남전쟁을 반대하는 이유는 다양하였다. 베트남전쟁 동안
일어난 대규모 유혈 사태를 막기 위해 전쟁에 반대하는 사람들이 있었다. 초
기 반전운동은 미국이 제네바 협정에 따른 총선거를 거부하고 지엠 정권을
지원하는 것은 민주주의가 아니라는 이유로 전쟁에 반대하였다. 존 F. 케네디

1971년 4월 24일 워싱턴 D.C.의 반전 시위

자료: ko.wikipedia.org

역시 상원의원 시절에는 베트남전쟁 개입을 반대하였다.

가톨릭 노동자 운동과 같은 신좌파 단체들은 미국 정부가 보이는 반공주의, 제국주의, 식민주의 등에 대한 반대의 일환으로 베트남전쟁을 반대하였다. 한편, 스테펀 스피로와 같은 사람들은 베트남전쟁이 정의로운 전쟁이 아니라는 이유로 반대하였고, 노먼 모리슨과 같은 사람들은 틱꽝득의 행동과 베트남 사람들의 단결을 보면서 전쟁을 반대하였다. 또한, 미국의 베트남전쟁 개입은 유혈 사태의 확대만을 가져올 것이라는 비판 등이 있었다. 베트남전쟁 개입을 지지하는 사람들은 '매파', 반대하는 사람들은 '비둘기파'로 불렸다.

1968년 미라이 학살이 폭로된 이후 미국 내 반전운동은 점점 확산되었다. 1968년 8월 26일부터 29일까지 민주당이 주최한 1968년 민주 전국 대회에 참가한 사람들은 베트남전쟁에 반대하는 시위를 벌였다. 1969년 10월 15일 미국에서는 수백만 명이 참여하는 반전 시위가 열렸다. 오하이오 주 켄트 주립대학교에서는 진압부대가 시위를 하는 대학생을 향해 총격을 가해 네 명의 학생이 목숨을 잃는 켄트 주립대학교 발포 사건이 일어났다. 이러한 반전운동은 미국이 베트남 철군을 결정한 주요 원인 가운데 하나였다.

미라이 학살은 베트남전쟁 중인 1968년 3월 16일 남베트남 미라이에서 발생한 미군에 의해 벌어진 민간인 대량 학살이다.

자료: ko.wikipedia.org

닉슨 정부의 '베트남화' 정책의 마지막 해가 되자 베트남 주둔 미군의 수는
급격히 줄었다. 1971년 3월 5일에는 맨 처음 베트남에 투입되었던 제5 특수
군단이 자신들의 본부였던 노스캐롤라이나 주의 브래그 요새로 철수하였다.

1973년 1월 북베트남의 외무장관 레득토와 미국의 국무장관 헨리 키신저
사이에 파리 협정이 체결되고 남베트남의 대통령 응우옌반티에우[2]가 마지못
해 협정에 서명한 뒤, 미군은 남베트남에서 완전히 철수하였고 북베트남과
미군 사이에 포로 교환이 이루어졌다. 협정에 따라 북베트남은 물자의 조달

---

2   응우옌반티에우(1923년 4월 5일 ~ 2001년 9월 29일)는 남베트남의 군인, 정치인이며 베트남 공화국(남베트
남)의 대통령이다. 1963년 즈엉반민의 쿠데타에 협력하여 응오딘지엠 축출에 성공하였으며, 1964년 응우옌카인 정
권에서 육군참모총장, 1965년 판후이꽛 내각의 부총리 겸 국방장관을 지냈다. 1965년 6월 판후이꽛 내각 붕괴 후 군
사 정권에서 국가영도위원회 위원장(국가원수)이 되었다. 1967년 민정 이양 후 대통령 선거에서 당선되었으며 1971
년 재선되었다.

1973년 석방된 미군 전쟁 포로를 실어 나른 수송기는 '하노이 택시'라고 불렸다.

1973년 파리 평화협정 협상 당시 악수하는 레득토(왼편)와 키신저. 이 두 사람은 노벨 평화상 수상자로 발표되었고 레득토는 수상을 거부했다.

자료: ko.wikipedia.org

과 같은 제한된 범위 내에서 남베트남 민족해방전선을 지원할 수 있게 되었다. 평화 협정의 체결로 키신저와 토는 노벨 평화상을 받게 되었지만, 토는 아직 진정한 평화가 오지 않았다며 이를 거부하였다.

평화 협정이 체결되자 북베트남과 남베트남 민족해방전선 측은 정전 기간을 최대한 자신들이 유리한 방향으로 사용하려 하였다. 반면에, 사이공은 정전이 발효되기 직전에 미국으로부터 받은 막대한 원조 물자를 사용하여 남베트남 민족해방전선을 제거하려 하였다. 이에 대항해 남베트남 민족해방전선의 지도자였던 쩐반짜는 1973년 3월 미국의 공습이 멈춘 틈을 타 호치민 통로를 이용하여 하노이로 가서 이후의 전략을 세우는 회의에 참석하였다. 이 회의에서 북베트남과 남베트남 민족해방전선은 1975년과 1976년 사이의 건기를 최종 공격 시기로 잡았다.

1972년 11월 미국 대통령 선거에서 닉슨은 맥거번을 상대로 총 50개 주 가운데 49개 주에서 승리하였다. 1973년 3월 15일 재선에 성공한 미국 대통령 리차드 닉슨은 만일 공산주의 세력이 남베트남을 상대로 무력을 행사한다면 미국 역시 개입할 것이라고 천명하였다. 닉슨은 베트남의 상황을 살피기 위해 그레이험 마틴을 남베트남 대사로 파견하였다. 한편, 미국 국방부장관 제임스 R. 슈레징거는 북베트남의 공격에 대항하기 위해 폭격을 재개하여야 한다고 주장하였다. 그러나 1973년 6월 4일 미국 상원은 이러한 개입을 금지하는 처치 어멘드먼트 건을 가결하였다.

제4차 중동전쟁 때문에 촉발된 1973년 유류 파동으로 남베트남은 심각한 경제 위기를 겪었다. 남베트남 민족해방전선은 1974년 1월 건기를 맞아 공세를 시작하였다. 55명의 남베트남 병사가 사망한 두 번의 무력 충돌 이후 남베트남의 티에우 대통령은 전쟁이 재발하였고, 이어서 파리 평화협정은 효력을 상실하였다고 주장하였다. 정전 기간 동안 남베트남 측 사상자는 2만 5천여 명에 달했다.

1974년 8월 9일 리처드 닉슨이 워터게이트 사건으로 하야하자 제럴드 포드가 미국의 대통령직을 승계하였다. 이때, 의회는 남베트남에 대한 원조 금액을 1억 달러에서 7백만 달러로 삭감하였다. 1974년 미국의 보궐 선거 결과 민주당이 의석 과반수를 차지하게 되었고 정부의 전쟁 수행에 대한 반대가 더욱 강화되었다. 의회는 1975년 지원 예산 가운데 군사 활동 부분을 삭감하였고, 1976년 지원분에 대해서는 전액을 삭감하였다.

1973년에서 1974년 사이의 건기 공세를 성공시킨 남베트남 민족해방전선의 지도자 짜는 1974년 10월 하노이의 전략회의에서 다음 건기 때에는 더욱 광범위한 공세를 펼쳐야 한다고 주장하였다. 이 시기, 호치민 통로는 자주 공격을 받았기 때문에 짜는 국도를 이용한 합법적인 방법을 사용하여 하노이를 방문하였다. 북베트남의 국방장관 지압은 짜의 계획대로 대규모 공세를 일으킬 경우 미국이 다시 개입할 수 있다는 생각 때문에 썩 마음에 들어 하지는 않았지만, 그에 따르기로 하였다. 지압과 짜는 호치민 사후 베트남 공산당의 제1서기를 맡고 있던 레주언으로부터 승인을 받았다.

짜는 캄보디아에서부터 프억렁 성을 공격하여 호치민 통로에 대한 봉쇄를 푸는 한편, 공격의 규모를 제한하여 미국이 다시 개입할 명분을 주지는 않으려고 하였다.

1974년 12월 13일 북베트남군은 프억렁 성에 있는 14번 통로를 공격하였다. 1975년 1월 6일 성도省都인 프억빈이 함락되자 포드 정부는 남베트남에 대한 지원 재개를 의회에 요청하였지만 거부되었다. 프억빈이 함락된 뒤에도 미국의 지원이 없자 남베트남의 지배층은 혼란에 빠졌다.

자료: ko.wikipedia.org

　중앙 고원 지역을 빠른 속도로 확보한 반띠엔중은 레주언에게 "우리가 이렇게 완벽히 군사적·정치적으로 성공한 적이 없었지만, 지금은 크나큰 전략적 우위를 갖게 되었다."라고 보고하였다.

　1975년 초 당시 남베트남군은 북베트남군에 비해 3배나 많은 대포와 두 배 더 많은 탱크, 그리고 1,400대의 항공기를 보유하고 있었으며 병력 역시 두 배 이상 많았다. 그러나 석유 가격 인상으로 상당수는 사용할 수 없었다. 반면에 북베트남군은 공산주의 국가들로부터 받은 원조를 바탕으로 잘 조직되어 있었고, 사기 또한 높았다.

 ## 275 작전

　1975년 3월 10일 반띠엔중 장군은 탱크와 대형 곡사 화기를 동원하여 중부 고원지역을 공격하는 275 작전을 시작하였다. 이 작전의 목표는 닥락 성의 부온마투옷이었다. 중 장군은 작전이 성공하면 플레이쿠를 공격하여 1976년까지 장기적으로 전역 작전을 펼칠 계획이었다. 3월 11일 남베트남군은 별다른 저항도 없이 패퇴하였다. 북베트남은 다시 한번 스스로도 놀란 신속한 승리를 거두었다. 중 장군은 곧바로 플레이쿠를 공격하였으며 연이어 꼰뚬 성의 성도까지 진군하였다.

계속되는 북베트남군의 승전과 275 작전

자료: oldconan.tistory.com

남베트남군의 장군 출신인 남베트남의 대통령 응우옌반티에우는 남베트남 군을 일시적으로 후퇴시켜 재집결한 뒤 반격하는 작전을 수립하였다. 그러나 남베트남군은 이미 통제 불능의 상태에 있었다. 3월 20일 티에우는 이전의 작전을 취소하고 후에를 사수하도록 명령하였다. 그러나 이러한 긴급한 작전 변경은 혼란만을 더 키웠다. 3월 22일 북베트남군은 후에를 포위하였고, 3월 30일 10만 명의 남베트남군은 항복하였다. 후에에서 승리한 북베트남군은 곧이어 다낭으로 개선 행진을 하였다. 이로써 베트남 중부는 북베트남의 것이 되었다.

🔫 최종 공격

남베트남의 절반 이상을 얻게 되자 북베트남 정치국은 반띠엔중 장군에게 사이공을 공격하라는 최종 공격 명령을 내렸다. 호치민 작전이라고 불린 이 작전은 5월 1일 이전에 사이공을 함락하는 것을 목표로 하였다. 5월 이후 우기가 본격적으로 시작되고 남베트남군이 전열을 재정비하게 될 경우 작전에 어려움이 닥칠 것을 우려하였기 때문이다. 북베트남군은 빠른 속도로 냐짱, 깜라인, 달랏을 점령해 나갔다.

남북 베트남 군대는 4월 7일 사이공 동쪽 64km 부근에서 쑤언록 전투를 치렀다. 남베트남군 18사단은 수도를 방어하기 위해 옥쇄하기로 결정하고 북베트남군에 맞섰다. 그러나 4월 20일 남베트남군 지휘부는 18사단에게 사이공으로 후퇴하라는 명령을 내렸다.

같은 날 공포에 휩싸인 남베트남의 티에우 대통령은 미국이 남베트남을 배반하였다고 비난하였다. 티에우는 헨리 키신저 미국 국무장관에게 2년 전 자신이 파리 평화협정에 서명하도록 종용하면서 만약의 경우 군사 지원을 약속하지 않았냐고 전문을 보냈다. 4월 25일 티에우는 타이완에 있던 쩐반흐엉에게 권력을 이양하고 비밀리에 미국으로 망명하였다.

4월 말 메콩 강 삼각주 지역에서는 명령 체계가 무너진 채 고립된 남베트남군이 여기 저기 흩어져서 북베트남군과 전투를 벌이고 있었다. 사이공에는 수도방위군 3만 명이 남아 있었지만 이미 사기는 극도로 떨어져 있었다.

사이공 함락 직전 헬리콥터를 이용해 탈출하는 남베트남인들

자료: ko.wikipedia.org

📽 사이공 함락

티에우가 망명하자 많은 남베트남 공직자와 시민들이 공포에 휩싸인 채 사이공을 떠났다. 사이공에는 계엄이 선포되었고, 미군 헬리콥터들이 미국 대사관에서 미국 시민들과 남베트남인, 대한민국 교민들과 총영사관 직원들을

헬기에 태우고 사이공을 탈출했다. 당시 사이공 인근 바다에는 미해군 7함대가 시누크 대형 헬기를 대기시키고 있었으나, 작전 개시 시간을 베트남 현지 시간이 아닌 영국 시간으로 지정해 놓고 있어서 현지 시간보다 7시간 늦은 시간에 작전을 개시하도록 되어 있었다. 이를 알지 못한 대한민국 영사관 직원들과 현지 특파원들은 미국 대사관이 반드시 탈출시켜주겠다는 말을 믿고 여유를 부리고 있었다. 구조 헬기가 보이고는 있었으나 이것은 미해군 헬기가 아닌 CIA소속 헬기여서 많은 인원을 탑승시킬 수 없었다. 한편 백악관에서는 상황의 위급함을 뒤늦게 알아차리고 급히 시누크를 출동시키라고 명령했다. 대사관에서 시누크가 보이자 1만 명이 넘는 군중들이 일제히 진입하려고 하였고 그곳에 있었던 미국 해병대들은 이를 막으려고 노력했다. 시누크의 탑승인원은 40명이었으나 실제로는 90명이 탑승했다. 그러나 시누크는 1대가 올 때마다 1시간이 걸렸다. 그 이유는 탑승한 인원들을 내려주고 나서 연료까지 주입하는 데에만 1시간이 걸렸던 것이다. 미국 대사였던 마틴은 애완견과 베트남인인 가정부를 데리고 혼자 탈출해 논란이 되기도 했다. 시간이 흘러 저녁이 되자 투입 가능한 시누크는 고작 6대였다. 6대 남은 시누크에는 대한민국 대사와 특파원, 영사관 직원들과 기타 사람들이 같이 탈출했다.

시누크 헬기

자료: ko.wikipedia.org

1975년 4월 30일 북베트남군은 사이공을 함락하였다. 324호 탱크가 남베트남 민족해방전선 깃발을 들고 사이공 대통령궁의 철문을 부수고 들어간 시간은 11시 30분이었다. 이틀 전 쩐반흐엉으로부터 대통령직을 이양받은 즈엉반민은 항복하였다.

베트남 공화국의 군인 및 정치인, 4대이자 마지막 대통령, 즈엉반민. 그는 통일 이후에도 베트남에 머물며 8년간 은둔 생활을 해왔고 베트남 정부도 그에게 어떤 조치도 취하지 않았다. 그는 1983년 망명이 허락되어 파리로 이주했다.

자료: namu.wiki

Chapter 07

호치민

3년의 폭정으로
100년이 무너지다

호치민胡志明, 1890년 5월 19일 ~ 1969년 9월 2일은 베트남의 공산주의 혁명가이자 독립
운동가, 정치인, 초대 국가주석이다. 원래 이름은 응우옌신꿍이며 자字는 떳
타인, 호號는 아이꾸옥, 투옹이다. 가명으로는

베트남 독립의 아버지 호치민

응우옌아이꾸옥, 리투이 등을 사용하였다. 베
트남 사람들에게는 '호 아저씨'라는 이름으로
불리고 있다. 호치민이라는 이름은 '깨우치는
자'라는 뜻을 지녔다. 호치민은 중국어 독음
이름 후즈밍을 비롯하여 생전에 가명과 필명
이 모두 약 160여 개 이상 되었다.

자료: chilhakgrun.tistory.com

호치민은 판보이쩌우 이후 베트남 독립운동
의 주요 인물로 일생을 베트남의 독립을 위해

바쳤으며, 베트남 공산당, 베트남 독립연맹 등을 창건하였고, 1945년 베트남 민주공화국을 선포하고 총리1946~1955와 국가주석1955~1969을 지냈다.

호치민은 1911년 대 초 사이공에서 프랑스 선적의 배에 선원으로 취직하여 미국을 거쳐 프랑스로 가 유학하던 중 프랑스 공산당에 입당하였다. 1930년에는 중국에서 베트남 공산당원 베트남 노동당의 전신을 창건하여 이끌었고, 제2차 세계대전 중 베트남으로 돌아가 항일 독립전쟁을 하였다. 전쟁이 종결된 1945년 9월 2일 프랑스의 괴뢰로 전락한 응우옌 왕조의 황제 바오다이를 폐위시키고 독립을 선언하였다. 1946년, 프랑스와 독립 협상을 추진하였으나 프랑스가 협상 전에 베트남 남부에 임시정부를 설치한 뒤 이를 코친차이나 공화국으로 발전시키자 이에 반발, 협상을 결렬시킨 뒤 반프랑스 전쟁을 감행하였다. 1954년 디엔비엔푸 전투에서 최종 승리하여 프랑스군을 몰아냈다. 그러나 미국, 소련 등이 가담하고 베트남전쟁이 벌어지면서 북베트남의 최고 군사 지휘관으로서 전쟁을 지속하였다.

1921년 프랑스 마르세유에서 열린
프랑스 공산당 전당대회에
인도차이나 대표로 참석한 호치민(31세)

자료: www.flickr.com

호치민은 베트남전쟁이 한창이던 1969년 9월 2일 베트남의 통일을 보지 못한 채 심장질환으로 사망하였다. 호치민은 가장 영향력 있는 20세기 피식민지 독립국가의 정치지도자의 한 사람이자 저명한 공산주의 지도자 중 한 사람이다. 그는 베트남어뿐만 아니라 영어, 중국어의 여러 방언과 프랑스어를 유창하게 구사하였으며 태국어, 스페인어, 독일어, 러시아어에도 능했다. 종전 후 베트남 공화국의 수도였던 사이공은 그의 이름을 따 호치민 시로 개명되었다.

02
/
생애

📷 출생과 성장기

호치민은 프랑스가 식민 지배를 하던 시기인 1890년 5월 19일 베트남 중
북부 지방의 응에안 성 호앙쭈에서 태어났다. 아버지 응우옌신삭_{阮生色}은 가난
한 유학자였고, 어머니 호앙띠로안 역시 농사를 짓고 서당 훈장도 하였던 유
학자의 딸이었다. 이는 1908년 8월 7일 당시 그가 옥중에서 쓴 편지에도 밝혔
던 내용이었다. 그에게는 세 명의 형제가 있었는데 누나의 이름은 밧리엔_{白蓮,}
_{후일 응우옌띠탄으로 개명}이었고 프랑스 육군의 사무원으로 일하였다. 형 응우옌신키
엠_{후일 응우옌땃닷으로 개명}은 흙점도 치던 점성술사였고, 베트남 전통 의학으로 진료
도 하였다. 또 다른 형 응우옌신뉘안은 어려서 죽었다. 호치민의 아명은 신꿍
_{Sinh Cung}이었다. 일설에는 그가 하카 족의 혈통이 섞인 혼혈인이라는 설이 있

고, 일설에는 그가 지주 집안 후손이었다는 설도 있다. 그의 집은 훼이 시내에서 북방 360km에 떨어진 북쪽 시골 지역이었고, 주변 시설은 열악하였다.

지식인 출신의 아버지 응우옌신삭은 오랫동안 관직에 오르지 못했지만 유교적 소양이 있어 동네 훈장으로도 활동했다. 호치민은 아버지 밑에서 한자와 유학을 공부하였고, 일상에서 베트남어 구어□□를 표기하기 위해 널리 사용되었던 꾸옥응어도 익혔다. 10세 때 그의 아버지 응우옌신삭은 그에게 응우옌 닷 탄이라는 다른 이름을 지어주었다.

1900년 8월 아버지가 후에의 말단 공무원이 되었지만, 1901년 2월 어머니가 병으로 사망하였고, 그의 아버지도 관직에서 오래 가지 못하고 얼마 뒤 면직되었다. 아버지 응우옌신삭은 자신의 활동이 프랑스에 봉사하는 것으로 여겨 요직을 거절했다 한다. 어린 시절의 호치민은 가난한 집안형편 때문에 어려움을 겪었지만, 어려서부터 많은 책을 읽는 습관을 들인 탓에 정식 교육을 거의 받지 못했는데도 역사와 고전에 대한 지식이 해박하였다.

호치민은 베트남인 관리를 양성하는 프랑스-베트남 학교에 입학했지만, 재학 중 반프랑스 민족주의적 사상을 가졌다고 하여 퇴학당하였다. 1904년 훼에 있는 프랑스어 문법학교에 입학하여 1908년 봄에 졸업했다. 청년기의 그는 베트남의 국학에도 심취하였다. 졸업 직후인 1908년 5월에는 베트남의 노예 제도에 반대하는 농민 집회에 참여하기도 했다. 그 뒤에 판티에트에서 프랑스 총독부 소학교Paris Colonial Administrative School의 교사로 부임했으나 월급이 박봉이라서 1911년 1월 그만두고 사이공으로 올라가 6개월간 기술훈련원 견습생이 되었다. 그 후 1911년 6월 5일, 응우옌바라는 가명으로 프랑스의 6,000톤급 증기선船 아미랄 라투슈 트레빌 호의 견습 요리사로 승선, 프랑스로 건너갔다. 그러나 7월 5일 마르세유에 도착하자마자 곧 그만두고, 선원으로 르

아브르, 덩케르크 등에서 활동하다가 아프리카의 여러 항구와 프랑스와 알제리, 튀니지, 콩고 등의 프랑스 식민지와 미국, 유럽 제국을 돌았다. 이후 그해 9월 중순 마르세유로 돌아왔다. 이때 그는 프랑스 식민지인 자격으로 행정학교 입학을 신청했지만 프랑스 문부성으로부터 거절당했다. 이후 그는 배를 타고 세계일주를 시작, 1911년부터 1917년 무렵 프랑스 주변의 여러 나라를 방문하였다.

그의 아버지 응우옌신삭은 1929년에 사망하였다.

서구 유학 시절

미국 생활과 프랑스 생활

1912년에 응우옌바Ba라는 가명으로 선박 요리사 보조로 취직, 선박 요리사로 일하며 미국으로 건너갔으며, 1912년과 1913년에 뉴욕의 할렘과 보스턴에서 살았다. 보스턴에 있는 옴니 파커 하우스 호텔Omni Parker House Hotel에서 빵 굽는 일을 했다. 미국 생활을 하며 흑인 인권운동에도 참가했었다. 1914년에는 배편으로 영국에 건너가, 런던에서 하인, 견습공 등으로 생활하였고, 1917~1918년에는 브루클린으로 건너가 부유층 집안의 집사로 활동했다. 1918년 제너럴 모터스의 영업직원으로 활동했다. 이 기간 할렘에서 마커스 가비의 영향을 받았으며, 한국의 민족주의자들과 만나 정치적 전망을 넓힌 것으로 알려졌다. 1918년 다시 프랑스 마르세유로 건너가 체류하면서 정원사, 청소부, 노동자, 웨이터, 댄서, 사진 수정자, 식당의 화부 등 다양한 직업을 전전하였다.

1920년 프랑스 파리 공산당에서 연설하는 호치민

자료: vietnamlife.co.kr

　　1919년에는 프랑스 사회당에 입당하여 정치활동에 나선다. 1919년 1월부터 프랑스 파리에서 열린 파리 강화회의[1]에 베트남의 독립을 청원하였으나 거절 당했다. 파리 체류 시절 그는 응우옌아이꾸옥阮愛國이라는 가명을 썼다. 이때

1　파리 강화회담 또는 베르사유 평화회담은 제1차 세계대전 이후 연합국이 패배한 동맹국에 관련하여 평화를 보 장하기 위해 1919년 1월 18일 파리에서 열린 회담이었다. 32개국에서 온 정치가들과 민족주의 세력이 참여한 가운데 국제연맹 창립과 같은 중요 결정을 비롯하여 패배한 5개국과의 조약 체결, 그리고 오스만 제국과 독일 제국의 해외 영토를 영국과 프랑스가 위임통치하는 국제연맹 위임통치령 수립, 독일에 대한 보복, 그리고 민족경계를 반영한 국 경 재수립 등이 이 회담에서 논의되었다. 주요 결과는 독일과의 베르사유 조약 체결이었다. 조약의 제231조에 따르 면 독일과 그 동맹국의 공격성이 전쟁에 대한 죄로 인정되었다. 이러한 시야는 독일에게 굴욕감을 주고, 독일에 대한 광범위한 보복조치에 대한 기반이 되었다. 프랑스 제3공화국, 영국, 이탈리아 왕국, 일본 제국, 미국이 회담을 통제했 다. 프랑스 총리 조르주 클레망소, 영국 총리 데이비드 로이드 조지, 미국 대통령 우드로 윌슨, 이탈리아 총리 비토리 오 에마누엘레 오를란도가 회의를 주도했다. 이들은 비공식적으로 145회 이상 만나 모든 주요 결정을 내렸고, 이후 다른 사람들이 이를 승인했다. 회담은 1919년 1월 18일에 개최되었고, 마이클 네이베르크 교수의 말을 빌리자면, 공 식적인 평화 과정은 로잔 조약이 체결되던 1923년 7월이 되어서야 완료되었다.

쓴 아이꾸옥이라는 이름은 후일 그의 호가 되었다. 그는 그곳에 사는 베트남인들을 조직해 청결함과 신뢰를 쌓을 것, 집 주변 청소 정리 등을 하고 질서의식을 가질 것을 호소하였다. 1919년 6월 베르사유 회의에 베트남 대표로 출석하여 '베트남 인민의 8항목의 요구'를 제출하였는데, 이때 언론에 조명되면서 일약 유명해졌다.

📇 대한민국 임시정부 요인들과 교류

1920년 전후로 호치민이 대한민국 임시정부 파리 위원부의 핵심인물 김규식, 황기환, 조소앙, 윤해 등과 교류했음이 그를 감시했던 프랑스 경찰의 문서로 밝혀졌다.

당시 임시정부 외무총장이자 파리 위원부 대표였던 김규식은 호치민의 프랑스 기고가 중국에서 번역, 간행되도록 도왔으며, 언론과 인터뷰를 주선해주기도 했다. 1919년 4월 '대한민국 통신국'을 열었는데, 호치민이 이 통신국을 자유롭게 쓰게 했으며, 그의 저작과 홍보물이 유포되도록 도왔다.

호치민의 감시자는 "호치민은 한국인들이 하는 모든 일을 자신의 근거로 삼고 있다. 그는 일제에 저항하는 한국인의 계획을 거의 똑같이 따르고 있다."고 평가하고 있다.

📇 공산당 활동

1920년 프랑스 사회당 투르 대회에서 제3 인터내셔널코민테른 지지파에 가담하였다. 러시아 공산혁명의 성공과 레닌의 반제국주의 정책에 자극을 받은 그는 1920년 12월 프랑스 사회당을 탈당하고 프랑스 공산당에 입당하였다.

1920년 호치민은 마르크스주의를 배워 프랑스 공산당에 입당하고, 재프랑스 베트남인 애국자단을 조직하여 활동을 시작했다. '응우옌아이꾸옥阮愛國'이라는 이름으로 활동하였다. 1919년 호치민은 파리 강화회의가 열리고 있는 베르사유 사무국에 애국단을 대표해 출석하였다. 그는 "베트남인과 프랑스인을 법적으로 동등하게 대우할 것, 프랑스 의회에 베트남 대표가 참석할 수 있는 권리를 보장할 것" 등 8개 항으로 이루어진 〈베트남 인민의 요구서〉라는 청원서를 제출하였다. 그러나 조선의 대표단이 그랬던 것처럼 이 요구서는 받아들여지지 않았고, 호치민은 회담장 복도에서 쫓겨났다. 그러나 이 사건으로 그는 유명해졌다. 이때, 그는 제국주의자들은 절대 스스로 식민지를 포기하지 않는다는 교훈을 얻고 자연스럽게 사회주의 소련에 호의를 가지게 되었다.

공산주의 국제조직인 코민테른이 소련 모스크바에서 해외 혁명가 양성을 위해 운영한 동방노력자공산대학 학생들의 모습. 한인 공산주의자들 사이에 베트남을 세운 호치민(뒷줄 맨오른쪽)과 남노당 박헌영(앞줄 왼쪽 세 번째) 등이 보인다.

자료: news.joins.com

1921년 프랑스 공산당의 지원으로 프랑스 식민지 인민연맹을 결성하고, 인민연맹의 기관지《르 파리아 Le Paria》의 편집·발행의 책임을 맡았다.《르 파리아》에서 그는 프랑스, 독일, 영국의 식민지 정책의 부당성과, 프랑스의 베트남인 차별의 해악을 고발하였다. 호치민은 프랑스에서 노동자 계층의 많은 지도자들과 사귀었는데, 수년간 프랑스에서 반제국주의, 반식민지 투쟁활동을 벌였다. 이에 따른 프랑스 당국의 감시와 박해가 심해지자, 1923년 이를 피해서 모스크바로 갔다.

1923년에 모스크바에서 열린 〈코민테른 제5차 대회〉에서 동방부 담당 상임위원에 선출되었다. 1924년 모스크바의 코민테른 제5차 대회에 출석, 동아시아 담당 상임위원이 되었고, 1925년까지 코민테른의 학교에서 공산주의 혁명사상을 익혔다. 모스크바에 있을 당시 호치민은 소련의 지도자 블라디미르 레닌을 만나고 싶어 했으나, 살아생전의 레닌을 만나지는 못했다.

코민테른 대회에서(맨 오른쪽이 호치민)

자료: ko.wikipedia.org

📰 공산주의 운동과 혁명 활동

1924년 1월 블라디미르 레닌이 병으로 죽은 뒤, 그의 죽음을 슬퍼했던 호치민은 러시아의 공산당 기관지인 〈프라우다 Pravda〉지에 레닌에 대한 고별사를 실었는데 그 내용은 당원들을 깊이 감동시키면서 주목받았다. 1924년 6월 17일부터 7월 8일까지 모스크바에서 개최된 제5차 공산당 인터내셔널 대회에 적극 참여했다. 이 회의 발표문에서 그는 프랑스 공산당이 식민주의 정책을 좀 더 맹렬히 반대, 비판하지 않는다며 비판했다.

1924년 12월 호치민은 중국 광둥성 광저우廣州로 갔다. 그곳에서 그는 리 투이Ly Thuy라는 가명을 썼다. 12월 그는 광저우에서 베트남 혁명청년협회약칭은 탄 니엔Thanh Nien를 조직하고 사회주의적 민족운동가들에 대한 교육을 시작했다. 이 협회의 회원들은 프랑스 식민통치에 대한 반감을 가진 인사들, 식민지하에서 부당한 대우를 받은 인사들, 정치적 신념 때문에 인도차이나에서 추방되었던 청년들이 몰려들었다. 그는 광저우를 중심으로 인도차이나 민족주의의 근거지를 마련했다. 그는 다시 소련으로 되돌아갔고 코민테른의 학교에서 사회주의 혁명 사상에 대한 공부를 계속했다.

북벌기간 중 장제스, 1926년
자료: ko.wikipedia.org

1925년 다시 광저우로 돌아와 혁명청년협회의 일을 맡아보았다. 그러나 1926년부터 중국 국민당 군대의 사령관이었던 장제스蔣介石가 1927년 4월 광저우에서 중국 공산주의자들을 추방하자 호치민은 다시 소련으로 피신하였다. 1927년 여름 당시 그는 결핵에 걸려 고생하다가, 모스크바로 가서 요양하였다. 그해 11월 파리 시를 방문하기 전 브뤼셀, 베를린, 스위스, 이탈리아 등을 방문했다.

1928년 브뤼셀과 파리를 거쳐 타이의 사이암으로 갔다. 사이암에서 체류하며 그는 타이의 공산주의자들과 함께 활동, 이때는 소련에서 그를 동남아시아 공산당 인터내셔널 대표로 임명하여 2년 동안 이 직함을 갖고 있었다. 그러나 그의 추종자들은 중국 남부에 남아서 활동을 전개했고 그 근거지를 윈난성 쪽으로 서서히 이동해갔다. 1928년 베트남 혁명청년협회의 단원들은 1929년 5월 홍콩에 모여 인도차이나 공산당을 세우기로 결정했다. 그는 하노이나 휴, 사이공 같은 베트남의 대도시에 청년 운동가들을 파견, 적극적인 조직활동을 펴기 시작했으나 호치민의 부관들 가운데 몇 사람은 지도자의 부재 속에 소극적으로 임했다. 이때 호치민은 모스크바로부터 전폭적인 신임을 받고 있었으나, 자금의 부족과 중국 국민당, 일본군, 프랑스 총독부 행정기관 등의 단속과 방해로 활동은 순조롭지 않았다.

당초 그는 서신과 편지로 홍콩에 체류 중이던 베트남 혁명청년협회 회원들과 공산당 결성을 추진하였으나, 자금과 인력, 여건의 어려움으로 뒤로 미루게 된다.

📽 인도차이나 공산당 창당

혁명가로서 자질을 배운 그는 코민테른의 지원에 따라 중국 남부 및 타이로 파견되었으며 베트남의 주변에서 혁명운동을 계속하였다. 중화민국에서

〈제1차 국공합작〉이 성립되어 북벌이 시작되면서, 그도 광동성으로 가서, 〈베트남 청년혁명동지회〉를 창립했다. 1930년 1월 호치민은 사이암에서 베트남으로 돌아온 후 공산당 창당을 주관했다.

1930년 2월 3일에 영국령 홍콩에서 그때까지 조직되었던 3개의 공산주의 조직의 대표를 모아 하나로 묶어 〈베트남 공산당〉을 창립했다 곧 인도차이나 공산당으로 개칭. 홍콩 체류 시절 그는 '리투

호치민, 1931년

자료: ko.wikipedia.org

이'라는 가명을 사용하였다. 처음에는 베트남 공산당이라고 이름을 붙였으나 지나치게 소시민적이고 민족주의적이라는 스탈린의 충고를 받아들여 당 이름을 1930년 10월 인도차이나 공산당 PCI으로 고쳤다. 그가 스탈린의 조언을 받아들인 것은 베트남 공산당이라는 이전 이름에 내포된 소시민계급 민족주의의 인상을 피하기 위해서였으며, 국제적으로 더 폭넓게 인정받는 계기가 된다.

PCI는 베트남의 폭력적인 반란운동과 동시에 발족되었다. 그러나 프랑스의 탄압은 잔인했고 공산당 인사들에게 무차별 사살과 고문 등의 행위를 가했고 무력 충돌과 인력 손실이 계속되었다. 홍콩 체류 중 그는 프랑스령 인도차이나 총독부로부터 폭력 혁명분자로 몰려 사형선고를 받았다.

그해 말에 코민테른에 의하여 권한을 부여받고 인도차이나 공산당으로 개칭하였다. 중국 서남부에서 베트남 혁명청년동지회를 결성하였고 중국 서남부와 베트남 북부지역까지 근거지와 연락소를 두었다. 《청년》이라는 기관지

를 발행하면서 조직을 홍보, 프랑스 식민통치하에서 가난에 찌든 젊은이들이 동조하면서 점점 당의 세력이 강화되어 나갔다. 중국 서남부의 본부에서 훈련받은 베트남인들을 인도차이나 지하조직으로 파견하였다. 1931년 프랑스령 인도차이나 총독부의 검거 탄압을 피해 홍콩으로 피신하였다. 1931년 6월 6일 홍콩 체류 중 영국 경찰에게 체포되었다가 1933년 그곳의 프랑스 경찰이 도망범 인도에 대한 승인을 영국 정부로부터 받자 친구들의 도움으로 그곳을 빠져나와 상하이上海로 도망쳤다. 1933년 여름 오랫동안 은신해 있다가 그해 가을 열차편으로 소련의 모스크바로 갔다.

🗞 반프랑스 독립운동 세력과의 연대 운동

1935년 모스크바에서 열린 제7차 공산당 인터내셔널 대회에 인도차이나 공산당의 수석대표로 참석했다. 이 대회에서는 1930년대 초부터 호치민이 오랫동안 주장, 요구했던 프랑스 인민전선Popular Front, 파시즘에 대항하는 비공산당 좌파와의 동맹을 공식적으로 인정받게 되었다. 그는 인도차이나 공산당원들에게 민족 해방을 위해서는 비공산당 좌파, 개량주의자들과도 연대해야 하고 온건 성향의 우파들까지도 끌어들여야 된다고 주장했다. 그가 직접 키우고 훈련시킨 당원들로부터도 의심과 오해를 샀으나 결국 1936년 인도차이나의 공산당원들은 호치민의 설득과 권고를 받아들여 자신들의 반식민주의 입장과 강경투쟁론에서 한발 물러나 비공산당 좌파는 물론 온건 우파를 포함한 '반파시즘 식민주의자들'과의 협력을 고려했다.

1936년 프랑스 총리인 레옹 블룸Léon Blum의 프랑스 인민전선 정부는 인도차이나 반도에 있는 좌파 세력들이 좀 더 자유롭고 적극적인 활동을 벌일 수 있도록 허락하였다. 그러나 호치민은 1930년에 인도차이나 총독부의 법정에서 받은 사형선고 때문에 베트남으로 돌아가지 못하고 계속 망명생활을 하였다. 1937년 중순에 귀환을 계획했으나 1937년 블룸의 인민전선 정부가 무너지자 인도차이나 총독부의 인도차이나 공산주의자, 사회주의자들에 대한 탄압이 되살아났다. 1938년에 이르러 인민전선은 완전히 해체되었고 악조건에서 싸우게 되었다.

망명생활 시절의 호치민

자료: sophistjin.tistory.com

1930년대 후반에 이르러 제2차 세계대전에서 일본의 패배를 예상하고 그는 중국과 미국을 대상으로 교섭을 시도, 베트남 독립 시 그들의 동의를 약속받았다. 1938년 호치민은 중국의 화북 지방으로 가, 옌안延安에서 마오쩌둥毛澤東 등과 2개월 정도 같이 생활하였고, 호치민은 팔로군에서 기자 일을 하면서 보건 담당 간부로 근무했다.

📽 제2차 세계대전

📇 베트남 독립 운동

1939년 프랑스와 독일이 전쟁 중일 때, 프랑스의 패배를 예상, 호치민과 그의 부하인 보구엔지압, 팜반동은 이 절호의 기회를 이용해 자신들의 이상을 진척시킬 계획을 수립하였다. 그의 예상은 적중했고 프랑스가 독일에 패하였다.

1940년부터 중국 윈난성 쿤밍에서 중국 공산당 조직과 함께 활동하며 본국을 향해 홍보, 선전 전술을 활용하였다. 호치민은 충칭에 있을 때면 충칭 허핑和平로 우스예샹吳師爺巷 1호에 위치한 대한민국 임시정부를 수차례 들렀다. 호치민은 조국을 잃은 망명객이라는 같은 처지의 백범과 상당한 친분을 쌓았던 것 같다. 1939년 제2차 세계대전이 발발하여 나치 독일이 프랑스를 점령했기 때문에, 프랑스의 식민지인 프랑스령 인도차이나는 새로운 국면을 맞았다. 독일 정부와 손잡은 일본 정부는 남방 진출의 일환으로 1940년에 프랑스령 인도차이나 북부에, 1941년에는 프랑스령 인도차이나 남부에 진주했다. 친독일 비시Vichy 정권과의 좋은 관계 유지를 위해 그는 기존의 프랑스령 인도차이나 정부와 공동 통치 체제를 폈다.

호치민은 1941년 1월 3인조 · 5인조 동지들과 국경을 넘어 베트남으로 파견하여 지하 조직을 구성하고, 각 지역의 청년 당원들을 모집하게 하고, 한편 지식인들을 포섭하게 하였다. 호치민은 홍콩, 모스크바, 옌안中華民國, 윈난성 등에서 활동하고 있었지만 인도차이나 정세의 급변으로 1941년 2월, 윈난성에서 국경을 넘어 조국 베트남의 까오방성으로 들어왔다. 5월 그는 여기서, 인도차이나 공산당을 중심으로 베트남 독립을 위한 통일전선 조직인 〈베트남 독립동맹〉월맹, 통칭 비엣민을 조직하고, 즉시 일본군에 대한 무장 투쟁을 준비하기 시작했다. 이어 민족 해방을 위한 독립 총봉기總蜂起를 목표로 단원을 모집하고 세력을 키웠다. 그는 이때부터 응우옌아이꾸옥이라는 이름을 버리고 호치민이라는 필명을 정식 이름으로 사용하였다. 베트민이 결성되면서 베트남 고유의 민족주의가 다시 강조되었다.

1942년 중국 쓰촨성 충칭을 방문했을 때 그는 프랑스의 스파이 또는 일본의 스파이로 오해받아 중국 국민당군에 의해 체포, 억류되었다가 1943년 9월에 석방되었다.

중국과 미국의 승인 획득

그러나 프랑스와 영국, 일본 등 제국주의 세력과의 전쟁을 위해 부득이 무장 세력을 많이 보유한 중국 장제스 정부의 도움, 지원을 받아야 했다. 제2차 세계대전 후반 하와이 진주만 공습을 보고 일본의 패배를 예상한 그는 공산주의 성향을 철저히 숨기고, 중국과 미국에 전략적으로 접근하여 지원을 받아낸다. 1942년 중국 국민당의 간부를 만나기 위해 중국 쓰촨성 충칭을 방문하였다가 프랑스와 일본의 스파이로 오인되어 중국 국민당 특무대에 의해 체포, 감금되었다. 장제스는 공산주의자인 호치민을 믿지 않았고 그는 18개월간 구금당한다. 수감 시절 그는 매일 일기를 쓰는 한편, 《옥중 서신Notebook from Prison》이라는 책을 집필했다. 이 책은 나중에 《옥중일기》라는 이름으로 출간되었는데, 이것은 전통적인 한문 단편 시들의 모음집으로 우울한 단상, 금욕적인 사고, 혁명을 주창하는 내용을 담고 있다.

그러나 한문에도 능했던 그는 혁명활동의 차질을 받았으나 침착하게 대응, 중국 국민당 측을 설득했다. 그는 동료들이 중국 남부의 최고 사령관인 장 파쿠에이와의 타협을 통해 인도차이나에서 프랑스에 반대하고 장 파쿠에이의 권익을 지지하겠다는 조건에 동의해 그의 석방을 이끌어냈다. 장 파쿠에이는 장제스를 설득했고 그는 1943년 9월 10일에 석방되었다. 이때 그는 베트민이 단순히 프랑스나 일본과 싸우는 독립운동단체가 아니라 임시과도정부이며 지지해줄 것을 호소하였다. 프랑스와 영국, 일본의 만행을 규탄하는 한편 민주주의에 입각한 정부 수립을 약속, 그의 설득이 통하여 그는 중국과 미국을 상대로 월맹이 임시과도정부임을 승인받았다.

미국의 극동군 사령부에서는 특별히 낙하산 부대까지 투입하여 베트민의 활동을 지원하였는데, 이는 인도차이나 반도에서 프랑스 세력을 약화시키려는 것이 목적이었다. 호치민은 미국이 프랑스, 스페인과 갈등하고 있다는 상황을 잘 이용하였고 미국의 지원으로 독립전쟁을 승리할 수 있는 기회를 잡게 되었다. 1944년 말 그는 미국 군대와 접촉하여 일본에 대항하는 미국의 첩보기관 미 전략사무국Office of Strategic Services, 약칭 OSS과도 협력하기 시작했

OSS Deer Team원들과 호치민, 보구엔지압이 탄 트라오 지역의 훈련장에서 1945년 8월 찍은 사진. 뒷줄 왼쪽에서 세 번째 호치민, 다섯 번째 보구엔 지압

자료: en.wikipedia.org

다. 아르키메데스 패티가 이끄는 OSS 사슴팀Deer Team은 그의 베트남 독립동맹의 게릴라들을 훈련시켰고, 중국 남부 산지에서 일본군과 교전했다. 그러나 1945년 프랑스 측에서 미국 측과 교섭, 그가 공산주의자임을 들어 후원 중단을 요청하자 미국은 베트민의 지원을 중단한다.

독립 선언과 투쟁

독립 선언

1945년 1월부터 호치민은 보구엔지압의 요원들로 구성된 특별 기습부대를 지휘하며 서서히 베트남과 중국의 국경지대를 넘어 1945년 봄 베트남의 수도 하노이에 비밀리에 잠입하였다.

군사적으로 일본에 비해 열세인 편이었기 때문에 1942년, 중국 국민당군의 지원을 요구하려고 중화민국에 들어갔지만 공산당의 세력 확대를 싫어하는 국민당의 지방 군벌 정권에 의해 체포되어 13개월간 각지 감옥을 전전하다가 석방되어 1944년 말에 간신히 근거지로 돌아갔다. 그러나 일본군이 인도차이나를 점령하면서 모든 프랑스 관리들을 투옥하거나 처형했다. 그는 다시 기회를 찾기 위해 노력하며 전황과 동태를 수시로 파악하였다.

1945년 8월 초 일본의 패색이 짙어지자 호치민은 자신을 의장으로 하는 민족해방위원회를 결성하고 일본, 프랑스에 대한 전쟁을 선언하고 궐기하였다. 지하에 있던 베트남 민족운동가들은 모두 공개석상에 나타났고, 곧 베트남 민족해방위원회가 조직되어 그를 의장으로 추대하였다. 1945년 8월 10일 일본의 패전으로 태평양전쟁이 끝나자 민족해방위원회는 지상으로 올라와 총봉기하였다. 하노이, 후에에서 연일 시위가 일어났으며 월맹은 베트남 중부와 북부 지역을 빠르게 장악하였다.

독립

일본군이 항복한 1945년 8월 13일 호치민은 전 국민에 총봉기를 호소했다. 4일 후 8월 17일에는 비엣민 주도하에 전국적인 민중봉기 베트남 8월 혁명가 일어나 비엣민군이 하노이에 입성했다. 그리고 일본 정부가 항복문서에 조인하면서 제2차 세계대전이 끝난 그해 9월 2일, 호치민은 베트남 민주공화국의 정부 주석으로 선출되고, 같은 날 베트남의 독립을 선언했다. 독립 선언문의 내용은 다음과 같다.

바딘 광장에서 독립 선언서를 낭독하는 호치민

자료: ko.wikipedia.org

"'모든 인간은 평등하게 창조되었다. 그들은 창조주로부터 양도할 수 없는 권리를 부여받았다. 생존, 자유, 행복의 추구 등이 그러한 권리이다.'

이 불멸의 선언은 1776년 미합중국의 독립 선언문에 나오는 것입니다. 이 말은 넓은 의미에서 이런 뜻입니다. 지상의 모든 민족들은 날 때부터 평등하며, 모든 민족은 생존의 권리, 행복과 자유의 권리를 가지고 있다. 1791년 프랑스 혁명의 인권 선언문에는 또 이런 구절이 나옵니다. '모든 사람은 자유롭게, 평등한 권리를 가지고 태어났으며, 이 자유와 평등의 권리는 평생 유지되어야 한다.'"

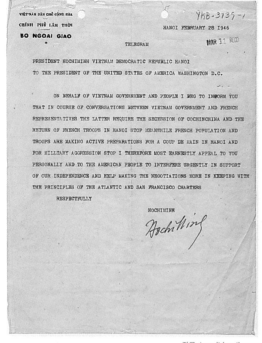

호치민이 트루먼 대통령에게 보낸 전보

자료: ko.wikipedia.org

그러나 베트남의 중부와 남부에는 프랑스의 세력이 강했고, 이들은 독자적으로 코친차이나 공화국을 수립한다. 1945년 9월 2일 호치민은 바오다이 황제의 폐위와 베트남의 독립을 선언하고 베트남 민주공화국을 선포하였으며, 바로 호치민은 정부의 국가주석으로 취임하였다.

1946년 퐁텐블로에서 프랑스와 협상했지만 결렬되었고, 항전을 선언하여 1954년 디엔비엔푸 전투에서 승리하여 프랑스를 축출하는 데 성공한다. 그러나 구 소련과 중화인민공화국은 수시로 베트남의 내정에 간섭하여 혼란이 지속되었다.

📖 베트남의 분단과 전쟁

그러나 연합군의 협정조항 중에는 중국의 장제스의 중국 국민당 군대가 일본군을 대신하여 16°선 북쪽을 장악하고, 남부는 프랑스가 혼란을 수습할 때까지 당분간 맡는 조항이 있었다. 그는 이에 반발하였지만 불가피하다는 것을 인식하자 고민하기 시작했다. 샤를 드골 장군이 집권한 프랑스는 베트남의 독립을 순순히 받아들이려고 하지 않고 오히려 베트남의 지배권을 다시 주장하였다. 10월 6일 드골은 자크 르클레르 장군을 사이공에 급히 파견, 10월

2일부터 8일까지 지나자 중무장한 프랑스군 기갑사단이 코친차이나 지역에 도착했다. 1945년 12월 그는 남베트남을 장악했으나 프랑스 기갑사단의 출현으로 퇴각했다. 호치민은 계속 싸울 것인가, 협상할 것인가를 두고 고민했다. 결국 협상하기로 결정했으나, 한편으로 군사 훈련을 계속하여 언젠가는 싸워야 할 것에 대한 대비를 철저히 하였다.

호치민의 전략은 프랑스 군대를 이용, 북쪽에 있는 중국 군대를 퇴각시키게 하고 나서 독립의 승인, 르클레르 군대의 철수, 베트남의 재통일을 보증할 프랑스와의 협약을 맺는 데 주력하자는 것이었다. 그러나 일부 사회주의자들과 민족주의자들의 반발이 만만치 않았다. 그럼에도 협상을 강행, 1945년 10월 말부터 대표단을 보내 프랑스와의 협상이 시작되었으나, 프랑스 군대가 독립에 대한 대화를 거절하자 호치민과 프랑스 군대 양측이 이러지도 저러지도 못하게 되었다. 1946년 3월에 가서야 교착상태가 풀리면서 협상을 다시 진행하였다.

독립 협상 결렬

그러나 프랑스 정부가 베트남 민주공화국을 정식 정부로 인정하지 않고 군을 증파하자 호치민은 프랑스 정부와 끈질긴 교섭을 통해 1946년 3월 하노이 협정을 성립시키며 베트남의 독립을 인정받게 되었다. 본 협정 조인을 위해 프랑스로 간 그는 프랑스 정부가 코친차이나를 분리하고 그곳에 친프랑스적인 정권을 수립시킨 사실을 알고 타결 직전에 교섭을 결렬시켰다.

1946년 3월 대치 상태가 다소 풀리자 호치민 편에서는 프랑스군에 제시한 요구에 대해 보다 폭넓은 지지기반을 얻으려는 생각에서 베트남 독립동맹 이외의 당들도 새로운 정부에 참여할 수 있도록 허용했다. 그와 동시에 프랑스

퐁텐블로 동의서에 서명 후 악수하는 호치민과 마리위스 무테(1946년)

쪽에서는 중국 군대의 철수를 얻어내기 위해 외교사절단을 중국에 보냈다. 중국 국민당군이 베트남 북부에서 철수하자 르클레르 군대 일부도 북쪽 하이퐁에서 물러났다. 호치민은 3월 6일 중국 군대의 철수가 확정된 뒤 프랑스 군과의 협정에 조인했다. 협정조항에 따르면 베트남은 '자치정부·군대·재원財源을 가진 자유국'으로 인정되었으나, 계속해서 파리 시에 있는 프랑스 정부가 주도적인 역할을 행사하는 프랑스 연방에 통합되어 있었다. 3월 18일 르클레르는 프랑스 군대를 이끌고 하노이로 들어갔고 군대는 제한구역에서만 활동하게 되었다. 그리고 서서히 퇴각한다는 조건을 달았다. 그러나 베트남과 프랑스의 극단주의자들과 베트남의 민족주의자들은 그 협정에 대해 불만스럽게 생각했고, "호치민이 식민통치를 연장하려 한다." 또는 "사적인 욕심으로 음모를 꾸민다."는 등의 비방이 계속되었다.

1946년 6월부터 9월의 프랑스 정부에서 주재한 2차 협정에 참석하기 위해 프랑스로 건너갔고 파리에서 프랑스 정부와 2차 협정을 체결했다. 그러나 그해 11월 20일부터 11월 23일 우연히 하이퐁에서 발생한 우발적인 사고로 결렬되었다. 그해 11월 하이퐁에서 프랑스 군대와 베트남 군대 사이에 충돌이 있은 후 프랑스 순양함은 하이퐁에 포격을 가했다. 당일 날 거의 6천~8천 명의 베트남인이 포격으로 죽는 바람에 우호적인 화해에 대한 기대도 무너졌다.

필리프 르클레르 장군

자료: namu.wiki

제1차 인도차이나전쟁

희생 현장에 대한 보고를 받은 후 하이퐁을 방문한 호치민은 분개했다. 이 무렵부터 심장질환 등으로 고생하던 그는 병든 몸에 환멸을 느끼면서 좀 더 호전적으로 보복하자고 나서는 추종자들의 요구를 즉각 수용한다. 12월 19일 그는 전쟁을 선언했고 이로써 제1차 인도차이나전쟁이 시작되었다. 1946년 12월 퐁텐블로 회의가 결렬되자 프랑스에 대한 항전抗戰을 직접 지휘하였으며, 코친차이나 공화국과 그 후신인 베트남국이 프랑스의 괴뢰정권임을 강조, 양심적인 지식인들의 협력, 협조를 요청하였다.

1946년 11월 프랑스군은 하이퐁에서 베트남 민주공화군을 공격하여 민간인 6,000명을 죽였다. 우수한 화력을 앞세운 프랑스군은 12월 19일 수도 하노이까지 진격한다. 호치민은 〈전국민에 항전을 호소한다!〉라는 담화문을 발표하고 철저한 항전에 돌입하였다. 이것이 7년간에 걸친 〈제1차 인도차이나전쟁〉의 시작이다. 베트남군은 평야에서 철수하여 북부 산악 지대에 틀어박혀 저항을 계속하였고 보구엔지압이 인솔하는 게릴라 부대는 장비가 우수한 프랑스군을 압도하였다. 그는 북베트남의 산악 지대에서 은신하면서 전쟁을 지휘하였다. 1947년 10월 프랑스는 레아 작전을 개시하고 베트민 근거지인 비엣박을 공격하여 호치민을 체포할 뻔했으나 호치민은 탈출했다. 이후 북베트남의 어느 야산에 피신해 있던 호치민은 다시 파리와 접촉, 일시적으로 휴전하였으나 파리에서 제시한 조건은 황실의 복원이었다. 당시 프랑스는 베트남 남부의 코친차이나 공화국에서 여전히 영향력을 행사했고, 그 후신인 베트남국을 지원했다.

보구엔지압(왼쪽)과 호치민

자료: ko.wikipedia.org

1948년 프랑스 정부는 1945년 8월에 혁명을 지지하여 사임했던 전 응우옌 왕조 안남 제국의 황제 바오다이를 다시 안남의 황제에 앉혀주겠다고 제안했다. 프랑스가 바오다이의 복위를 조건으로 낸 것은 베트남의 전통 지배계층을 지지하여 월맹 세력을 약화시키고자 했기 때문이었다. 다시 황제와 귀족들의 복귀와 신분제 사회는 있을 수 없다며 호치민은 반발했고, 3차 협상은 전면 백지화했다. 이어 보구엔지압의 지휘를 받는 베트민 군대에 유격 게릴라 전쟁을 명령, 게릴라

디엔비엔푸 전투에서(좌로부터 팜반동, 호치민, 쯔엉찐, 보구엔지압(1954년)

전법과 테러 행위를 동원해 프랑스군과 바오다이의 군대를 봉쇄하거나 기습 작전으로 승리하였다.

　1949년 중국의 국공내전이 중국 공산당의 승리로 끝나자 중국 공산당은 베트민군을 지원했다. 1950년 마오쩌둥의 중국과 스탈린의 소련은 호치민의 베트민을 공식적으로 인정했고, 중국으로부터 지원을 받은 호치민의 베트민은 북부전선에서 대대적인 반격에 나선다. 1952년 베트민군은 호아 빈 전투에서 승리한 후 1953년 말에는 베트남의 중부와 북부 지방 대부분을 장악함으로써 좀 더 큰 도시들도 사실상 포위상태에 놓이도록 만들었다. 또한 베트남 남부에도 베트민이 심어둔 첩자들이 암약하면서 프랑스의 정책을 방해, 교란했다. 프랑스군은 1954년 3월 13일 라오스 국경 지대 근처에 있는 디엔비엔푸에서 교전한다.

1954년 5월 7일 디엔비엔푸 전투에서 기습공격으로 승리, 프랑스군에 결정적인 타격을 주었다. 디엔비엔푸 전투에서 프랑스군 2,300명이 전사하고 1만명 이상이 베트민군의 포로로 붙잡혔다. 8년간의 제1차 인도차이나전쟁 기간동안 프랑스는 7만 4천 명 이상의 병력을 잃었고, 그 결과 제네바 협정이 체결되고 프랑스군이 철수함으로써 베트남은 80년에 걸친 식민 지배에서 벗어나게 되었다. 그러나 소련과 중공의 내정 간섭과 프랑스, 미국의 막후 개입으로 완전한 독립을 이루지는 못했다. 결국 제네바 회담에서 베트남은 17도 선을 경계로 남과 북으로 분할되었다. 그는 이에 반발하였으나 소련과 중공이 개입한 것을 알게 되면서 침묵하였다. 이후 그는 "우리는 폭격 위험 아래서는 절대로 협상에 동의하지 않을 것"이라고 선언하고 결사 항전의 뜻을 밝혔다.

1954년 5월 말부터 7월 21일까지 8개국 대표들이 베트남 독립 문제를 해결하기 위해 베트남 대표들과 함께 제네바에 모였다. 이때 베트남 대표는 2개 대표단이 파견되었는데 호치민 지지자들로 구성된 팜반동의 북베트남의 대표단과 바오다이와 그 지지자들로 구성된 남베트남의 대표단으로 이루어져 있었다. 남베트남은 이미 1945년부터 프랑스의 지원으로 코친차이나 공화국이 수립된 이래 프랑스와 미국의 영향력하에 사실상의 정부를 구성하고 있었다.

1954년 5월부터 2개월간의 회의 끝에 8개국 대표들은 베트남이 따르기로 되어 있는 한 가지 협정을 체결하고서 회의를 끝냈다. 협정에서 1956년에 실시하기로 예정된 선거 전까지는 베트남을 17°선의 경계로 나누었다가 선거 후에는 베트남인들이 통일된 정부를 세우도록 한다는 것이었다. 팜반동 등은 즉시 독립을 주장했지만 받아들여지지 않았다. 또한 바오다이의 지지자들도 공산 정부는 받아들일 수 없다고 함으로써 통일 정부에 대한 결론을 보지 못한다.

또한 이 조약에서는 1946년 프랑스와의 협정에 조인했던 호치민이 이 조약을 받아들이고 프랑스나 미국, 일본 등 어느 나라에 대해서든 저항을 중단해야 된다는 조건부가 달렸다. 그러나 협상 막판에 베트남 총선거에 대해 바오다이의 지지자들과 미국, 프랑스는 부정적이었고, 결국 미국과 남베트남의 선거기한 연기 주장이 관철되면서 그의 뜻은 관철되지 못한다.

📷 토지개혁과 외교활동

1945년과 1946년, 1947년 그는 베트남 공산당 내부의 반권위주의적 마르크스주의자들을 제거하였고, 지주들의 토지를 몰수하고 친일파, 친프랑스파를 처단하는 과정에서 부르주아 민족주의자들과 항일, 항프랑스 전쟁에 가담했던 민족주의자들이 공개비판 후에 숙청과 처형되는 경우도 있었다. 호치민과 그의 동료들이 장악한 북베트남은 남쪽의 광대한 농업지역과는 단절된 지역이었고, 수산업 외에는 자원이나 유산이 빈약하였다. 경제 건설을 목적으로 했으나 사정이 여의치 않자 호치민은 중국과 소련에게 도움을 요청했다. 그러나 소련에서도 소극적이었고, 중국에서도 소극적이었다. 불리한 상황에서 호치민은 다소 전체주의적인 통치를 계속해

동독 방문 중의 호치민(1957년)

자료: ko.wikipedia.org

나가게 되었다.

　1955년부터 1956년 농지개혁을 통해 지주들의 토지를 몰수하면서 다시 숙
청을 계속해 나갔다. 북베트남인들에게 '호 아저씨'로 알려진 것을 보아도 알
수 있듯이 독립운동을 통해서 인심을 얻은 호치민은 대단한 인기를 계속 유
지했다. 호치민 정부는 경제개혁을 추진하기 위해 지주와 부르주아 민족주의
자, 구 왕당파의 숙청까지도 감행한다. 이후 토지개혁으로 인한 민중들의 반
발이 있자, 그 과정에서 호치민은 토지개혁의 책임자인 추옹친을 해임시키고
당내에서 자아비판을 했는데, 이는 1956년 소련의 흐루쇼프의 스탈린 격하

베이징에서 니키타 흐루쇼프, 마오쩌둥, 쑹칭링과 함께(1959년)

자료: ko.wikipedia.org

운동의 영향도 있었다.

그는 소련과의 관계가 긴밀했지만 아시아 혁명 당시 중국이 맡았던 초기 역할을 잊지 않았다. 그러면서도 아시아에서 중공의 영향력을 줄이기 위해 소련과의 관계를 더 돈독히 하는 한편, 소련과의 관계를 활용하는 일에 몰두하였으며, 베트남인들의 권리를 주장하는 일에 주의를 기울였다. 강대한 공산주의 두 동맹국 사이에서 능숙하게 균형을 유지하면서 1955년 모스크바와 베이징을 방문하는 한편 1958년에는 중립국이던 인도의 뉴델리와 자카르타를 방문하여 외교 관계를 형성하였다. 중국과 소련의 갈등이 계속되자 호치민은 1960년 모스크바를 방문하여 소련과 중국 사이를 중재하기도 했다.

또한 한쪽 편을 들지 않고 중·소 양쪽을 중재하는 한편 양쪽 모두를 지지한다고 하는 등 협상을 시도하였다. 또한 주변의 인도, 캄보디아 등과의 외교에도 각별히 신경 썼다. 결국 그는 두 공산주의 강대국 사이에서 균형을 유지할 수 있었고, 미국과의 전쟁이 발발했을 때에 소련과 중국으로부터 전폭적인 원조를 받았다.

베트남전쟁

1959년 북베트남은 공식적으로 남부통일을 최우선 목표로 삼았다. 남베트남에서도 응오딘지엠 정권에 대한 게릴라_{베트콩}들의 활동이 시작되었다. 게릴라 활동과 동시에 호치민은 남베트남에 대해 협상을 제의하였다. 이미 프랑스가 제네바 협정에 따라 베트남에서 철수했지만, 당시 프랑스와 일본에 이어 베트남에 진출할 계획을 가지고 있던 미국은 제네바 협정에 서명하는 대신 남부 베트남에 친미적인 정권인 베트남 공화국을 수립, 적극적인 경제적·군사적 지원을 시작했다. 그러나 베트남 공화국 정부가 제네바 협정에 따라 정해진 통일 선거를 보이콧하면서 반대파에 가혹한 탄압을 가하자, 남베트남 정부의 독재 정치에 대한 저항이 확산되어 1960년 12월 캄보디아 국경 근처 마을인 탄랍이라는 곳에서 〈남베트남 해방민족전선〉이 결성되었다. 해방전선은 베트남 노동당의 지원 아래 부패한 남베트남의 응오딘지엠 정부에 맞서 격렬한 싸움을 시작했다.

응오딘지엠의 불교도 탄압 정책은 1963년 고승 틱꽝득 스님의 소신공양을 시작으로 점차 민심을 잃게 만들었고, 이는 결국 미국 CIA의 지원을 받은 남베트남 내부의 쿠데타를 발생시키는 계기가 되었다. 응오딘지엠을 축출하기 위해 시작된 쿠데타는 그 이후에도 지속되었고, 남베트남의 정치적 불안

제네바 협정에 의해 분단된 베트남

호치민(Ho Chi Minh)
월맹(북부베트남)
17º
응오딘지엠(Ngo Dinh Diem)
월남(남부베트남)

자료: m.blog.naver.com

고승 틱꽝득 스님의 소신공양

정과 계속되는 해방전선의 투쟁에 베트남이 공산화가 될 것을 우려한 미국은 1964년 8월 2일에 발생한 통킹만 사건을 일으켜 북베트남에게 선전포고를 한다. 1964년 10월 남베트남의 수도 사이공 근처에 있는 비엔호아 미군 비행장이 공격받고, 1965년 2월 쁠래이꾸에 있던 미군기지가 공격받자, 미국은 1965년 2월 7일 '롤링썬더 작전'이라는 이름 아래 북베트남에 대한 무차별 폭격을 개시하며 베트남전쟁을 일으켰다. 그해 3월에는 다낭에 지상병을 상륙시키는 것을 시작으로 지상군을 파병한다. 전쟁 내내 미군은 베트남 민주공화국군에 비해 우세한 화력을 가지고 있었으나 당시 남베트남 정부의 독재와 부패로 베트남 공화국의 정치적 지지도가 추락하면서 베트남 민주공화국과 남베트남 해방민족전선이 지지를 얻기 시작했다. 이러한 정치적 상황을 바탕으로 해방민족전선은 주요 도시와 간선도로를 제외한 농촌 지대를 거의 완전하게 그 세력하에 두어 베트남 공화국군과 베트남에 주둔해 있는 미군과 한국군, 호주군, 태국군, 필리핀군, 뉴질랜드군 등에 대해 공격을 지시, 일제히 공격을 퍼붓기 시작했다.

롤링썬더작전

자료: ko.wikipedia.org

1966년 7월 17일 호치민은 북베트남인에게 베트남 인민의 가슴에 독립과 해방만큼 소중한 것은 없다는 메시지를 전달했다. 한편으로 미국과의 협상을 계속 진행해 왔는데, 1967년 2월 15일 미국 린든 존슨 대통령의 친서를 전달받고 그는 "우리는 폭격의 위협 아래서는 절대로 협상에 동의할 수 없다."고 밝혔다. 한편 소련과 중국의 군사적 지원, 특히 케산 전투와 1968년 구정 공세를 계기로 사실상 미군이 전쟁에서 주도권을 잃자 당시 미국 대통령이었던 린든 존슨의 지지도는 급감했고 결국 닉슨에게 후임을 내주었다. 이어서 1969년 제37대 대통령에 취임한 리처드 닉슨은 베트남에서의 철수를 모색하기 시작하면서 베트남 민주공화국과 본격적으로 협상하기 시작했다.

03
/
죽음과 그 이후

    1966년 7월 17일 그가 발표한 성명서 가운데 "베트남 국민의 가슴에 독립과 자유만큼 소중한 것은 없습니다."라는 구절은 북베트남인들의 통일전쟁에 대한 의지를 버리지 않는 주제, 구호가 되었다. 만년의 그는 심장병으로 1940년대 중반부터 오래도록 고생하였고 제대로 된 진료를 받지 못했다. 호치민은 생전에 남베트남을 정복하고 통일을 달성하는 데 최소한 3~5년 이상은 필요하다고 생각했으며, 그가 죽은 지 7년만에 1975년 4월 남베트남은 몰락하고 만다.

    미군이 베트남과 협상을 시작하면서 전쟁이 새로운 국면을 맞이할 즈음인 1969년 9월 2일, 24번째 독립선언 기념일을 앞두고 호치민은 갑작스런 심장발작으로 9시 47분경 사망했다. 그의 나이 79세가 되던 해였다. 그의 사망 소식은 다음 날인 9월 3일에 발표됐다. 장례식에 인민의 돈과 시간을 낭비하지

호치민 시신

자료: www.pulselive.co.ke

말고, 자신의 시신을 화장하고, 재를 3등분하여 도자기 상자에 담아 북부, 중부, 남부에 뿌려줄 것을 유언으로 남겼으나, 그의 유언은 지켜지지 않았고, 그의 시신은 방부 처리되어 거대한 묘에 전시되었다. 베트남 국민은 4일부터 11일까지 7일간을 전국민 애도 기간으로 정하고 그를 추모했다.

당시 캐나다 종군 기자 출신이자 《베트남 10,000일의 전쟁》의 저자인 마이클 매클리어는 호치민의 장례식을 지켜본 유일한 서방 기자였는데, 그는 다음과 같은 기사를 남겼다.

"위대한 지도자를 잃은 비탄과 감동, 혼란이 함께하고 있었다. 사람들은 넋을 잃은 듯이 행동했다. 한 사람의 훌륭한 정치 지도자를 잃고 애도하는 그런 슬픔이 아니었다. 모든 사람들이 슬픔을 꾹 참고 견디는 모습이었다. 호치민의 인민들은 '호 아저씨'가 부르기만 하면 누구라도 달려와 목숨을 걸고 싸울 수 있다는 것을 확인시켜 주는 순간들이었다."

—《베트남 10,000일의 전쟁》 p.444

📷 사후

일생을 독신으로 살았던 그는 물려줄 사람이 없다 하여 유산을 남기지 않았다. 그가 죽을 당시 유산으로는 옷 몇 벌과 낡은 구두가 전부였으며 사적으로 재산을 축재하지 않았다. 그가 사망한 뒤에도 베트남전쟁은 6년을 더 지속되었다.

그가 죽은 지 6년 후인 1974년 12월 북베트남의 지도자들은 '호치민 캠페인'이라는 이름 아래 남베트남 통일을 위한 작전을 수행했고, 1975년 3월 남베트남 전역에서 진격을 개시하여 4월 30일, 남베트남의 수도 사이공을 함락시켰다. 이로써 베트남은 통일을 이룩했고, 1976년 베트남 사회주의공화국이 최종적으로 성립되었으며 남베트남의 수도였던 사이공은 호치민시로 개칭되었다.

호치민 동상 앞에 선 저자(2020년 1월 27일)

04
/
평가와 비판

영원한 '호 아저씨'

자료: avocadurian.wordpress.com

베트남에서는 그를 현대 베트남의 국부로 보는 평가가 주를 이룬다. 베트남에서 호치민에 대해 부정적인 의견을 밝히는 것은 큰 모욕으로 받아들여질 수 있으므로 주의해야 한다. 그러나 베트남전쟁 이후 미국으로 건너간 남베트남 출신의 보트 피플과 그 후예들은 대체적으로 호치민에 대해 비호의적이다. 1999년 샌프란시스코의 리틀 사이공에서 호치민 사진을 건 비디오 가게가 남베트남 출신의 보트 피플들에게 강력하게 규탄받기도 했었다.

호치민은 한때 프랑스 공산당에 입당했으나 태평양전쟁 중 미국 OSS와의 협력관계를 수립하여 상당히 친미적이었으며 북부 베트남 최초의 헌법도 미국을 상당 부분 모방하여 작성했다. 1945년 9월 그가 선포한 독립선언문 또한 1776년 토마스 제퍼슨이 작성한 미국의 독립선언문과 매우 유사하다. 그러나 미국이 프랑스 식민주의자의 편을 들었을 뿐만 아니라 베트남 분단 후 남쪽에 친미 괴뢰정부를 세워 분단의 영구화를 기도하여 서로가 적대적 관계로 치닫게 됐던 것이다.

베트남의 국부, 호치민

자료: blog.daum.net

Chapter 08

중국-베트남 전쟁

3년의 폭정으로
100년이 무너지다

01

/

개 요

중월 전쟁中越戰爭 또는 중국-베트남 전쟁은 1979년 2월 17일 국경분쟁을 시작으로 일어난 중화인민공화국과 베트남 사이에 일어난 전쟁이다. 제3차 인도차이나전쟁[1]이라고도 불리지만, 동원된 두 나라의 병력 규모에 비해 1개월

---

1   제1차 인도차이나전쟁(The First Indochina War) 또는 베트남 독립전쟁은 1946년 12월 19일부터 1954년 8월 1일까지 프랑스와 비엣민(베트남 독립동맹회의 약칭) 간의 전쟁으로 프랑스-베트남 전쟁(the Franco-Vietminh War) 등으로 불린다. 제2차 세계대전 종전 직후, 대부분의 식민 국가들은 독립했으나, 식민정책을 포기하지 않기로 결정한 프랑스를 상대로 호치민의 민족주의 저항세력은 제1차 인도차이나전쟁을 치렀다. 연합군은 베트남 문제를 중화민국에게 처리해 달라고 부탁하였는데, 북쪽에서는 공산군이 내려오고 남쪽에서는 지도자 공백 상태라 혼란이 계속되었으므로 프랑스인들을 풀어주어 재무장시킨 데 따라 북(北)은 비엣민이, 남(南)은 프랑스가 장악하여 8년 동안 전쟁이 계속된 것이다. 결국 1954년 프랑스군이 라오스와의 국경부분에 위치한 디엔비엔푸에서 크게 패퇴한 이후, 국제사회는 제네바 회담을 통해 새로운 선거에 의해 베트남 독립을 약속하게 되며, 1954년까지를 1차 인도차이나전쟁의 종결기간으로 간주한다. 전쟁이 끝나고 북에는 호치민을 대통령으로 하는 베트남 민주공화국이 수립되고, 남에는 괴뢰황제 바오다이를 총리로 하는 베트남 공화국이 세워졌다. 대부분의 전투가 북베트남 통킹에서 벌어졌지만, 충돌은 전국으로 이어졌고 이웃한 라오스와 캄보디아로 확대되었다. 제2차 인도차이나전쟁은 베트남전쟁이라는 이름으로 더 널리 알려져 있다.

이라는 짧은 기간에 종료되었다. 베트남은 1969년 중소 국경 분쟁에서 소련을 지지한 바 있었다. 1978년 중국이 후원하던 크메르 루주가 이끌던 캄보디아를 베트남이 점령하자, 중국은 북쪽 국경을 통해 베트남을 침공하게 된다.

중국군은 베트남 북부에 진입하여 국경 근처의 여러 도시를 점령했다. 1979년 3월 6일, 중국은 하노이의 관문이 열렸고, 그들의 징벌적 임무가 달성되었다고 선언했다. 그 후 중국 인민해방군이 베트남에서 철군했다. 중국과 베트남 양자 모두 최후의 인도차이나전쟁에서 승리를 거두었다고 선언했다. 베트남군은 1989년에야 캄보디아에서 철수를 했으며, 중국은 캄보디아에 개입한 베트남군을 의도하는 대로 철군시키지 못했다. 1991년 소련의 붕괴로 인해, 중월 국경 분쟁은 끝을 맺었다.

자료: en.wikipedia.org

중공군의 침공 경로

캄보디아 주둔 베트남군 완전 철수

자료: tuoitre.vn

중국은 베트남을 캄보디아로부터 발을 빼게 하지는 못했다. 그러나 냉전시대 사회주의 경쟁자였던 소련이 보호하던 동맹국 베트남의 보호망을 거두게 했다.

02

/

명칭

중국-베트남 전쟁은 제1차 인도차이나전쟁, 그리고 흔히 베트남전쟁으로 불리는 제2차 인도차이나전쟁과 구분하기 위해 제3차 인도차이나전쟁으로도 알려져 있다. 베트남에서는 대중국 팽창주의 전쟁이라고 부르고, 중국에서는 대월자위반격전對越自衛反擊戰이라고 부른다.

1979년 중월전쟁에 참전한 중국인민해방군 노병

자료: m.pub.chosun.com

03

배경

1975년 북베트남의 베트남전쟁 승리로 베트남은 공산 통일되었고, 그 여파로 인접국인 캄보디아와 라오스도 공산화되었다. 베트남 공산당은 전쟁 중에 중국으로부터 많은 지원을 받았으나, 역사적으로 베트남인들의 대중국 감정이 좋지 않은데다가 공산 정권이 남베트남의 상권을 장악하고 있던 화교를 탄압하여 양국관계는 험악하게 되었다.

이와 동시에 친중국계 캄보디아와 베트남의 관계도 악화되었으며, 급기야 베트남-캄보디아 전쟁이 발발하였다. 베트남의 이웃 나라 캄보디아는 1975년 4월 론 놀의 친미 군사 정권이 전복되었고, 1976년 1월 폴 포트가 이끄는 크메르 루주가 정권을 잡고 민주 캄푸치아의 성립을 선언했다. 그러나 폴 포트 정권은 '킬링필드'라고 불리는 대량 학살을 수반하는 공포 정치를 실시하여 통일된 베트남과의 대립에 부채질을 했다. 1978년 1월에 국경 분쟁으로 두 나라는 국교를 단절하기에 이르렀다.

캄보디아 내의 베트남계 주민에 대한 폴 포트 정권의 박해와 공포 정치가 극에 달했고, 캄보디아와의 미확정 국경 문제로 인해 크메르 루주의 국경 침범과 도발이 반복되었다. 이에 통일 베트남 정부는 캄보디아에서 망명해 온 크메르 루주군 사령관 헹 삼린 등을 지원하는 형태로 캄보디아를 침공하였다. 1979년 1월에 프놈펜을 점령하여 캄보디아에 헹 삼린을 수반으로 하는 친베트남 정권을 세웠다. 이에 중국 정부가 후원했던 폴 포트는 밀림 지대로 도망쳤다.

덩샤오핑과 화궈펑(왼쪽)

자료: tuoitre.vn

베트남 공산당은 1969년 중소 국경 분쟁에서 소련 측을 지지했다. 그런 상황에서 베트남군의 침공으로 캄보디아에서 중국이 지원하던 폴 포트 정권이 붕괴되고 친베트남 정권이 들어섰다. 이에, 중국 지도부 덩샤오핑과 화궈펑[2]은 캄보디아 전선에 머물던 베트남군의 주력을 철수시키기 위해서 베트남의 북부를 침공하기로 결정하였다.

---

2   화궈펑(華國鋒, 1921년 2월 16일 ~ 2008년 8월 20일)은 산시성(山西省) 뤼량시 자오청현 출신으로 중화인민공화국의 정치가이다. 원래 본명은 쑤주(蘇鑄)이나 항일 운동 시절에 중화구국선봉대(中華救國先鋒隊)의 이름을 따서 현재의 이름으로 바꾸었다.

04

/

전쟁 과정

📽 침공

1979년 1월 1일 이후 중국은 56만 명의 군인을 베트남 국경에 집결시키고 협박하기 시작했다. 2월 15일, 중국 공산당 최고 기관의 중앙위원회 부주석인 덩샤오핑은 "동맹국 캄보디아 침공과 베트남 내의 중국계 화교 추방_{베트남 측은 이를 부인}"을 이유로 '베트남에 대한 징벌적 군사행동'을 공식 발표하고 선전포고를 한다. 이어 2월 17일, 중월 국경 지대 전역에서 중화기 1,500문을 동원하여 포격을 가했다. 이후, 라오까이, 까오방, 랑선 각 도시 점령을 목표로 10개 군 30만 명으로 구성된 군대를 동원하여 서부, 북부, 동북부 세 방면을 통해 베트남 국경을 침공했다.

자료: english.vietnamnet.vn

📷 베트남의 전력

이 시기 베트남군 주력군은 캄보디아에 파병되어 있었다. 특히 서부에는 제316 보병사단, 제345 보병사단을 중심으로 한 정규군 2개 사단 약 2만 명 정도와 민병대밖에 존재하지 않았다. 이 민병대는 서부에만 국한되어 있지 않았고 베트남전쟁에서 베트남을 통일한 주력군으로 퇴역한 베테랑들을 다시 징집한 부대였다. 때문에 현지 지형에 대한 이점뿐만 아니라 실전 경험이 풍부했고, 또한 베트남전쟁 시 대량의 소련제와 중국산 장사정포를 포함한 각종 무기, 탄약도 확보했다. 그뿐만 아니라 옛 남베트남 정부군과 라오스 내전 당시 우익계 묘족들로부터 접수한 미국제 무기M16A1 소총, M101 105mm 곡사포, M114 155mm 곡사포, M113 장갑차, M41 경전차, M48 패튼, UH-1 이로쿼이 범용 헬기, F-5 프리덤 파이터 경전투기, A-37 드래곤플라이 경공격기, A-1 스카이 레이더 공격기 등를 대부분 사용할 수 있었으며, 정규군에 필적하는 정예가 갖추어져 있었다. 제2차 인도차이나전쟁베트남전쟁 미군 철군 당시, 미국 정보 당국과 북베트남과의 비밀 회담에서 미국이 중국을 견제하기 위하여 의도적으로 미군 무기를 남겨 두기로 한다.

전설의 시작, M16A1 소총

자료: m.blog.naver.com

📽 중국의 전력

　1960년대와 1970년대 중국을 뒤흔든 문화대혁명으로 인해, 중국군은 장비나 통신면에서 근대화가 지체되어 있는 상태였다. 이 때문에 중국군은 전쟁 중 많은 사상자를 내는 희생을 치러야 했다.

　중국 인민해방군은 자국산 62식 경전차[3]와 T-54 전차를 라이선스 생산한 59식 전차를 주력으로 내세워 베트남 각지를 침공했다. 그러나 소련이 제공

62식 경전차

자료: ko.wikipedia.org

📶
3　62식 경전차 또는 WZ131은 중화인민공화국에서 1960년대 초 59식 전차를 기반으로 개발한 경전차이다. 62식은 주포의 구경을 줄이고 더 얇은 장갑과 소형의 보조 장비를 채용해 무게를 줄였다. 이 전차는 인민해방군과 다른 여러 나라에서 아직 사용 중이다. 2000년 62G식으로 대대적으로 개량되어 인민해방군에 납품되었다.

한 RPG-7 대전차 로켓포와 9M14 대전차 미사일 등 베트남군의 대전차 병기에 의해 다수가 격파되었다. 또한, 베트남 국경은 지뢰밭이 되어 있었기 때문에, 인해전술을 이용해 보병을 진격시키는 것도 어려웠다. 따라서 중국군은 경전차에서 69식 전차 등의 주력전차까지 투입하여 지역을 따라 산을 넘어 베트남 측면으로 진격했고, 게릴라전을 방어하기 위해 철저하게 산과 정글을 70식 130mm 30 연장 자주로켓포와 화염방사기로 공격했던 것이다.

문화대혁명의 영향과 병참 등의 준비 부족과 더불어 초기 전투에서 중국군에게 큰 타격을 입힌 또 하나의 요인은 베트남군이 장사정포를 보유하고 있었다는 사실이었다. 베트남군 제3보병사단이 M-30이나 D-30 같은 소련제 122mm 장거리 곡사포를 사용한 것이 확인되었다. 이외에도 베트남군의 포병 진지는 견고하였고, 그것을 무너뜨리지 않는 한 베트남군의 방어선을 돌파할 수 없었기 때문에 중국군은 대포병 레이더를 사용했다.

이에 맞서 베트남군은 압도적으로 많은 병력을 가진 중국군의 배후기동을 막기 위해 여러 개의 진지를 구축하고, 적에게 피해를 주면서 후퇴하는 종심 진지전을 많이 펼쳤다. 중국군은 그 후, 주력이 부족한 베트남군의 후퇴에 맞추어 진군하였고, 2월 25일에 까오방, 2월 26일에

디엔비엔푸 지역, 베트남

자료: sc.or.kr

는 라오까이를, 3월 5일에는 베트남 동북부의 요충지 랑선을 점령하는 데 성공하면서 베트남 북부의 다섯 지방을 제압하였지만, 그 과정에서 야전군이 큰 피해를 입는 대가를 지불해야 했다.

한편, 베트남군은 포위당하지 않고 랑선에서 후퇴하여 남쪽으로 약 100km 떨어진 하노이 외곽에 거대한 진지를 구축해 두고 있었다. 하노이 시민들도 진지 구축을 도우면서 군과 함께 소총과 대전차 화기를 들고 진지에 들어가 결전의 의지를 보였다.

철군

중국군이 랑선을 점령한 그날 밤, 캄보디아 방면으로 전개 중이던 베트남군 주력이 마침내 합류를 시작하여, 하노이 교외의 거대 진지에는 5개 사단이 들어갔다. 중국 중앙 군사위원회는 베트남 주력군과 충돌하면 야전군의 피해가 다시 늘어나고, 점령지의 유지가 위태롭게 되기 때문에 즉각 철수를 결정했

중국과 베트남전쟁의 승자는 누구?
자료: youtube.com

다. 다음 날 1979년 3월 6일에 '베트남에 군사적 징벌 완료'라는 선언과 함께 중국군의 철수를 명령했다. 중국군이 철군을 시작하자 베트남군 주력이 추격을 시작했다. 중국군은 점령한 성을 철수하면서 사회기반시설과 인프라를 파괴하는 비

인도적인 초토화 작전을 거듭하여 베트남군의 추격을 차단하였고, 3월 16일 까지 베트남 영토에서 완전히 철수했다. 이후 중국 정부는 국내외에 전쟁 승리를 선전했고, 베트남도 중국 인민해방군의 침략을 물리쳤다고 승리 선언을 했다. 미국 해군 전략 센터 연구원 헨리 J. 케니는 대부분의 서방 작가들이 전장에서 베트남이 중국을 압도했다는 데 동의하고 있다고 밝혔다.

전쟁 피해

중국 인민해방군 쿤밍군구의 보고서인 《대월자위반격전총결對越自衛反擊戰總結》에 따르면 2월 17일부터 2월 27일까지 베트남군 1만 5,000명을 섬멸, 2월 28일부터 3월 16일까지 3만 7,000명을 섬멸했다고 주장했으며, 중국군의 전사자는 6,954명, 전상자는 1만 4,800명 정도라고 보고하고 있다.

한편 베트남 국방부의 군사 역사 법원이 편찬한 《베트남 인민군 50년1944~1994》에서는 60만 명의 중국군 중 2만 명이 전사하고, 40,000명이 부상을 당해 총 10%의 사상자가 발생했다고 기록하고 있다.

중국은 1,638명의 베트남 포로를 잡고 있었으며, 베트남은 238명의 중국군 포로를 잡고 있었다. 포로 교환은 1979년 5월에서 6월에 걸쳐 이뤄졌다.

239명의 중국군은 베트남에서 철군을 하는 동안 본대에서 이탈하여 베트남군에 항복했다. 그들은 항복 후 수용소로 이송되었으며, 중국 측의 기록에 따르면 눈가리개를 하고, 철사로 묶는 등 비인도적인 대우를 받았다고 전해진다.

05
/
결 과

　중월전쟁 이후 베트남은 헹 삼린 정권을 보호하기 위해 그 후에도 캄보디아에 계속 주둔을 하였다. 1980년 6월에는 이웃 나라 라오스와 태국의 국경 분쟁에 개입하면서, 타이를 침공하는 등 영향력 강화를 위한 군사 개입을 계속했다. 이러한 정책 기조는 경제 개발을 위한 개혁개방 노선인 도이모이 체제가 시작되면서 끝이 났다. 1989년 9월에 베트남군은 캄보디아에서 철군하였다.

　중국군은 "목표를 달성했다."고 주장하며 철군하였으나, 캄보디아에 주둔한 베트남군을 철군시키려던 당초의 전쟁 목적을 전혀 달성하지 못했다. 더불어 1980년대 내내 베트남에서는 해상로를 통한 화교들의 탈출이 계속되어 보트피플이 동남아 해상을 떠돌았다.

　중국과 베트남은 1980년대 내내 국경선 확정을 두고 산발적인 전투를 계속 벌였다. 1984년 4월의 대규모 폭격과, 1988년 스프래틀리 군도 해전[4]으로 알려진 스프래틀리 제도의 해전을 포함하여 1980년대 내내 치열한 국경 분쟁이 지속되었다.

남중국해서 중국─베트남 해안 경비함 6척 대치

자료: blog.daum.net

4   스프래틀리 군도 해전은 1988년 3월 14일 중국 인민해방군 해군이 스프래틀리 군도를 침공하여 베트남이 실효적 지배를 하고 있던 존슨 남암초를 점령한 사건이다. 스프래틀리 해전(Spratly naval battle), 존슨 남암초 충돌(Johnson South Reef Skirmish), 존슨 남암초 해전(Johnson South naval battle)이라고도 부른다. 1988년 1월 중국 인민해방군 해군은 하이난에서 출발한 호위함 3척으로 베트남 해군의 수송선 3척을 공격했다. 이 과정에서 베트남 군인 64명이 전사당했다. 또한 베트남 군인 9명이 중국 인민해방군 해군에 생포되었으며, 3년 뒤인 1991년에 석방됐다. 원래 스프래틀리 군도의 존슨 남암초를 실효적으로 지배하던 국가는 베트남이었지만, 이 해전의 패배로 중국이 실효적 지배를 하게 되었다.

무력 충돌은 베트남이 캄보디아에서 철수하기로 한 1989년에 끝났다. 양국은 1990년 9월 청두에서 비밀 정상회담을 가졌고, 관계 정상화를 동의하고, 1991년 11월 공식적으로 정상화했다.

1999년, 수년간의 협상 끝에 중국과 베트남은 국경 조약을 체결했다. 육로 국경을 조정하여 베트남이 전투를 통해 획득한 중국 땅의 일부를 중국에 양보했다. 여기에는 베트남의 전통적 국경선이자, 진입 관문인 우의관이 포함되어 있었는데 이 소식은 베트남 내에서 광범위한 분노와 좌절을 초래했다. 베트남의 공식 뉴스 서비스는 2001년 8월경에 새 국경의 이행을 보도했다. 2009년 1월 국경분계선이 공식적으로 완료되었으며 베트남 외무부 부장관과 중국 측 우다웨이 중국 국방장관이 서명했다. 그럼에도 불구하고 파라셀 제도베트남은 호앙사 군도, 중국은 시사 군도와 스프래틀리 제도베트남은 쯔엉사, 중국의 난사는 여전히 분쟁지대로 손꼽힌다.

베트남-중국의 전통적 국경선이었던 우의관(베트남에서는 남관이라고 부름)

자료: ko.wikipedia.org

2007년 12월, 하노이-쿤밍 고속도로 건설 계획 발표는 중월 관계에서 획기적인 사건이었다. 이 고속도로는 전장이었던 국경을 가로지르는 도로로 국경 지역의 비무장화와 국가 간 무역과 산업협력 촉진에 기여할 것으로 기대되고 있다.

06

/

무장 수준

당시 장비의 측면에서 베트남군은 개전 직후부터 소련의 전폭적인 지원을 받아 육상 전력, 항공 전력 모두 높은 수준을 유지하고 있었다. 중국에서는 중소 대립 이전의 소련제 무기를 바탕으로 장비 개발을 진행해왔다. 예를 들어, 당시 중국군의 최신형 전투기는 섬격7형이었지만, 베트남군은 미그-21의 완성형인 미그-21bis가 운용되고 있었다. 중국군의 주력기는 섬격7형에 레이더를 없앤 섬격6형, 레이더를 탑재하지 않고 무장 탑재량도 빈약한 섬격5형이었고, 폭격기는 굉작5형과 대형 굉작6형이었다. 지상에서는 중국군은 T-54의 데드카피인 59식 전차와 그것을 축소한 62식 경전차가 다수였다. 베트남 육군도 관계 악화 이전에 공여받은 59식 전차와 원래부터 있었던 T-54와 T-55가 주력이었으며, 오래된 T-34-85조차도 사용되고 있었다.

중국공군 전투기 섬격7형(Chengdu J-7)

베트남군 미그-21bis

07

중국–베트남 전쟁의 이유

　중국과 베트남은 전쟁 발발 1년 전인 1978년에 이미 국경 분쟁을 겪었다. 중국은 베트남이 700번 이상 무력도발을 해왔다고 주장했고, 베트남은 중국이 자국 영토를 2,000번 이상 침입했다고 항의했다. 이들의 주장은 이렇게 항상 엇갈린다. 1978년 한 해 동안 양국의 무력충돌로 인한 사상자는 수백 명에 달했지만 전면전으로 확대되지는 않았다. 반면 1979년 2월 17일 이 날의 중국군 월경은 우발적인 충돌이 아니라 준비된 침공이었다. 본격적인 전쟁이었다.[5]

---

[5]　권오상, 자본주의 반대하는 중국과 베트남 왜 서로 총을 겨눴나, 권오상의 또 다른 시선, 워코노미, 한국일보, 2019.03.25.

공산권을 당혹하게 한 충돌

사실 이들 두 나라의 전쟁은 예상 밖의 일이었다. 주지하는 바와 같이 중국과 베트남은 둘 다 공산국가였다. 공산당이 독재하는 공산국가는 무산계급, 즉 프롤레타리아가 주인인 것이다. 부르주아에게 착취당하는 프롤레타리아에게 조국은 아무런 의미가 없었다. 만국의 노동자는 서로 단결하여 자본가의 지배를 뒤엎어야 했다. 그런 공산국가 사이에 본격적인 전쟁이 벌어졌다는 사실은 마르크스주의 이론가들에게는 당황스러운 일이 아닐 수 없었다.

그러나 알고 보면 공산국가 사이의 무력충돌은 이게 처음은 아니었다. 1969년 3월 2일 우수리 강의 다만스키 섬에 주둔한 소련군 경비대를 중국군이 기습 공격해서 전멸시키고 섬을 점령했던 적이 있다. 소련군은 곧바로 전차, 헬기, 다연장로켓포 등을 동원해 섬을 탈환했다. 소련과 중국 양국은 핵전쟁 직전까지 갔다가 같은 해 9월 10일에야 겨우 사격중지 명령을 내렸다.

그리고 1977년 4월 30일에는 중국과 친한 캄보디아가 베트남을 공격했다. 더 이상 참을 수 없었던 베트남은 1978년 크리스마스에 캄보디아를 전면 침공했다. 중국의 베트남 침공은 베트남의 캄보디아 침공에 대한 보복이자 베트남을 양면전쟁 2개 이상의 전선이 형성된 전쟁 으로 끌어들이려는 전략이었다.

사실 중국과 베트남은 오랜 대결의 역사를 갖고 있었다. 중국의 관점에서 고구려 등이 동쪽의 오랑캐, 동이 東夷 였듯이 베트남은 남쪽의 오랑캐, 남만 南蠻 6 이었다. 중국을 둘러싼 4대 이민족, 동이·서융·남만 북적은 아무리 정복해도 굴복하지 않는 끈질긴 민족이었다. 원의 공격을 세 차례나 물리친 베트남 장군 쩐흥다오는 한국으로 치면 강감찬과 이순신에 해당한

남만은 지금의 베트남과 미얀마 지역을 가리킨다.

자료: m.blog.naver.com

6　남만(南蠻)은 중국 역사에서 남쪽에 사는 오랑캐(이민족)를 일컬어 부르는 말이다. 만이(蠻夷)라는 표현으로 오랑캐를 통칭하는 표현으로 사용되기도 하였으나, 일반적으로 동서남북의 각 방위에 따라 오랑캐를 구분하여 동이(東夷)·서융(西戎)·남만·북적(北狄)으로 불렸다. 근대 이후에는 서양인을 가리키는 용어로 사용되기도 하였다.

다고 할 수 있다. 프랑스와 미국을 물리친 베트남인들은 전쟁이란 단어를 접하면 먼저 중국을 떠올렸다. 베트남에게 중국은 글자 그대로 철천지원수 숙적이었다.

 십자군전쟁도 결국 돈 때문에

옛날부터 경제적 목적은 분명히 전쟁을 일으키는 한 가지 이유였다. 대표적인 예가 미국의 내전인 남북전쟁을 들 수 있다. 농업을 주로 하는 남부에게 노예제는 절대로 포기할 수 없는 기반 조건이었다. 반면 북부의 입장은 전혀 달랐다. 제조업이 성했던 북부는 공장에서 일할 노동자와 물건을 사줄 소비자가 많을수록 좋았다. 남부의 노예는 북부의 노동자 겸 소비자가 되어줄 좋은

십자군전쟁, 예루살렘 입성에 성공한 십자군

자료: theweekly.co.kr

후보였다. 만 4년 넘게 서로 잔인하게 싸운 이 전쟁에서 양측 합쳐 100만 명 이상의 사람이 죽었다.

과거에 식민지를 둘러싼 일련의 제국주의적 전쟁도 경제적 요인이 크다. 1898년 쿠바 아바나에 정박해있던 미국 해군 중순양함 메인이 원인 불명의 폭발로 침몰하자 미국은 스페인에게 그 원인을 돌리고 전쟁에 돌입했다. 필리핀의 스페인함대가 미국 해군에 의해 격멸되자 오랫동안 스페인을 상대로 무장 항전을 펼쳤던 필리핀인들은 독립국가를 선포했다. 미국은 필리핀의 독립을 무시하고 이번엔 필리핀과의 전쟁을 선포했다. 공식적인 미국-필리핀 전쟁은 약 3년 반 만에 미국의 승리로 끝났지만 일부 지역에서 필리핀인의 저항은 1913년까지 이어졌다.

자본주의적 세계관이 유일한 가치체계로 격상되면서 전쟁의 원인을 경제적 관점으로만 이해하는 일이 유행처럼 널리 퍼졌다. 가장 극단적인 예는 중세의 십자군전쟁에 대한 경제적 재해석을 들 수 있다. 1095년부터 1291년까지 무려 200년 가까이 계속된 십자군전쟁은 로마 가톨릭교회를 구심점으로 하는 서구세력과 이슬람교를 믿는 아랍세력 간의 전쟁이었다. 경제지상주의를 따르는 역사가에 의하면 십자군전쟁조차 경제적 동기가 전쟁의 궁극적 이유였던 것이다. 큰 아들만 영지를 세습하는 서구봉건제하에서 자칫하면 빈민으로 전락할 작은 아들들에게도 신규 영지가 필요했다는 설명이었다.

🎞️ 기억에서 촉발되는 전쟁도 있다

경제적 요인이 전쟁 발발의 한 가지 원인인 것은 사실이나 가장 결정적인 원

온두라스와 엘살바도르가 벌인 '축구전쟁(La querra del fútbol)'

인이라는 주장은 지나치다. 종교적 갈등은 여러 전쟁의 중요한 원인으로 작용해왔다. 이를테면 프랑스의 이른바 위그노전쟁은 구교도와 신교도 사이의 전형적인 종교전쟁이었다. 1562년 3월 1일 바시에서 기즈 공작 프란시스의 구교도 부대가 칼뱅파 신교도를 칭하는 위그노들의 예배당을 습격해 몰살시킨 적이 있다. 이에 분격한 부르봉의 루이 1세는 위그노 부대를 동원해 오를레앙을 점령해 버렸다. 위그노전쟁은 1598년 낭트칙령이 선포될 때까지 장장 30년 넘게 계속됐다.

전쟁은 때로 우발적인 원인에 의해 벌어지기도 한다. 이러한 대표적 사례는 이른바 축구전쟁이다. 지난 1970년 멕시코 월드컵 지역예선 4강전에서 엘살바도르와 온두라스가 맞붙었다. 홈경기에서 1승씩 거둔 두 나라는 1969년 6월 27일 멕시코시티에서 3차전을 치렀고 연장전까지 간 혈투 끝에 엘살바도르가 3 대 2로 신승했다. 경기를 이겼음에도 불구하고 감정이 상한 엘살바도르는 7월 14일 공군과 육군을 동원해 온두라스를 침공했던 것이다. 양국의 공군 편대는 모두 2차 세계대전 때의 미국 프로펠러 전투기 P-51 머스탱과 F4U 코르세어로 구성되었다. 7월 17일에는 온두라스 코르세어 2기가 엘살바도르의 머스탱 2기, 코르세어 2기와 차례로 공중전을 벌여 각각 1기씩 격추했다. 이 축구전쟁은 7월 18일에 종료됐다.

한편 전쟁은 국내 정치적 목적에 의해 벌어지기도 한다. 1976년에 정권을 쥔 아르헨티나 군부는 1981년부터 시민세력의 거센 저항에 직면했다. 1982년 아르헨티나 군사정권은 1840년 이래로 영국인들이 거주해온 남대서양의 몇 개 섬을 무력으로 기습 점령했다. 애국주의적 감정에 호소해 아르헨티나 국민들의 관심을 밖으로 돌리고 자신들에 대한 지지도를 끌어올리려는 심산이었다.

인도-파키스탄 전쟁

자료: blog.daum.net

또 적지 않은 전쟁은 과거에 흘린 피에 대한 서로의 기억 때문에 발생하기도 한다. 이에 대한 최근 사례는 인도-파키스탄 전쟁이다. 영국의 식민 지배로부터 독립한 순간부터 인도와 파키스탄의 관계는 뒤틀려 있었다. 이슬람교의 파키스탄과 힌두교의 인도로 나눈다는 계획은 지도상으로는 완벽했지만 실제로는 그리 쉽지 않았다. 1947년 카슈미르 지방의 편입을 놓고 두 나라는 첫 번째 전면전을 치렀다. 파키스탄이 인도 지배하의 카슈미르 반군을 계속 부추기자 1965년 인도군은 파키스탄을 침공했다. 1971년에는 동파키스탄의 독립을 놓고 3차로 대결해 결국 동파키스탄은 방글라데시로 독립했다. 그리고 1999년에는 카슈미르 카길 지구에 파키스탄군이 침입하면서 4차 전쟁을 벌였다. 가장 최근의 충돌은 2019년 2월 27일의 공중전으로서 각각 1기씩 전투기를 잃었다. 비공식 핵보유국인 두 나라의 이와 같은 충돌은 언제든지 핵전쟁으로 비화될 가능성이 있다.

🎞️ 중국을 돌려세운 베트남의 실력

선제공격의 이점과 병력상의 우위를 앞세운 중국군의 공세를 베트남군이 막기가 처음에는 그리 쉽지 않아 보였다. 주력부대가 캄보디아 침공 중이었던 베트남군은 민병대까지 긁어모아 방어에 나섰다.

한국전쟁 이후 20여 년 만에 실전을 치른 중국군의 실력은 예상보다 약했다. 반면 베트남군은 미군을 상대로 십수 년의 풍부한 실전 경험을 가진 베테랑이었다. 또한 명분 약한 전쟁에 나선 중국군에 비해 조국을 지키려는 베트남군의 항전 의지가 더 강렬했다.

1979년 2~3월 중국의 침공으로 벌어진 중국-베트남 전쟁 당시 소총을 든 베트남 민병대원(왼쪽)이 포로로 잡은 중국 인민해방군 군인들을 감시하고 있다. 당시 베트남은 민병대원까지 그러모아 필사적으로 대항했으며 해방군은 27일 만에 국경 밖으로 물러났다.

자료: news.joins.com

결국 중국군은 베트남 국경지대에 위치한 도시 랑선을 점령해 초토화한 후 3월 16일 베트남에서 철수했다. 전쟁을 개시한 지 27일 만의 일이었다. 양국은 각각 최소한 6만 명 이상의 사상자를 냈다. 어떤 이유로 시작했건 간에 전쟁은 양쪽 모두에게 감당하지 못할 막대한 피해를 안겼다.

목적을 충분히 달성했다고 큰소리친 중국의 자화자찬과 달리 베트남의 민병대와 2선 부대를 상대하면서도 중국 자신들의 주장과 달리 어려운 전쟁을 펼친 중국군의 처지를 보여주는 전쟁이었다.

역사상 오랫동안 중국은 베트남을 조공국으로 삼고 있었다. 또한 중국은 베트남을 무력으로 병합하려는 시도도 여러 번 했었고, 실제로도 중국이 여러 차례 베트남을 점령하면서 중국 측에선 베트남을 '남월'이라 부르기도 했

베트남군에게 감시당하고 있는 중공군 포로

자료: news.joins.com

다. 그러한 이유로 베트남과 중국의 관계는 대한민국과 일본의 관계와 비슷했고, 베트남전쟁 당시 대만이 중국의 개입에 대항해서 병력과 군수물자를 남베트남 정부에 지원하려 했지만 남베트남 정부에서 막은 일화도 있다. 이러한 역사적 배경과 화교들의 경제적 장악이 겹치면서 중국과 베트남은 같은 공산권 국가였음에도 불구하고 사이가 좋지 않았다.

📽 끝나지 않은 중국-베트남 전쟁

베트남전쟁 당시 북베트남의 지도부는 중국이 자신들을 보호한다는 명분으로 개입할 것을 두려워했고, 미국의 참전보다 중국의 참전에 더욱더 신경을 썼다고 할 정도였다. 이렇게 남-북베트남인들은 중국에 대한 태도에서 만큼은 일치했다. 친중파였던 호치민 역시 2차 세계대전 직후에 자신들의 상전 노릇을 하려는 중국 공산당을 견제하기 위해 도리어 친미 노선을 취하려 했던 것이다. 심지어는 베트남을 식민 지배했던 프랑스와도 중국을 견제하기 위한 협정을 맺으려고 시도했을 정도였다.

그래서 베트남전쟁 이후 통일된 베트남은 전쟁 이후 잔류하던 화교들의 재산들을 모두 몰수하고 추방시켰으며, 국경 문제에 있어서도 소련의 입장을 지지했고 캄란에 위치한 해군기지를 소련에 임대해주는 등 반중친소 노선으로 돌아서 버렸다. 그런 이후 중국과 베트남의 관계는 돌이킬 수 없을 만큼 돌아서 버렸다. 당시 중국은 자신들의 지원에도 불구하고 통일 후에 자신들을 적대시하는 베트남을 배은망덕하다고 여겼다. 자신들의 앞마당으로 여기던 동남아시아에 반중세력이 나타남과 동시에 소련까지 끌어들이려 하자 매우 분노하였다. 1978년 1월에는 이전부터 이어왔던 중국-베트남 국경 문제를 이유로 양국의 외교 관계는 단절되었다.

한편, 당시 미국은 베트남전쟁 이후 인도차이나 반도에 대한 관심을 줄였고, 캄보디아에 들어서 있던 친미 정권은 폴 포트가 이끄는 크메르 루주에 의해 붕괴된다. 크메르 루주를 이끌던 폴 포트는 당시 극단적인 마오이즘에 심취해 있었다. 그래서 유례없는 폭력적인 공산화 정책에 따른 대학살을 시작해 캄보디아 영토 전체를 킬링필드로 만들어 버린다. 게다가 크메르 정권은 극렬 자민족중심주의를 내세워서 베트남계 주민들을 모조리 제거해버렸는데 당시 이 행동은 베트남에 대해 선전포고를 선언한 것이나 마찬가지였다. 이후 1979년 1월, 베트남은 캄보디아에 대한 공격을 감행해 크메르 루주를 정글로 몰아내고 캄보디아에 친베트남 정권을 수립한다.

상황이 이렇게 되자 덩샤오핑과 화궈펑은 베트남에 대한 무력침공을 비밀리에 모의, 대외적으로는 캄보디아의 해방을 명분삼아 1979년 2월 17일, 중국군이 국경을 침범하면서 전쟁이 발발했던 것이다. 이 당시 베트남의 국방장관이었던 보응우옌잡 대장은 친중파였기에 사실상 지휘에서 물러났고 총 참모장인 반티엔둥 대장이 총 지휘를 했다.

중국군의 목표는 베트남을 점령하는 것이 아니라 북부지역에서 분쟁을 일으켜 베트남군의 회군을 이끌어내는 것이었다. 베트남군의 주력은 당시 캄보디아 지역에 포진해 있었기에 베트남 북부지역은 거의 공백상태나 마찬가지였

자료: weekly.chosun.com   자료: kor.theasian.asia

다. 그렇기에 중국군은 당장 하노이까지 진격할 수 있을 것이라 생각했지만, 문
제는 당시 베트남이 중국이 쉽게 공격할 수 있는 만만한 상대가 아니었다. 중
월전쟁 당시 베트남군의 병력 숫자는 세계 3위급이었고, 1975년부터 베트남군
이 캄보디아 지역에서 철수하는 1989년까지 베트남군의 총 병력은 100만 명
이 넘었다. 게다가 베트남전 이후 미국이 남기고 간 군수물자들도 상당했다.

하지만 그 당시 베트남군은 거의 대부분이 캄보디아를 침공하는 데 투입되
었고 북부에 주둔한 병력은 대부분이 민병으로 구성되어 있었으며 실질적으
로 2선급 장비들로 무장한 상태였다. 중국은 초기에 6만 명의 병력으로 전쟁
을 시작했고 총 20만 명의 병력을 동원하였다. 그와 동시에 100기의 항공기,
63식 경전차를 주력으로 한 400여 대의 전차를 동원했다. 그에 비해 베트남
군은 예비로 남겨졌던 소수의 국경수비대 병력과 대부분의 민병들을 동원해

자료: namu.wiki

총 18만 명의 병력을 동원했고, 40여 기 미만의 항공기와 소수의 기갑차량만
으로 중국군을 막아야 했다.

중국은 베트남에 대해 중국의 힘을 과시하고, 친중 노선을 걷던 캄보디아에
서 베트남군을 철군시키기 위해 윈난성에서 출발한 중국군 병력들을 이용해
1979년 2월 17일 베트남을 침공했다. 그들은 베트남의 산악지대와 정글을 재
빠르게 돌파하여 국경 너머 약 30km를 공격하기로 했다. 이번 전쟁은 중국
이 베트남에 대한 경고를 하는 성격이 짙은 전쟁이었기에 전략적 목표를 달성
한 직후 철군을 할 계획이었으므로 전투 의지가 그리 강하지 않았다. 그러나
베트남은 산악지대 뒤로 넓은 평야가 펼쳐져 있었고 만약 산악지대가 뚫리게
된다면 수도인 하노이까지는 일사천리였다. 당시 중국군은 정글지대를 돌파
하기 위해 인해전술에 가까운 밀어붙이기 전략을 무식하게 고수하였으나 베

트남군은 이를 알고서 능선을 따라 강력한 방어진지를 구축했다.

중국군은 당시 1950년대의 혼란과 문화대혁명으로 통신장비나 전술 등이 한국전쟁 이후로 그리 발전하지 않은 상태였다. 반면 베트남군은 베트남전쟁 이후 교리를 자신들의 지형에 맞춰 발전시켰고 중국의 국공내전 당시 중국군의 전술을 익혔기 때문에 중국군의 전술을 쉽게 간파할 수 있었다. 베트남군은 베트남전쟁 당시 미군 등으로부터 노획한 M113 장갑차 등을 통해 보병들을 빠르게 수송 및 재배치하였고 거점을 빼앗기기 전에 중국군의 위협으로부터 빠져나가 새로운 방어선에 투입하는 기동전술을 사용했다.

또한 베트남군은 대전차 미사일을 사용하여 개전 초기 중국군의 63식 전차 13대를 격파하는 데 성공하였다. 또한 노획한 F-5 전투기 등을 이용해 베트남군은 중국군의 항공기 15기를 격추시키는 성과를 내게 된다. 이렇게 중국군은 진격이 지체되자, 초조함을 느끼고 10만 명의 병력을 추가로 동원, 도합 20만 명의 병력을 이용하여 대공세를 펼친다. 이러한 대공세에 견고해 보

베트남 국경 지역

자료: blog.naver.com

였던 베트남군의 방어선도 뚫리기 시작했고, 동당과 몽까이가 중국군에게 빼앗기게 된다. 하지만 무리한 돌파작전으로 인해 중국군은 2,000명의 병력을 상실했고 40여 대의 기갑장비 또한 상실하고 말았다.

그러나 베트남군은 840명을 상실하는 등 피해가 중국군에 비해 적었다. 동당과 몽까이를 중국군에게 빼앗긴 베트남군은 역공을 시작하여 1979년 2월 28일, 동당을 다시 탈환하였다. 중국 수뇌부는 베트남군의 역공에 위기감을 느끼고선 3월 1일부터는 한국전쟁 당시 투입된 정예사단인 325사단과 338사단을 주축으로 재공격을 가한다. 중국군의 재공격으로 인해 베트남군은 많은 방어진지가 전멸되었지만 전략적인 철수를 하며 중국군에게 많은 피해를 입힌다. 이러한 중국군의 공격으로 인해 결국 랑선이 함락당했고 중국군은 랑선을 파괴한 뒤 바로 철수하였다.

3월 2일엔 국경 인근 지대인 라오까이도 파괴하였다. 중국군은 전략적인 목표는 달성하였지만 피해가 심각해 더 이상 전쟁을 수행하는 데에는 무리라고 판단을 하게 되었다. 그러나 중국군이 애초에 캄보디아에서의 베트남군의 철수를 목표로 베트남을 공격했던 터라 베트남군은 1989년 캄보디아에서 철군했다. 결국 국제사회에서 베트남의 입지는 높아졌지만, 반대로 중국의 입지는 좁아졌다.

Chapter 09

캄보디아의 역사

3년의 폭정으로
100년이 무너지다

01
고 대

📷 부남 왕조 86 ~ 550년

진서를 위시해 중국 사서를 보면, 1세기경 현 캄보디아 위치에 왕국인 '부남' 扶南이 있었다. 3세기까지는 미개한 땅이었지만, 인도와 중국의 중간 지점에 있는 수로의 요충에 있었기에 외국 문화가 유입하고 상업국가로서 번영했다. 벼농사가 발달하였다.

부남扶南 또는 푸난Funan은 1세기부터 7세기에 걸쳐 메콩 강 하류 지역에 발흥한 앙코르 왕조 이전의 고대 왕국이다.

📇 개요

부남은 1세기 무렵에 세워진 것으로 추정되고 있다. 이 지역에서는 기원전

앙코르 톰[1]

자료: ko.wikipedia.org

1　앙코르 톰(Angkor Thom)은 옛 캄보디아 씨엠립에 있는 크메르 제국의 마지막 수도 유물군이다. 12세기 후반에 자야바르만 7세에 의해 건립되었다. 앙코르 톰은 9km² 면적을 차지하고 있으며, 자야바르만과 그 후대의 왕에 의해 건설된 여러 유적군들이 자리를 잡고 있다. 앙코르 톰의 중심에는 자야바르만의 상이 있는 바이욘 사원이 있고, 그 위쪽 빅토리 광장 주변으로 주요 유적군이 자리잡고 있다. 주위의 유적군과 함께 세계유산으로 등록되어 있다. 앙코르는 고대 인도의 산스크리트어로 '도시'라는 의미이다. 또한 톰은 크메르어로 '크다'를 의미한다. 앙코르 톰은 주변 3km의 수로와 라테라이트로 만들어진 8m 높이의 성벽에 둘러쌓여 있다. 외부에는 남대문, 북대문, 서대문, 사자의 문 그리고 승리의 문 다섯 개의 문으로 연결되어 있다. 각 성문은 탑으로 되어 있고, 동서남북 사방에는 관세음보살이 조각되어 있다. 또 문으로부터 수로를 연결하는 다리의 난간에는 나가의 상이 조각되어 있고, 이 나가를 당기는 아수라와 기타 신상들이 조각되어 있다. 앙코르 톰의 중앙에는 바이욘 사원이 있고, 그 주변으로 코끼리 테라스, 문둥왕의 테라스, 프레아 피토우 등의 유적이 남아 있다.

4세기부터 인류의 정착이 발견된다. 3세기 무렵에 중국의 역사서_{후한서, 진서 등}에 동 시대의 동남아시아의 국가로서 그 이름이 나와 있다. 또 인도차이나 반도에서는 1세기 무렵부터 인도 문화가 전해져, 부남도 그 문화적 영향을 강하게 받고 있었다.

부남은 하나의 집권적 국가가 아니라, 여러 도시국가들의 연맹 형태일 가능성이 높다. 이들은 때로는 서로 전쟁하고 때로는 정치적 공동체를 형성하곤했다. 그 영역은 현재의 캄보디아, 베트남 남부뿐 아니라 라오스와 태국, 미얀마의 일부도 포함하고 있었으며, 말레이 반도까지 진출하기도 하였다. 초기에는 브야드하푸라_{현재의 프레이벵 주}에 도읍하였으나, 나중에 옥에오_{현재의 안장 성}로 천도한다.

힌두교가 전래되면서 많은 인도인이 관료로 채용되어 산스크리트어가 법률용어로 사용되었다. 즉, 부남은 전형적인 인도차이나 반도의 국가답게 인도와 중국 양국의 영향을 받은 국가였다고 할 수 있다. 실제로 부남은 인도, 중국간의 해상 교역 루트의 중계지로 번창해 특히 샴만에 접한 외항 오케오에는 교역에 의한 상품과 배후지로부터 온 집산물이 집적되어 활황을 이루었을 것이라고 추측된다.

🖼️ 역사

건국 설화

사료에 남아있는 부남의 설화에 따르면, 토지의 신으로 숭배되는 나가_{naga}신의 딸인 소마_{Soma, 柳葉}라는 여왕이 지배하고 있던 부남에 서쪽_{인도 혹은 말레이 반도}의 브라만 카운딘야_{Koundinya, 混塡}가 도래한다. 카운딘야는 꿈속에서 만난 신인의 계시로 신궁_{神弓}을 얻고, 무리를 이끌고 동쪽으로 항해하여 소마의 땅에

부남 왕국의 최대강역

FUNAN

Champa

자료: ko.wikipedia.org

이르렀는데, 소마의 군대와 전투가 벌어졌으나 카운딘야가 소마의 배를 신궁으로 쏘아 맞추자 소마는 놀라서 항복했다고 한다. 카운딘야는 소마를 아내로 맞이하고 왕이 되어 부남국을 세웠다고 한다. 인도계가 계속 왕위계승을 하였으며 정확한 계승순서는 전해지지 않는다. 왕들은 '-varman'이라는 칭호를 사용했는데 산스크리트어로 수호자란 의미를 가지고 있다.

캄보디아 건국신화와 나가(Naga) 숭배. 전통 혼례식에서 신랑이 신부의 옷자락을 잡고 따라가고 있는 모습

자료: m.blog.naver.com

전성기

부남 왕국은 3세기 초 판 시만 왕의 통치하에 최대 영토를 이룬다. 그 강역은 남쪽으로는 말레이시아, 서쪽으로는 미얀마에 이른다. 판 시만은 함대를 양성하고 관료조직을 개편하여 동남아시아의 강력한 해상 왕국을 완성한다.

멸망

해상 무역으로 번성했던 푸난은 5세기부터 쇠퇴하기 시작한다. 이는 4세기경, 중국인들이 동남아 무역에 적극적으로 참여하면서 중계무역지로서의 푸난의 위상이 흔들린 것에 기인한다. 한편, 부남의 속국이었던 진랍은 점차 강대해져 결국 5세기 중엽 내란으로 약해진 부남을 공격하여 멸망시킨다.

민족

부남의 민족은 흔히 몬크메르계로 생각되었지만, 최근에는 오스트로네시아계로 추정되고 있다. 캄보디아인들은 티베트에서 내려온 몬크메르어계이

므로 부남의 민족이 캄보디아의 선조라고 단정하기는 아직 힘들다. 학자들은 부남이 그 중심은 현재 캄보디아의 영역에 있지만, 민족은 말레이계의 선주민이었다고 판단하고 있다.

캄보디아 농부 일가

자료: twitter.com

6세기에는 캄보디아 국가의 기원으로 간주되는 나라, 즉 중국 사료에 기록된 북방 크메르인에 의거한 첸라[진랍]가 발흥했다. 첸라는 부남의 속국이었지만, 7세기에는 부남을 멸망시키고 자야바르만 1세[657 ~ 681년]가 치세한 무렵에 최강세를 진작한다. 인도 문화에 영향받아 산스크리트 문자를 사용했지만, 크메르 문자도 사용되기 시작했다. 첸라는 현재의 캄보디아와 라오스 남부 메콩 강 유역을 영토로 하고 있었다고 추측되나 681년 자야바르만 1세 사후, 고대 캄보디아는 중국의 기록으로 보이는 북측 내륙의 진랍과 남측 호수(톤레삽 호수)에 있는 진랍으로 분열되어 세력이 약화해 8세기에는 자바의 사일렌드라 왕국에 침략받아 그 사람들의 지배하에 들어갔다.

진랍眞臘, 또는 첸라는 6세기 메콩 강 중앙 유역에서 일어난 크메르족의 나라이다. 수서 권 82에 처음 진랍이라는 이름이 나오나 뚜렷한 문자로 남지 않았고, 관련 사료가 없어 국명의 유래가 불분명하다.

역사

진랍은 초기에 부남의 속국이었으나, 차츰 강대해져 7세기에는 역으로 부남을 병합하였다. 왕통은 은자 칸브와 선녀 멜러를 시조로 한다고 알려졌다. 사료상으로 598년에 자야바르만 1세가 재위하였고, 수서에 기록된 질다사나[치트라세이나 마헨드라바르만] 왕이 600년에 재위했다고 한다. 두 왕 모두 메콩 강의 중앙 유역에서 캄보디아 북서부까지를 그 영역으로 하였으며, 다음 왕인 이샤나바르만 1세는 616년 처음으로 중국 수나라에 조공을 했다.

수도는 현재의 산보르 플레이 쿡 유적으로, 왕을 알현하는 대회당 및 2만

호 이상이 거주하는 큰 성으로 국내에 30개의 다른 큰 성이 있었다고 한다. 639년에는 바바바르만 2세가 즉위하였고, 아들 자야바르만 1세가 남부 메콩 강 삼각주 지역까지 정복하며, 국내를 통일했다. 그러나 후계자의 부재로 인해 내정은 군웅 할거 상황이 되었다.

중국 측 사료에 의하면, 신룡연간705~706년에 호수지역의 진랍과 내륙의 진랍으로 분열되었다. 호수 진랍은 해안에 가까운 메콩 강 삼각주 지대에 자리를 잡고, 몇 개의 작은 나라로 나뉘어 있었다. 내륙 진랍은 메콩 강 중앙 유역, 댄 렉 산지 북방에 위치하였다. 내륙 진랍이 8세기에 몇 차례에 걸쳐 당나라에 견사당견사를 파견했지만, 호수 진랍의 자바 지역 세력에 점거되어 있었다.

8세기 말에 자야바르만 2세가 국가를 다시 통일하고, 802년에 크메르 왕조를 열면서 자바와의 종속관계를 끊는 의례인 데이바라쟈를 행하였다. 자야바르만 2세 이전을 전앙코르 시대라고 부른다. 야소바르만 1세는 앙코르에 최초의 수도인 야쇼다라프라를 축조하였고, 이후 진랍의 왕들은 인근지역을 정복하고 이어서 수도와 대사원을 건립하여, 전성기를 이룩했다. 수르야바르만 2세는 앙코르 와트를 건설하였고, 인도차이나 반도의 거의 전역을 정복한 자야바르만 7세는 곧 남쪽에 앙코르 톰을 세워서 진랍 최고의 전성기를 이루었다.

자야바르만 7세의 동상

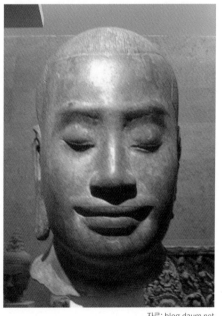

자료: blog.daum.net

真臘風土記

總敍

周達觀撰

其臘國或稱占臘其國自稱曰甘孛智今聖朝按西番經名其國曰澉浦只蓋亦甘孛智之近音也自溫州開洋行丁未針歷閩廣海外諸州港口過七洲洋經交趾洋到占城又自占城順風可半月到真蒲乃其境也又自真蒲行坤申針過崑崙洋入港港凡數十惟第四港可入其餘悉以沙淺故不通巨舟然彌望皆脩藤古木黃沙白葦倉卒未易辨認故舟人以尋港為難

自港口北行順水可半月抵其地曰查南其屬郡也又自查南換小舟順水可十餘日過半路村佛村渡淡洋可抵其地曰干傍取城五十里按諸番志稱其地廣七千里其國北抵占城半月路西南距暹羅半月程南距番禺十日程其東則大海也舊為通商往來之國

聖朝誕膺天命奄有四海唆都元帥之置省占城也嘗遣一虎符百戶一金牌千戶同到本國竟為拘執不返元貞之乙未六月聖天子遣使招諭俾余從行以次年丙申二月離明州二十日自溫州港口開洋三月十五日抵占城中途逆風不利秋七月始至遲得屆

그러나 그 이후 진랍이 급속히 쇠퇴하여 1296년에 진랍을 방문한 원나라의 주달관은 그곳을 둘러보고 견문록인《진랍풍토기》를 남겼다. 14세기 후반부터 타이 아유타야 왕조가 진랍으로 쳐들어와, 1432년에 앙코르 왕조가 멸망하고, 푼니아 야트왕은 남쪽 지역으로 천도하였다. 그 이후 진랍이란 명칭은 더 이상 사용되지 않게 되었으며 16세기 후반부터는 캄보디아란 이름이 등장하였다.

📖 진랍풍토기

《진랍풍토기》는 중국 원나라 시대에 저술된 진랍크메르 왕조의 여행 견문록으로, 당시의 풍습, 사회, 문화, 산물 등을 적은 책이다.

주달관은 저장성 온주 출신으로, 항해의 경험이 많고, 학식이 깊은 인물이었다. 주달관은 원나라 성종의 명에 의해 사신으로 선택되어 1296년 진랍을 출발하여, 1297년 귀국했다.《진랍풍토기》는 귀국 직후에 쓴 개인적인 견문록이지만, 약 1년간 머물면서 관찰한 상세한 조사보고서이며, 사료가 거의 남아있지 않은 중세 캄보디아의 민속자료로서 가치가 높다.《진랍풍토기》에는 진랍의 명칭에 관한 내용과 온주로부터 출발하여 수륙의 여정을 상세히 적은 기록과 성곽앙코르 톰, 복식, 관속, 종교, 임산부, 질병, 사망, 농경, 무역, 수레, 속군, 촌락, 목욕 그리고 왕의 출입까지 42개의 항목에 걸쳐 상세히 기록되어 있다.

02

/

중 세

자야바르만 2세802~854년는 프놈쿨렌에서 즉위하여 쟈와를 대상으로 한 독립 선언이 앙코르 왕조[크메르 제국]의 시작이다. 9세기 말 야소바르만 1세가 앙코르에 수도를 건설했다.

1113년, 수르야바르만 2세가 즉위하여 국내를 통일하고 베트남 남부에 있는 참파 왕국과 베트남의 리 왕조를 공격하였다. 크메르 제국은 영토를 계속 확장하여 왕국의 범위는 타이 중부, 말레이 반도, 베트남 남부에 달하였다. 수르야바르만 2세는 사원 건축에도 열정으로 관심을 두었는데 크메르 미술의 최고 걸작이고 자신의 무덤이기도 한 앙코르 와트를 시작해 트마논, 반테이 삼르를 비롯한 힌두 사원을 건축했다.

수르야바르만 2세 사후 왕위 쟁탈전이 계속된 데다가 1177년에는 참파의 대군이 수도인 야소다르프라를 공격하여 파괴했다.

1181년, 참파에 원정하던 자야바르만 7세[1181 ~ 1220년?][2]가 귀국해 즉위했다. 그는 끈질기게 나라 만들기를 진행시켜 1190년에는 숙적 참파를 항복시켰다. 또한 앙코르 톰을 도시로 건설했다. 열렬한 대승불교의 신자인 자야바르만 7세는 앙코르 톰을 중심으로 바이욘을 건설해 반테이 끄데이, 타 프롬, 프리야 칸 등의 불교 사원을 건설하였다. 또 자야바르만 7세는 국내에 102개에 이르는 병원과 주요 가도에 여인숙을 건설해 서민의 생활도 중시했다. 그러나 대규모 사원건설과 영토 확장을 위한 원정 때문에 그의 사후 국력이 쇠퇴했다고 추측되고 있다.

바이욘

자료: ko.wikipedia.org

2   자야바르만 7세(Jayavarman VII, 1125 ~ 1218년)는 크메르 제국(1181~1218년)의 가장 위대한 왕으로 평가받는 왕이다. 다란인드라바르만 2세(1150 ~ 1160년)와 그의 아내 스리 자아라자쿠다마니의 아들로 태어났다. 자야라자데비와 결혼한 후 그녀가 죽자 그녀의 동생인 인드라데비와 결혼을 하였다. 이 두 여자는 그에게 불교에 대한 엄청난 영감을 고취시켜, 불교에 헌신하게 하였다. 그 이전에 불교 신자인 왕은 한 명밖에 없었다.

바이욘Bayon은 캄보디아 앙코르 유적군 중의 하나로, 힌두교, 불교 혼합의 사원유적이다. 앙코르 톰의 중앙 부근에 자리잡고 있다. 바이욘의 호칭은 여러 가지로 불리고 있지만, 크메르 발음으로는 바욘 쪽이 더 가깝다. 바는 '아름답다'는 의미이고, 욘은 '탑'을 의미한다.

13세기에 들어 원나라의 침공이 시작되었고, 13세기 후반에는 타이의 아유타야 왕조의 침공이 시작되었다. 당시의 포냐얏트 왕은 1431년에 샴현재의 타이에서 가까운 앙코르를 방치하였고, 다음 해 샴족이 수도를 점령하게 되자 앙코르의 영광의 시대는 그 종말을 맞았다. 그 후 수도는 현재의 프놈펜이 있는 체드목크 방향으로 천도했고, 앙코르는 유적으로만 남게 되어 밀림에 묻혀 갔다.

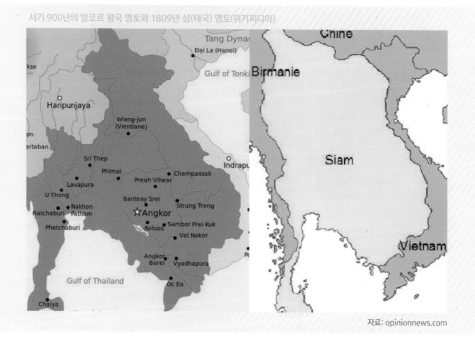

서기 900년의 앙코르 왕국 영토와 1809년 샴(태국) 영토(위키피디아)

자료: opinionnews.com

크메르 제국Khmer Empire은 앙코르 왕조 모두를 포함하며, 9 ~ 15세기까지 동남아시아에 존재한 왕국으로, 현재 캄보디아의 원류가 된 나라이다.

이전에 있었던 진랍 왕조를 계승한 제국이고, 그 세력이 강성할 때는 현재의 태국 동북부, 라오스 및 베트남의 일부도 점령하고 있었다. 이 왕조의 가장 위대한 유산은 앙코르 유적을 시작으로 한 일련의 크메르 유적으로 이 왕조에 의한 건축물로 앙코르 톰을 수도로 하고 있다. 종교적으로는 13세기에 소승불교가 인도차이나를 장악할 때까지 힌두교와 대승불교가 섞여있는 신앙형태를 유지하고 있었다.

크메르 제국은 광대한 문화적, 정치적, 경제적인 교류를 하였고, 자바나 말레이 반도의 스리비자야 제국과 스리비자야 제국과 동맹인 사일렌드라와도 교류를 하였다.

🍺 크메르 제국은 왜 사라졌을까

캄보디아 톤레삽 호수 근처의 현지인들 사이에서는 밤만 되면 유령들이 나타난다는 유령도시에 관한 소문이 오래 전부터 나돌았다. 1850년 6월 프랑스의 신부 뷰오는 그 소문의 진상을 확인하려다 베르사유 궁전보다 더 큰 사원을 발견했다.[3]

---

[3] 이성규, [과학으로 만나는 세계유산] 과학으로 만나는 세계유산(24) 앙코르 와트, The Science Times, 2016.08.29.

자료: m.blog.naver.com

뷰오 신부는 본국에 그와 같은 사실을 알렸으나, 프랑스 정부는 아무런 관심도 보이지 않았다. 밀림 속에 그처럼 아름답고 큰 사원이 있다는 사실을 믿지 않았던 것이다. 그의 말이 사실임을 확인한 사람은 1860년 프랑스의 식물학자 앙리 무오였다.

앙리 무오는 사원을 발견한 뒤 다음과 같은 말을 남겼다. "솔로몬왕의 신전에 버금가고, 미켈란젤로와 같이 뛰어난 조각가가 새긴 것 같다. 이것은 고대 그리스, 로마인이 세운 것보다도 더 장엄하다."

톤레삽 호수 근처의 밀림 속에서 앙리 무오가 발견한 것은 바로 앙코르 와트였던 것이다. 7톤짜리 기둥 1,800개와 돌로 만든 방이 260여 개에 달하는 이 사원은 세상에 알려진 후 세계 7대 불가사의로 선정됐다.

돌의 예술로 불릴 만큼 섬세하고 우아한 부조로 유명한 이 사원은 접착재료 없이 돌들의 결합만으로 지어졌는데도 천년이 지나도록 물이 새지 않을 만큼 완벽하다. 또한 좌우대칭이 정확하게 맞아떨어지는 기하학적인 구조는 현대 건축가들도 감탄을 금치 못한다. 일설에 의하면 컴퓨터로 앙코르 와트를 설계하는 데만 2년이 걸린다는데, 이 사원은 12세기의 기술로 불과 37년 만에 지어졌다.

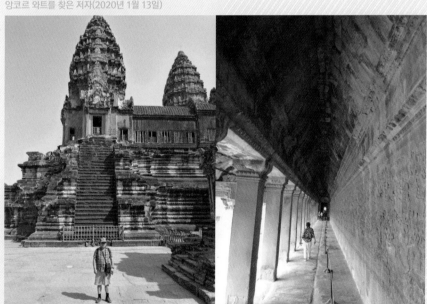

앙코르 와트를 찾은 저자(2020년 1월 13일)

〈툼 레이더〉 촬영지 타프롬 사원

자료: gocambodia.co.kr

바이욘 사원

자료: blog.daum.net

약 100만 명의 인구가 거주했던 유령도시

앙코르 유적은 산림지역을 포함해 400km² 이상 퍼져 있는 고고학 유적지로서, 앙코르 와트 외에도 수많은 유적들이 있다. 그중 관광객들이 자주 찾는 대표적인 유적은 바이욘 사원이 있는 앙코르 톰과 영화 〈툼 레이더〉의 배경이 됐던 타프롬, 그리고 반티아이 스레이라는 힌두교 사원이다.

바이욘 사원에는 54개의 탑에 정확히 동서남북을 향하고 있는 관세음보살의 사면불이 있으며, 반티아이 스레이의 지붕과 회랑마다 새겨진 부조는 앙코르의 수많은 유적 중에서도 걸작으로 꼽힌다. 또 타프롬은 성벽을 집어삼킬 듯한 형상의 거대한 열대우림이 관광객들의 눈을 압도한다.

앙코르 유적은 9세기부터 15세기까지 그곳에 존재한 크메르 제국의 작품이다. 크메르 제국은 9세기 초반 자야바르만 2세에 의해 제국으로 통합된 이후 12세기 초반 앙코르와트를 건설한 수리야바르만 2세 때 최전성기를 맞이했다.

이후 참족에 의해 점령당했으나 12세기 후반 자야바르만 7세가 참족을 몰아낸 뒤 앙코르 톰을 재건하는 등 최후의 전성기를 누리다 쇠퇴기로 접어들면서 15세기 전반 크메르 제국이 사라질 때까지 중요한 기념비적인 유적은 더 이상 건설되지 못했다.

앙코르 와트는 대부분 사암과 라테라이트로 지어졌는데, 주변은 돌이 없는 밀림과 평지뿐이다. 그렇다면 그 엄청난 양의 돌을 어디서 어떻게 가져왔는지는 불가사의한 미스터리로 남아 있다.

근래 들어 위성사진 등으로 확인한 바에 의하면 앙코르 유적에는 현재 미국 로스앤젤레스LA 규모의 도시에 100만 명에 가까운 인구가 거주한 것으로 확인되었다. 당시 유럽의 파리나 런던 같은 대도시도 인구가 10만~20만 명에 불과했다고 하니 앙코르 문화가 얼마나 번성했는지 미루어 짐작할 수 있다.

땅 밑에서 정체 드러낸 크메르 최초 수도

그 많던 크메르인들이 갑자기 사라진 이유에 대해서도 아직 밝혀진 바가 없다. 노예들이 반란을 일으켜 거주민들을 모두 학살했다는 설이 있는가 하면 인접국의 잇단 침략에 수도를 옮겼다는 설도 있다. 최근에는 지난 학설과 달리 과도한 난개발과 자연 파괴가 멸망의 원인으로 지목되고 있다.

그중 하나가 모기로 인한 멸망설이다. 앙코르 유적에는 그 규모만큼이나 엄청난 양의 물이 필요했는데, 이를 공급하기 위해 복잡한 수로와 농사를 짓기 위한 관개시설, 그리고 광활한 논이 만들어졌다. 이처럼 수심이 얕고 햇볕이 드는 논과 유속이 느린 수로는 말라리아 모기의 완벽한 서식처가 되어, 거주민 대부분이 죽거나 떠나버려 유령도시로 변했다는 설이다. 앙코르 와트를 처음 발견했던 앙리 무오도 말라리아에 걸려 1년 만에 세상을 떠났다.

앙코트 와트에는 지금도 많은 과학자들과 고고학자들이 와서 연구와 새로운 유적 찾기에 매달리고 있다. 그런데 최근 앙코르 와트 인근 정글의 땅 밑에서 지금까지 드러나지 않았던 고대 도시가 발견됐다.

호주의 고고학자 데미언 에번스 박사팀이 최첨단 '라이다' 탐사기법을 활용한 결과, 캄보디아의 수도 프놈펜에 필적한 만한 규모의 고대 도시 '마헨드라파르바타'의 전체 규모가 드러난 것이다. 라이다 탐사기법은 헬리콥터에 레이저 탐사장비를 탑재해 비행 중에 레이저 광선을 발사함으로써 3차원의 형상 정보를 얻는 스캐닝 기술이다.

이번에 발견된 마헨드라파르바타는 크메르 왕국의 최초 수도로서, 앙코르에서 29km 떨어진 산 속에 위치해 있다. 오늘날 프놈쿨렌 국립공원인 이곳

자료: techholic.co.kr

에는 9세기 때 건설한 롤레이 사원을 비롯해 여러 개의 사원과 왕궁 터, 유적
지가 남아 있다.

　에번스 박사팀은 1,901km²의 면적을 조사해 도로와 수로 등 도시 흔적들
을 발견하고 인구가 밀집했던 이들 도시가 12세기에 전성기를 이룬 것으로 추
정했다. 새로운 과학기술이 그동안 미스터리로 남아 있었던 앙코르 유적지의
비밀을 모두 밝혀낼 수 있을지 주목을 끌고 있다.

03

근대 식민지

19세기 중순부터 프랑스에 의한 인도차이나 반도의 식민지화가 시작되었다.

1863년 8월 11일, 캄보디아의 국왕 프라마하 아파랏치는 프랑스와 교섭해 〈수호통상과 프랑스의 보호에 관한 협약〉을 체결하고 프랑스의 보호국, 즉 프랑스의 식민지가 되었다.

1866년 우동에서 프놈펜으로 수도를 이전했다. 1887년에는 캄보디아가 프랑스령 인도차이나에 편입되었다.

자료: educalingo.com

프놈펜

1907년에는 샴으로부터 앙코르 부근의 영토를 탈환하였다. 1940년에는 일본군이 인도차이나에 침공하였고, 이 기회를 틈타 노로돔 시아누크 국왕은 1945년 3월 12일에 캄보디아의 독립을 선언하였다. 그러나 일본이 연합국에 항복하면서 1946년에는 다시 프랑스의 보호하로 돌아와 독립은 소멸하게 된다.

시아누크 국왕은 끈질기게 독립 운동을 계속해 1947년에는 헌법을 공포하였고, 1949년에 프랑스 연합 내에서의 독립을 선언하였다. 1953년에는 경찰권, 군사권을 회복해 완전 독립을 이룰 수 있었다.

04

현 대

캄보디아 왕국(1953 ~ 1970년)

1955년 아시아-아프리카 회의반둥 회의, 반둥, 인도네시아에서, 시아누크는 비동맹 · 중립 외교 정책을 표명했다. 아버지 노로돔 스라마릿트에게 왕위를 이어받아 인민사회주의 공동체산쿰를 조직했다. 독립의 아버지로서 국민의 인기를 끈 시아누크는 같은 해 선거로 수상 겸 외무부장관으로 취임하였다.

1956년 동남아시아조약기구SEATO에 가맹을 거부하였다. 1960년에 국왕 스라마릿트가 사망하면서 시아누크는 왕위를 비운 채로 국가원수라고 하는 새로운 자리를 만들어 수반에 취임하였다. 1965년 5월 시아누크는 북베트남에 폭격을 행하는 미국과의 단교를 선언했다. 베트남전쟁으로 국내는 어수선하였지만 시아누크 정권 시대에는 내전은 격화되지 않았고, 식량이 풍부하여

캄보디아 왕실가족

자료: heraldk.com

수입에 의지할 필요도 없었으며, 대량의 난민도 발생하지 않았다.

크메르 공화국(1970 ~ 1975년)

1970년 3월 17일 친미 론 놀이 시아누크의 외유 중에 쿠데타를 일으켰다. 10월 9일 시아누크 일파를 추방하고 크메르 공화국 수립을 선언했다. 론 놀은 정권을 탈취하면서 강력한 반베트남 캠페인을 실행하여 남베트남 해방민족전선의 지원이 의심되는 캄보디아 거주지 내의 베트남계 주민을 박해, 학살하였다. 이 때문에 시아누크 시대에 50만 명이었던 베트남계 주민 중 20만 명이 1970년에 베트남으로 대거 귀환하는 사태가 지속되었다. 이어 론 놀은 1970년 4월 호치민 루트를 분쇄하기 위해 미군과 남베트남군에 자국을 참전시켰다. 게다가 1968년부터 국지적으로 행해져 오던 미군에 의한 캄보디아 공중 폭격을 인구 밀도가 높은 지역을 포함한 캄보디아 전역으로 확대시켰

론 놀

자료: chanbokeo.com

다. 미군의 폭격으로 수십만 명의 농민이 희생이 되었고, 대량의 난민이 발생해 농업 생산은 격감했다. 론 놀 정권은 국민의 반감을 사서 반정부 활동은 격화되었다.

론 놀의 쿠데타 이후 시아누크는 중국 베이징으로 탈출해 캄푸치아 민족통일전선을 결성하여, 반反 론 놀 공동투쟁을 호소하였다. 시아누크를 캄보디아로 귀국시킨 세력은 당시 마오쩌둥주의마오이즘에 심취한 폴 포트, 키우 삼판, 이엥 사리 등이 지휘하는 공산주의 세력, 즉 크메르 루주였다. 10월 폴 포트는 시아누크를 옹립하였고, 론 놀 정권과의 사이에 내전이 시작되었다.

1971년 1월 미국은 론 놀 정권을 지원하기 위해 남베트남 파견군의 일부를 캄보디아에 투입했다. 10월 론 놀은 군사 독재 체제를 선언하고, 1972년 3월에 신헌법을 공포했다. 그러나 1973년 3월 29일 미국이 베트남으로부터 완전 철수를 했기 때문에, 론 놀은 강력한 후원자를 잃게 되었다.

🎞 민주 캄푸치아(1975 ~ 1979년)

민주 캄푸치아는 1975년부터 1979년까지 존속된 캄보디아의 사회주의공화국이다. 캄보디아 내전 이후 건국되었다. 크메르 루주에 의해 세워졌으며, 폴 포트의 킬링필드는 이 시기에 자행되었다. 해체 이후에는 헹 삼린의 캄푸치아 인민공화국으로 이행되었다.

1975년 4월 17일 세력이 약해진 론 놀은 하와이로 망명하였다. 4월 30일 베트남에서는 사이공이 함락되면서, 베트남전쟁이 종결되었다. 이후 크메르 루주가 수도 프놈펜에 입성하였고, 1976년 1월에 캄보디아 민주 헌법을 공포하여 국명을 민주 캄푸치아Democratic Kampuchea로 개칭하였다.

내전에 의한 농업 인프라의 파괴, 식량수입 원조가 중단되는 혼란한 상황 속에서 크메르 루주는 화폐 제도를 폐지하고 도시 주민들을 강제로 농촌으로 이주시켜 강제 노동을 시키는 극단적인 원시 공산제사회로의 회귀 정책을 실행하였다. 구정권 관계자나, 도시의 부유층, 지식인, 유학생, 크메르 루주 내의 친베트남파 등을 학살하여 킬링필드를 만들었다. 반란의 혐의가 있는 사람은 정치범 수용소 S21현 뚜올 슬렝 학살 박물관 등에 수용되어 학살되었다. 1975~1979년의 폴 포트 시대의 4년간은 중국의 마오쩌둥주의를 표방하여 극단적인 농본주의 정책이 채택되었지만, 비효율적인 방식은 큰 가뭄을 극복하지 못했고, 출생률이 비정상으로 저하되는 한편, 기아와 학살로 100만 명이 넘는 대량의 사망자를 냈다.

1978년 1월 베트남을 침공한 폴 포트는 베트남과 단교를 선언하였다. 그 당시 베트남은 소련과의 관계를 강화하고 있었는데, 중-소 대립의 구도 때문에, 중국과 관계가 깊은 폴 포트 정권과 대립하게 되었다. 5월에는 폴 포트가 반란의 혐의로 동부군 관할구역을 공격해 동부지구에서 대규모의 크메르 루주 장병이 처형되었다. 이 때문에 베트남에는 10수만 명에 달하는 동부지구 지역의 피난민이 유입되었다.

폴 포트

자료: honeytip2017.tistory.com

📽 삼린 정권(1979 ~ 1991년)

1978년 12월 25일, 베트남군은 망명한 캄보디아 난민으로 캄푸치아 민족구국통일전선을 조직하고 크메르 루주 장교로 베트남에 망명한 헹 삼린을 내세워 폴 포트 타도를 기치로 캄보디아에 침공했다.

1979년 1월 6일, 베트남군이 프놈펜을 공략하자, 유폐에 가까운 상태에 있던 시아누크는 다시 북경에 피신했으며, 폴 포트, 이엥 사리 등의 크메르 루주는 타이 국경 근처까지 쫓겨나게 되었다. 1월 10일 친베트남계 캄푸치아 인민공화국People's Republic of Kampuchea이 수립되었다. 그러나 헹 삼린이 이끄는 캄보디아인민당 정권은 베트남의 괴뢰정권이라는 이유로 세계 각국의 승인을 받지 못했다.

1979년 2월에는 중국군이 캄보디아 침공에 대한 보복으로 베트남을 공격했다중월전쟁. 그러나 중국은 실전 경험 풍부한 베트남군에 참패하였고, 3월에 철수하게 된다. 1981년 6월에 삼린은 신헌법을 채택하고, 동시에 훈 센이 각료 평의회 부의장부수싱으로 취임하였다.

1982년 2월, 반격을 도모하던 반베트남 3계파폴 포트, 시아누크, 손 산는 북경에서 회담을 열었고, 7월에는 3계파에 의한 민주 캄푸치아 연합정부The Coalition Government of

헹 삼린

자료: vietnam.vnanet.vn

Democratic Kampuchea : CGDK가 성립되어, 삼린
정권과의 내전 상태에 들어갔다.

1983년 2월에 열린 인도차이나 3국 정
상회담에서 베트남군의 부분적 철수가
결의되었지만, 3월에 베트남군은 폴 포
트파의 거점을 공격하였다.

1984년 7월의 동남아시아 국가연합 외
상 회담에서 캄보디아에 주둔한 베트남
군을 비난하는 공동선언을 채택하게 된
다. 그러나 베트남군은 내전에 계속 개입
하여 1985년 1월에 민주 캄푸치아 연합
정부의 거점을 공략하여, 3월에 시아누
크 국왕파의 거점을 제압하였다.

훈 센

자료: news.joins.com

1988년 3월, 베트남 수상 팬 분이 급사하는 정변이 일어나자, 6월 베트남군
은 철수를 시작해 1989년 9월에 철수를 끝내게 된다. 그 결과 당시 수상의 자
리에 있던 훈 센은 베트남군이라는 배경을 잃고 세력이 약화되어 내전은 더
욱 수렁에 빠지게 되었다.

1990년 6월 4~5일, 도쿄에서 캄보디아 각 파가 참가하는 평화를 향한 직
접 대화의 장소로서 캄보디아에 관한 도쿄 회의가 개최되었다. 다음 해 1991
년 10월 23일, 캄보디아 평화 파리 협정이 개최되어 최종 합의문 국제 연합 캄보디아
잠정 통치기구UNTAC'의 설치, 무장해제와 내전 종결, 난민의 귀환, 제헌의회 선거의 실시 등에 19개국이 승인
함으로써 20년에 이르는 캄보디아 내전이 종결되었다.

현대 캄보디아 왕국

캄보디아 평화 파리 협정으로 훈 센 정권과 민주 캄푸치아 연합정부를 통합한 네 계파에 의한 캄보디아 최고 국민평의회SNC가 결성되었다. 다음 해 1992년 2월부터, 유엔 캄보디아 잠정 통치기구UNTAC가 평화유지 활동을 시작하였다.

1993년 5월에는 국민의회 총선거가 실시되어 입헌군주제가 채택되었다. 선거 결과는 전 120의석 가운데 펑신펙크 당이 58석, 캄보디아인민당이 51석, 손 산의 불교자유민주당이 10석, 기타 1석으로 의회가 구성되었다. 이 선거로 두 명의 수상제가 선택되어, 펑신펙크 당수로 시아누크의 2남 라나리드가

노로돔 라나리드

자료: ko.wikipedia.org

제1수상에 캄보디아인민당의 훈 센이 제2수상으로 선출되었다. 동년 9월 23일, 제헌의회가 신헌법을 발표하였고, 9월 24일 시아누크가 국왕에 재즉위하여, 캄보디아 왕국이 23년 만에 통일정권으로서 탄생하였다. 자유롭고 공정한 선거, 선택된 의회의 헌법 공표, 정부 설립을 주관한 UNTAC의 잠정 통치는 1993년 9월에 종료되었다.

1997년 7월, 프놈펜에서 펑신펙크 당과 캄보디아인민당의 군대가 충돌하는 사건이 일어났다. 제1수상인 라

나리드는 파리로 도망가 약 반년 후인 1998년 3월에 시아누크 국왕의 은사로 귀국하였고, 9월에는 국민의회의 의장으로 취임했다. 동년 7월의 총선거로 이 번은 캄보디아 인민당이 제1당이 되어, 훈 센이 제1수상으로 취임하고 있다.

캄보디아는 동남아시아 국가연합ASEAN 가맹이 연기되고 있었지만, 1999년 4월에 가맹을 완료했다.

폴 포트는 1998년 4월에 산중에서 사망하고, 12월에 폴 포트파 간부가 국민에게 폴 포트에 의한 학살을 사죄하였다. 2001년 1월 폴 포트파 간부를 재판하는 특별법정이 설치되었다.

노로돔 시하모니

자료: librewiki.net

2004년 10월 14일, 시아누크가 퇴임하고, 그의 셋째 아들인 노로돔 시하모니가 국왕에 즉위하였다.

2006년 10월 18일, 펑신펙크 당은, 라나리드 당수를 해임하고, 주독일 대사의 케오 풋 라스 메이를 선출, 제1부당수에는 루 라이스 렌, 제2 부당수에는 차조기 와트 스리웃드차조기 와트 왕가의 출신가 선출되었다. 2006년 11월 16일, 라나리드는 노로돔 라나리드 당The Norodom Ranariddh Party을 설립했다.

Chapter 10

캄보디아의
빛과 그림자

3년의 폭정으로
100년이 무너지다

01

개 요

    캄보디아 왕국, 약칭 캄보디아는 동남아시아 인도차이나 반도에 있는 입헌 군주국이다. 태국, 라오스, 베트남과 국경을 접하고 있으며, 남서쪽에는 타이 만灣을 끼고 있다. 국토 면적은 18만km²이다.

    캄보디아의 공식 종교는 상좌부 불교로, 국민의 95%가 믿고 있다. 캄보디아의 수도이자 가장 큰 도시는 프놈펜으로, 정치, 문화, 경제의 중심지이다. 총리인 훈 센은 1985년부터 장기 집권 중이며, 국왕은 노로돔 시하모니이다. 크메르 제국의 유적인 앙코르 와트와 앙코르 톰 등으로 유명하다. 주요 도시로는 프놈펜, 시엠레아프, 바탐방, 캄퐁참 등이 있다.

캄보디아 지도

자료: m.blog.daum.net

캄보디아, 베트남, 라오스, 태국 지도

02
/
이 름

나라 이름 캄보디아는 크메르 제국의 다른 이름인 '캄부자'에서 유래한 프랑스어 '캉보주Cambodge'가 영어화된 것을 받아들인 것이다. 1970년 이전 왕국시대에는 캄보디아로 불려오다가, 1970년 론 놀의 쿠데타로 공화국이 성립되자 국명이 크메르 공화국으로 바뀌었다. 1975년 4월 크메르 루주에 의해 수도 프놈펜이 함락되고 국명은 또다시 민주 캄푸치아로 바뀌었다. 4년 뒤인 1979년 베트남의 지원을 받은 헹 삼린이 캄푸치아 인민공화국으로 바꾸었다가, 이후인 1993년에 현재의 국명으로 되돌아왔다.

03

/

역사

    고고학적 증거에 의하면 캄보디아에는 기원전 2000~1000년대 사이에 신석기 수준의 문명을 가진 사람들이 살았다. 이들은 주로 중국 동남부에서 이주해 온 것으로 추측된다.[1]

    기원후 1세기경에는 메콩 강 하류와 하구에서 농경과 어로, 목축을 통해 생활하며 조직화된 사회를 구성한 집단이 나타났으며, 이들은 인도와의 교류를 통해 종교 등의 문화를 받아들이며 인도차이나 반도에 알려진 첫 번째 국가인 푸난을 세웠다. 푸난은 1세기에서 6세기 말경까지 번영했으며, 이후에는 메콩 강 중류에서 일어난 진랍의 공격을 받아 위축되다가 7세기 중엽 멸망하였다.

[1]   상세한 내용은 Chapter 09를 참고할 것.

이 시기의 진랍은 지방 분권적인 정치 체제를 유지하고 있었다. 그러나 진랍의 왕인 자야바르만 1세가 681년 사망한 후, 진랍은 육진랍과 수진랍의 두 개의 나라로 분리되었으며, 이후 말레이 민족과 자바인의 압박을 받아 현재의 캄보디아 지역의 국가들은 점차 속국화하였다.

첸라(진랍) 왕국의 유적

자료: nbcambodia.com

이후 9세기에 자야바르만 2세가 등장하여, 자바인들로부터의 독립을 선포하고 주변 소국들을 정복하였으며, 종래에는 앙코르를 수도로 하는 왕조를 세웠다. 이것이 크메르 제국의 시작이다. 크메르 제국은 9세기에서 13세기에 걸쳐 번영하였으며, 앙코르 와트와 같은 유적들도 이 시기의 군주들에 의해 건설되었다.

그러나 13세기 초 자야바르만 7세의 치세가 끝난 후 점차 약화되어 14세기에는 서쪽의 아유타야와 남쪽의 따웅우 왕조[2]현재의 미얀마, 그리고 동쪽의 베트남 사이에서 약소국으로 연명했다. 1431년에는 아유타야의 침공으로 수도 앙코르를 함락당하고 현재의 프놈펜으로 천도하기도 했으며, 18세기 말에는 베트남에서 일어난 떠이선의 난과 미얀마의 아유타야 침공의 여파로 국토가

2　따웅우 왕조(1531~1752년)는 버마의 왕조이다. 버간 왕조가 멸망한 다음 버마 지역에는 샨족의 잉와, 버마족의 따웅우, 몬족의 버고(홍사워디) 등 3왕조가 병립했는데 따웅우 왕조가 강력해져서 버마를 재통일했다. 16세기 후반 바인나웅 왕 때 현재의 미얀마 이외에 타이, 라오스 지역까지 진출해 란나를 복속시키고 일시적으로 란쌍 왕국, 아유타야 왕국까지 점령했으나, 후대 왕들의 타이를 겨냥한 확대 정책이 버마, 타이 양국의 국력을 피폐하게 만드는 결과를 낳게 되었다. 수도는 해안 지역의 고도(古都) 버고에 두었으며, 포르투갈이나 에스파냐의 상인이 내왕하였다. 후에 수도는 잉와로 옮겨졌고 해안 지역 몬족의 반란으로 멸망했다.

따웅우 왕조

황폐화되기도 하였다.

1863년 프랑스의 보호령이 되었으며 이후 계속해서 식민지로 남아 있다가 1954년 프랑스 공동체 내의 자치국으로 독립했지만, 베트남전쟁 등의 영향으로 인해 크메르 루주가 득세하는 등 계속해서 정권이 불안정했다. 크메르 루주 등의 준동과 베트남의 개입으로 인해 내전이 1980년대 말까지 계속되었으며, 이 시기 중 킬링필드가 일어나기도 하였다.

📽 킬링필드

킬링필드는 1975년에서 1979년 사이, 민주 캄푸치아 시기에 캄보디아의 군벌 폴 포트_{본명 쌀롯 써}가 이끄는 크메르 루주_{Khmer Rouge: 붉은 크메르}라는 무장 공산주의 단체에 의해 저질러진 학살을 말한다. 원리주의적 공산주의 단체인 크메르 루주는 3년 7개월간 전체 인구 800만 명 중 1/4에 해당하는 200만 명에 가까운 국민들을 강제노역을 하게 하거나 학살하였다.[3]

1989년 이후 베트남군이 철군하였고, 1991년에는 파리 평화협정이 체결됨으로써 내전이 공식적으로 종결되고 유엔의 임시 관리하에 놓이게 되었다. 1993년에는 망명해 있던 국왕 노로돔 시아누크를 다시 불러오고 보통 선거를 통해 정체를 입헌군주제로, 국명을 캄보디아 왕국으로 바꾸었다. 이후 총리 훈 센에 의한 쿠데타가 한 차례 있었지만, 1993년 이후로 정치는 대체로 안정되어 왔다.

3 상세한 내용은 Chapter 01을 참고할 것.

킬링필드 현장

자료: futurekorea.co.kr

04
/
자연 환경

지리

캄보디아는 181,035km²의 면적을 가지고 있다. 북서쪽으로는 태국과 800km, 북동쪽으로는 라오스와 541km를 접경하고, 1,228km를 동쪽과 남동쪽으로 베트남과 맞닿아 있다. 타이 만을 따라서 443km의 해안선이 있다.

기후

캄보디아의 기온은 10~38°C에 이르며, 열대 몬순 기후이다. 10~1월은 30°C 정도이며, 2~5월은 32~35°C에 이른다.

우기와 건기로 나눌 수 있는데 우기는 5~10월 사이로 내륙으로 불어오는

캄보디아 기후

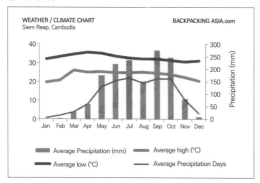

남서 몬순이 타이 만과 인도양에 서 습한 바람을 몰고 온다. 이로 인 해 연 강수량의 75%가 여기에 집 중되어 있으며 7~9월에 절정을 이 룬다. 건기는 10~4월 사이로 11~1 월 사이는 우리나라 초가을 정도 로 매우 시원하지만 이때를 제외하 면 매우 덥고 건조하다.

🎞 행정 구역

캄보디아는 25개 주khaet와 4개 지방 자치체로 구성되어 있다.

📇 캄보디아의 주 목록

1. 프놈펜

2. 반테아이메안체이 주 시소폰

3. 바탐방 주 바탐방

4. 캄퐁참 주 캄퐁참

5. 캄퐁치낭 주 캄퐁치낭

6. 캄퐁스페우 주 캄퐁스페우

7. 캄퐁톰 주 캄퐁톰

8. 캄포트 주 캄포트

9. 칸달 주 타크마우

10. 코콩 주 코콩

11. 케프 주 케프

12. 크라티에 주 크라티에

13. 몬둘키리 주 센모노롬

14. 오다르메안체이 주 삼라옹

15. 파일린 주 파일린

16. 시아누크빌 주 시아누크빌

17. 프레아비헤아르 주 프놈트벵메안체이 22. 스퉁트렝 주 스퉁트렝

18. 푸르사트 주 푸르사트 23. 스바이리엥 주 스바이리엥

19. 프레이벵 주 프레이벵 24. 타케오 주 타케오

20. 라타나키리 주 반룽 25. 트봉크뭄 주 수옹

21. 시엠레아프 주 시엠레아프

캄보디아의 행정 구역

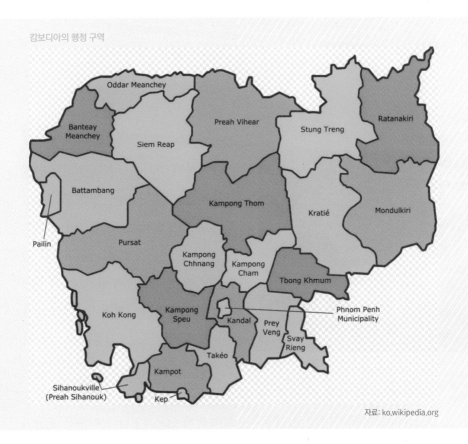

자료: ko.wikipedia.org

05
정치와 정부

노로돔 시하모니 현 국왕

자료: www.nbcambodia.com

캄보디아의 정치는 1993년에 제정된 헌법에 따라 의회에 의해 운영되는 입헌 군주제를 따른다. 캄보디아의 총리는 의회의 수반이고, 국왕은 국가의 수반으로 다당제 형태의 정당을 운영하고 있다. 총리는 국회의 승인을 받아 국왕이 임명하며, 총리는 집행부_{행정부}의 권력을 행사한다. 입법권은 집행부와 상·하 두 의회에 주어진다.

2004년 10월 14일, 1주일 전 갑작스런 노로돔 시아누크 국왕의 퇴위로, 노로돔 시하모니 국왕이 왕위 선발 위원회에 의해 선택되었다. 시아누크 국왕의 간택은 훈 센 총리와 국회의장인 노로돔 라나리드 왕자가 승인함으로써 계승식은 마무리되었다. 왕위 계승식은 10월 29일 프놈펜에서 거행되었다. 군주는 상징적이며, 실제 정치에는 관여하지 않는다. 노로돔 시하모니 현 국왕은 정치인이라기보다는 예술에 정통하며, 캄보디아 전통춤에 조예가 깊고, 체코에서 오랫동안 체류를 했기 때문에 체코어도 능숙하다.

캄보디아는 2006년 국제 투명성 기구가 조사한 국가 투명도 지수에서 163개국 중 151위를 차지했다. 2007년에는 179개국 중 162위를 차지했을 정도로 부정부패가 심각한 수준이다. 이는 라오스, 미얀마에 이어 동남아 3대 부패국에 손꼽히는 것이다.

2018년 동아시아 부패지수 순위

아시아 부패지수 순위
#점수(Score)가 낮을 수록 안좋은 나라임

SCORE	COUNTRY/TERRITORY	RANK	SCORE	COUNTRY/TERRITORY	RANK
87	New Zealand	2	38	Sri Lanka	89
85	Singapore	3	37	Mongolia	93
77	Australia	13	36	Philippines	99
76	Hong Kong	14	36	Thailand	99
73	Japan	18	35	Timor-Leste	105
68	Bhutan	25	33	Pakistan	117
63	Brunei Darussalam	31	33	Vietnam	117
63	Taiwan	31	31	Maldives	124
57	Korea, South	45	31	Nepal	124
47	Malaysia	61	29	Laos	132
46	Vanuatu	64	29	Myanmar	132
44	Solomon Islands	70	28	Papua New Guinea	138
41	India	78	26	Bangladesh	149
39	China	87	20	Cambodia	161
38	Indonesia	89	16	Afghanistan	172
			14	Korea, North	176

자료: www.nbcambodia.com

BBC에 의하면 캄보디아 정계에서 부정부패가 만연하며, 미국을 비롯한 여러 나라에서 지원되는 국제 원조가 불법적으로 정치인들의 호주머니 속으로 새어나간다는 보도가 있었다.

캄보디아의 부정부패는 광범위한 소득 불균형을 이루어 빈부의 격차가 뚜렷하다.

대외 관계

캄보디아는 UN 회원국이며, 세계은행과 IMF의 특별 회원이다. 아시아개발은행ADB과 ASEAN 회원국이고, 2004년 WTO에 가입하였으며, 2005년에는 동아시아 정상회의EAS에 참가하였다.

캄보디아는 많은 나라들과 외교 관계를 수립하고 있는데, 대부분의 동남아시아 이웃 나라들과 1973년 파리 협정에서 중요한 역할을 했던 미국, 오스트레일리아, 캐나다, 중국, 유럽 연합, 일본, 러시아 등과 수교 관계를 맺고 있다. 또한 캄보디아는 북한과 남한 모두와 수교 관계를 맺고 있다.

1970년과 80년의 격동이 지나가고, 몇 차례의 국경 분쟁을 이웃 국가들과 경험했는데, 여전히 일부 도서와 베트남에 인접한 국경 및 태국과 접한 바다의 경계는 아직도 분쟁의 대상이 되고 있다.

2003년 1월, 프놈펜에서 태국의 인기 여배우의 발언으로 촉발된 앙코르 와트와 관련하여 소요가 발생했는데, 캄보디아의 언론과 훈 센 총리까지 곤욕을 치른 사건이었다. 당시 태국은 자국민을 보호하기 위해 국경을 폐쇄하고 전투기를 출격시키는 등의 조치를 취했다. 2003년 3월 21일, 캄보디아 정부에

서 태국 대사관을 파괴한 보상금으로 600만 달러의 보상금을 지불하고 국경
이 다시 개방되었다.

　2008년 태국과의 국경에 위치한 프레아 비헤아르 사원의 유네스코 세계유
산 등록을 둘러싸고 태국과 군사 충돌이 일어났다.

프레아 비헤아르 사원

자료: 1freewallpapers.com

06

/

경제

    1993년 GDP 24억 달러에서, 2006년 72억56백만 달러, 2008년 103억 달러로 증가하였고, 2017년 221억8천만 달러, 2018년 245억79백만 달러에 이른다. 1인당 GDP는 1993년 229달러, 2006년 513달러, 2008년 739달러로 증가하였고, 2017년에 1,429달러, 2018년에 1,561달러로 보고되었다. 2006년의 경제성장률은 10.8%, 2017년 경제성장률은 6.90%이다.

    1인당 국민소득은 빠른 속도로 증가하고 있지만, 주변 지역의 다른 나라에 비하면 아직도 낮은 수준이다. 대부분의 도시 주거는 농업에 의존해 있고, 그 관련 하부 구역도 마찬가지다. 벼 농사, 어업, 목재, 의류, 고무는 캄보디아의 주요 수출 품목이다. 2000년도에 이르러서야 쌀의 자급자족이 이루어지게 되었다. 1970년대에는 면 생산이 유명하였으나, 폴 포트 이후에는 현재 면 생산이 없다.

1997~1998년에는 주변국의 경제 위기와 폭동, 정치문제로 인해 경제 회복이 급격하게 떨어졌는데, 외국 투자와 관광 또한 급격히 저하되었다. 그러나 그 이후로는 성장률이 꾸준히 증가하고 있어, 1999년 이후 경제 개혁과 성장이 5%대를 회복하였다. 혹독한 홍수 등의 자연 재해에도 불구하고, 2000년도에 GDP는 5% 성장하였고, 2001년에는 6.3%, 2002년에는 5.2%, 2018년에는 7.5%를 기록하였다. 캄보디아의 주요 산업은 농업, 어업, 임업이다.

관광산업은 가장 빨리 성장하는 산업 중의 하나이다. 2000년 이후 관광은 캄보디아의 급속한 경제 성장의 주요 동력이 되어 왔으며, 관광 부문이 GDP에서 차지하는 비중은 2010년 6.2%에서 2017년 16.3%로 크게 증가했다. 세계여행관광협회는 타 산업의 관광 관련 프로젝트 등 간접 기여도

앙코르 와트는 가장 큰 관광자원이다.

자료: ko.wikipedia.org

캄보디아 주요 관광지 현황

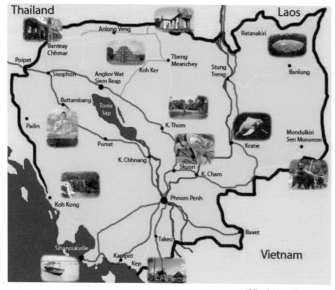

자료: bizkhan.tistory.com

까지 포함하여 고려할 경우 2017년 캄보디아의 관광 부문 GDP 비중은 아세안 국가 중 가장 높은 수준인 32.4%로 추정된다. 관광 부문은 고용 창출, 투자 유치 등에서도 지속적인 성장을 유지하고 있다.

2018년 캄보디아는 아세안 국가 중 전년 대비 외국인 관광객 증가율이 베트남, 인도네시아에 이어 3위를 기록했으며, 외국인 관광객이 일곱 번째로 많이 방문한 국가다. 2018년 캄보디아를 방문한 외국인 관광객은 총 620만 명으로 전년 대비 11% 증가했으며, 국가별로는 중국, 베트남, 라오스, 태국, 한국 등 순이다.

그러나 학교 등의 기본적인 사회간접자본의 부족으로 시외의 중장년층은 교육률이 아주 떨어지고 있다. 불안정한 정치와 부패에 대한 두려움으로 인해 외국의 투자는 꺼려지고 있고, 외국 원조도 연기되었다.

이 나라의 경제 구조는 후진적이고, 전기를 마음대로 쓸 수 없다. 전기를 태국에서 수입해야 할 뿐만 아니라 수입 비용도 비싸다. 농촌 지방은 교육을 받은 사람이 많지 않다.

📷 교통

　육상교통망은 수도 프놈펜에서 각지로 도로가 뻗어 있고, 철도도 프놈펜으로부터 서쪽으로는 태국과의 국경 도시인 포이펫, 남부의 캄포트를 거쳐, 콤퐁솜 만(灣) 방향으로 가는 노선이 있는데 모두 단선이다. 또 메콩, 톤레삽, 바사크 등의 하천은 중요한 수상 교통로다. 외항선은 프롬펜과 콤퐁솜에 기항한다.

프놈펜의 교통수단

자료: upkorea.net

07
/
사 회

주민

주민은 크메르족이 90%이며, 크메르어가 공식 언어다. 나머지는 베트남계 5%, 중국계 1%, 기타 4% 등으로 구성되어 있다. 크메르어는 오스트로 아시아어군의 몽크메르 하위계보다. 인도차이나계의 프랑스어가 한때는 사용되었고, 지금도 일부는 사용하고 있으며, 과거 식민지 유물로 대부분 오래된 캄보디아 사람들은 제2 외국어로 사용하고 있다. 아직도 일부 학교와 대학교에서는 프랑스 정부의 기금을 지원받아 프랑스어를 가르치고 있다. 캄보디아 프랑스어는 캄보디아에서 발견할 수 있으며 주로 정부기관에서 사용되는 방언이 섞인 프랑스어다. 최근 수십 년 동안 많은 젊은 캄보디아인들과 사업에 종사하는 사람들은 사용 활용범위가 넓은 영어를 더 선호한다. 주요 도시와 여행자 센터에서는 영어가 폭넓게 사용되며, 대부분의 학교에서 가르치는 과목

크메르 아이돌

이기도 하다. 시골로 내려가도 불교 사원의 승려 등을 포함하여 많은 젊은 사람들이 영어를 구사한다.

주요 종교로는 크메르 루주에 의해 박해를 받았던 소승불교가 95%, 이슬람교 3%, 기독교가 2% 정도를 차지하고 있다.

언어

1993년 9월 23일 헌법 5조에 의하면 "공식어와 공식문자는 크메르어와 크메르 문자다."라고 규정하고 있다. 영어는 프랑스어를 대체하고 이 나라의 제2 언어로 각광받고 있다. 소수 언어로는 중국어, 태국어 등이 있다.

크메르어

교육

인간개발지수는 중간이고 문맹률은 높은 편이다.

로얄 프놈펜 대학교

자료: www.dek-d.com

08
/
문 화

캄보디아의 문화는 대표적으로 앙코르 시대(802~1432년)에 만들어진 앙코르 와
트 사원을 꼽을 수 있다. 그러나 화려했던 유물들은 관리가 소홀한 탓에 파
괴와 식민 시대의 약탈 등에 시달려 많은 손상을 입었다.

허물어져가는 앙코르 와트 사원

자료: dudlim.com

훼손된 유적지

자료: kr.lovepik.com

📽️ 종교

절에서 공양하는 모습

종교는 95%가 소승불교다. 그
외에 이슬람교, 로마 가톨릭, 개신
교, 힌두교 순이다.

자료: btjp

09

/

캄보디아의 중국인 투자
마중물인가 독약인가

　저자는 2020년 1월 11일 처음으로 캄보디아 수도 프놈펜을 방문했다. 왕궁과 사원 등 나지막한 전통 건물들 주위로 우뚝 솟은 빌딩들이 병풍처럼 늘어서 있다. 높은 건물들이 서 있고 일부는 신축 중인 코 비치Koh Pich[4] 지역으로 접근하니 일대는 뿌연 먼지로 가득하다. 먼지바람 속에서도 머지않아 빌딩 숲을 이룰 그곳의 모습이 머릿속에 떠오른다.

　일본계 도요코 인 프놈펜Toyoko Inn Phnom Penh 호텔 23층 식당에서 내려다 본 시내 모습도 마찬가지다. 새로 개발된 메콩 강의 다이아몬드 섬과 가까이 인접한 데다 외교부, 환경부 등 중앙의 주요부처가 자리 잡고 있어 노른자위임

4　Koh Pich(English: Diamond Island)는 메콩(Mekong) 강과 바사크(Bassac) 강에 있는 프놈펜의 새로운 지역이다.

에 분명한 땅에서도 주상복합 건물을 짓기 위한 중국 자본의 건설작업이 한창이다. 여의도 면적 10배가 넘는 3,600ha에 대해 중국의 한 개발사가 38억 달러약 4조 3,000억 원를 투입해 리조트와 108홀 골프장, 항만과 공항 등을 갖춘 대규모 도시개발 프로젝트를 추진하고 있다니 과연 중국의 무서운 영향력을 실감할 수 있다.

2018년은 캄보디아와 중국의 수교 60주년이 되는 해로, 중국 리커창 총리가 연초에 캄보디아 방문 당시 수교 60주년을 기념해 19건의 신규 계약 체결을 이끌어 내기도 했다.[5] 두 나라 사이의 19개 양해각서 및 협약 체결은 많은 사람들이 우려하는 것처럼 양국 관계 심화를 통해 중국의 캄보디아 내에서의 입지 강화를 의미한다. 동시에 캄보디아가 지역 및 세계 시장에서 경쟁하기 위해 필요한 인프라를 구축하고 산업을 개발할 수 있는 기회를 뜻하기도 한다. 캄보디아가 이와 같이 중국을 적극적으로 끌어안는 데는 다 이유가

리커창과 훈 센

자료: thediplomat.com

있다. 동남아시아에서 중국과 가장 가까운 동맹국 중 하나인 캄보디아의 '종속'은 현 훈 센 총리 체재와 국가 발전에 대한 지원을 이끌어 낸다는 점에서 전략적이라 할 수 있다. 서방 국가들의 지원이 줄어드는 가운데 중국은 캄보디아 정부의 산업 및 인프라 프로젝트를 전면적으로 지원해 왔다. 2017년 한 해 중국은 전체 투자자본의 약 30%를 차지했으며 이러한 동향은 지속될 것으로 보인다.

5   정민승, 캄보디아 빌딩숲·라오스 철도…땅 빼고는 모두 中 자본, 한국일보, 2017.09.04.

프놈펜 시내 동쪽 메콩 강을 끼고 있는 코 비치(Koh Pich) 지역의 노른자위 땅에서 진행되고 있는 고층 주상복합빌딩 공사. 오른쪽 흰색 건물은 캄보디아 환경부 청사, 그 맞은편의 붉은색 지붕을 한 전통 가옥 모양의 건물은 외교부 청사다.

캄보디아는 제1 야당 해체, 신문사 및 라디오 방송국 폐쇄, 시민사회단체 퇴출 등의 사건 이후 유럽연합과 미국으로부터 추가 지원을 받기 힘들 것으로 예상된다. CNRP_{Cambodia National Rescue Party, 캄보디아 구국당} 해산은 2018년 총선에 앞서 훈 센 총리의 임기를 연장시키는 데 효과적으로 기여했다. EU와 미국은 CNRP 없이 치르는 선거는 합법적인 것으로 인정하지 않겠다고 위협한 바 있다. 아니나 다를까 이는 중국에게 캄보디아를 통해 동남아 내의 지정학적 지위를 강화할 절호의 기회가 되었다. 시아누크빌_{Sihanoukville} 특별경제구역, 프놈펜-시아누크빌 고속도로 개발, 프놈펜 신공항 건립 등 최근 방문에서 협의된 많은 프로젝트들이 중국의 일대일로_{一帶一路} 정책을 진전시키는 데 일조했다. 캄보디아는 해당 프로젝트들을 통해 노후화되고 제한적이며 열악한 인프라에 특별한 조건 없이 재정적인 지원을 받을 수 있게 되었다. 이러한 협상을 지지하는 사람들은 양국 간 협력과 교역 증가로 인한 엄청난 경제적 이익을 강조하지만 캄보디아 정부는 중국과의 결속에 대해 보다 신중한 접근을 취하지 않으면 안 된다.

캄보디아의 유일한 항구인 시아누크빌 모습

자료: garrisonphoto.com

이미 많은 중국인들이 캄보디아를 방문해 왔지만 앞으로도 중국인 방문객은 크게 늘어날 것으로 예상된다. 이전 협약에서 양국은 캄보디아 내 중국인 관광객 2백만 명 유치와 2020년까지 양국 교역 60억 달러 달성을 목표로 정했다. 시아누크빌은 이미 2013년부터 중국 투자 및 방문객 증가로 엄청난 변화를 겪고 있다. 중국계 카지노와 중국인 거주자 수가 급증하여 현지인

중국 카지노가 캄보디아 시아누크빌 카지노 점령

자료: www.news.com.au

들은 시아누크빌을 제2의 마카오라고 부를 정도다. 25만 인구의 시아누크빌에 중국인 인구는 수천에서 수만 명에 이르는 것으로 추정되고 있다.

많은 캄보디아인들이 중국 자본의 투입으로 이익을 얻었지만 정작 현지인들은 소도시 내의 중국인 유입을 경계하고 있다. 새로운 일자리 대부분이 캄보디아 현지인들보다는 중국계 이민자들에게 돌아갔다. 게다가 캄보디아인 업소보다는 중국인이 운영하는 업소를 찾는 중국 관광객으로 인해 현지 상인들도 타격을 입은 반면, 관광객과 자본 유입으로 부동산 및 음식값은 되레 상승했다. 이전에 조용했던 시아누크빌은 이제 중국어 간판으로 뒤덮였고 공사가 끊임없이 진행되고 있어 캄보디아인 및 외국인 관광객들은 껩이나 캄포트 등 다른 도시를 찾아간다. 시아누크빌의 환경 변화에 대해 시아누크빌 주지사는 최근 내무부장관에게 현지인들의 불만 사항을 간략히 보고했다. 이 보고에 따르면 2017년 워크퍼밋work permit or work visa, 고용허가제 신청자의 69%가 중국인일 정도로 워크퍼밋 신청 외국인의 대다수가 중국인이라고 강조했다.

그는 또 관련 부서에 워크퍼밋을 확인하고 외국 기업에 대한 통계를 수집해 달라고 요청했다.

시아누크빌의 현재 상황은 외국인 투자에 대한 제한이나 규제가 없으면 어떤 일이 발생하는지를 보여주는 좋은 사례다. 그렇다면 캄보디아는 무엇을 어떻게 해야 하나? 다행히 이런 추세는 바로 잡고 관리해 나갈 수 있다. 캄보디아는 중국의 자금 지원을 전략적으로 받아들이고 있지만 정치인들은 막대한 자원이 산업과 인프라 개발에 어떻게 사용되는지에 대해서도 치밀한 전략을 세워야 한다. 중국은 일대일로 정책의 핵심 목표를 추진함으로써 이익을 얻어 왔다. 프놈펜은 교육 및 의료 분야 개혁과 같은 캄보디아의 복잡한 문제들을 해결하기 위해 중국의 지원을 이용할 필요가 있다. 그러나 이러한 심각한 문제들을 해결할 수 없다면 다른 무엇보다도 첫째, 건설이나 프로젝트 관리에서 현지 인력 고용 여부를 확인하여 캄보디아인들이 주도할 수 있는 기회를 확보해야 한다. 둘째, 대규모 프로젝트를 대중교통, 폐기물 처리, 안전한 물 공급 및 하수 처리 등을 고려하여 통합적이고 지속 가능한 자국 개발의 기회로 삼아야 한다. 정치인들은 개발을 이끄는 데 도움이 되는 규제를 도입할 수 있지만 정부는 효과적인 감시체계가 마련되어 있는지 확인해야 한다. 셋째, 캄보디아는 자국 산업을 개발하여 수출하기 위해서 중국의 지원과 전문성을 국제 표준에 맞추도록 활용할 수 있다. 캄보디아는 이를 통해 베트남이나 태국 등 인접국과 경쟁할 수 있을 것이다.

캄보디아는 프놈펜, 시아누크빌과 같은 도시를 동남아시아의 활발한 경제 중심지로 탈바꿈시키기 위해 노력해왔다. 다음 단계는 중국과 적극적인 파트너가 되는 것이다. 그렇지 않으면 캄보디아는 중국 기업과 정치인들에게 주도권을 빼앗길 위험에 처할 수밖에 없다.

경계해야 할 중국의 일대일로

시진핑習近平 국가주석이 제안한 중국의 일대일로—帶—路, 육상·해상 실크로드 프로
젝트는 고대 동서양의 교통로인 실크로드를 현대판으로 다시 구축해 중국과
주변국의 경제·무역 합작을 확대한다는 구상이다.

2013년 처음 제안된 이후 80개국이 참여하고 있는데 동남아시아의 최빈국
캄보디아는 일대일로 프로젝트에 따른 중국 자본과 인력의 유입이 가장 활발
한 국가 중 하나다. 거대한 중국 자본의 유입은 수도 프놈펜과 같은 대도시는
물론 지방 소도시의 모습까지 바꿔 놓고 있다. 가히 상전벽해라 할 수 있다.

캄보디아 남서부 타이만에 있는 작은 항구도시 시아누크빌이 그 대표적인
사례. 배낭 여행객들이 즐겨 찾던 조용한 해변 도시였던 이곳은 최근 중국
자본이 유입되고 중국인 관광객의 발길이 이어지면서 경제가 활황이다. 새로
운 건물들이 들어서고 밤거리는 휘황찬란한 네온사인이 점령했다.

자료: catalk3.com

그러나 중국 자본이 시아누크빌에 벌려 놓은 것은 산업 무역 시설이 아니라 카지노라고 싱가포르 채널 뉴스 아시아 방송이 2018년 10월 20일 보도했다. 시아누크빌에는 지난 수년간 중국인이 운영하는 카지노가 40여 개나 생겼고, 현지 건립 중인 카지노도 수십 개나 된다.

싱가포르 면적의 10%에 불과한 작은 도시는 이제 '작은 마카오'라고 불

6　젠트리피케이션(gentrification)은 도심 인근의 낙후지역이 활성화되면서 외부인과 돈이 유입되고, 임대료 상승 등으로 원주민이 밀려나는 현상이다.

릴 정도다. 현지 주민들은 개발 프로젝트가 속속 진행되면서 일자리가 늘어나 반갑지만, 개발 이익은 고스란히 중국인들이 챙겨간다며 불만을 토로한다.

시아누크빌 시내에서 흔히 볼 수 있는 풍경. 중국인들이 몰려들면서 중국어 간판들이 크메르-영어 간판을 빠른 속도로 밀어내고 있다.

자료: news.v.daum.net

현지에서 식당을 운영해온 붓 웅씨는 기자와의 인터뷰에서 "중국인 사업가들과 관광객은 중국인이 운영하는 식당에서 밥을 먹는다. 그들이 벌어들인 수익은 중국 사람들에게만 돌아간다."라고 불만을 토로했다. 웅 씨처럼 가족 사업 형태로 식당이나 상점을 운영해온 시아누크빌의 영세한 토박이 상인들은 중국 자본에 밀려 이제 가게 문을 닫을 위기에 처했다.

중국인들이 최대 다섯 배나 올려놓은 임대료를 감당하기 어려워진 데다, 중국인 관광객들이 몰리면서 휴양을 위해 과거 이곳을 찾던 서양 관광객들의 발길도 뚝 끊긴 탓이다.

한국의 내무부 통계에 따르면 캄보디아 거주 중국인은 2017년 연말 10만 명에서 최근 30만 명으로 급증했다. 이 가운데 시아누크빌에 거주하는 중국인은 무려 8만여 명에 달한다. 중국인들이 늘어나면서 범죄도 늘었다는 게 현지 관리들의 말이다.

캄보디아 국가 경제위원회 자문역을 맡은 왕립 프놈펜대학의 메이 칼얀Mey kalian 박사는 "개발 속도가 너무 빨라 불균형이 생겨나고 있다. 주민들 사이

중국천지된 시아누크빌, '도시 전체가 공사장'

자료: news.v.daum.net

에 적대감이 생겨났다."며 "일부 캄보디아인은 나라가 외국에 넘어간다는 생각을 할 수도 있다."고 우려했다. 그는 이어서 "캄보디아 정부는 주민들을 안정시키기 위한 조처를 해야 한다. 또 중국인 유입에 따른 부정적인 측면을 완화하기 위해 중국 정부와 협력해야 한다."고 덧붙였다.

중국의 일대일로 프로젝트 일환으로 캄보디아의 시아누크빌에 중국인들이 카지노, 호텔, 리조트를 세우자 중국 내 폭력조직들도 동반 진출해 활개를 치고 있다.

시아누크빌은 캄보디아 남서부 타이만에 있는 작은 항구도시다. 중국인이 주도하는 관광산업이 활성화되면서 이권을 노린 중국의 폭력조직도 속속 이곳으로 몰려들고 있다.

홍콩의 사우스차이나모닝포스트SCMP에 따르면 캄보디아 주재 중국 대사관은 충칭重慶 시의 한 폭력조직이 제작한 것으로 추정되는 동영상에 대해 조사하고 있다. 페이스북을 통해 유포된 이 동영상에는 티셔츠를 입은 한 남성이 웃통을 벗은 20여 명의 조직원에 둘러싸인 채 카메라 앞에서 시아누크빌을 장악하겠다고 다짐하는 모습이 담겨 있다.[7] 이 남성은 중국어로 시아누크

7 '일대일로' 프로젝트 따라 캄보디아로 몰려드는 중국 폭력조직, 한국경제, 2019.05.15.

빌의 옛 이름인 콤퐁솜을 적시摘示하면서 "콤퐁솜은 앞으로 3년 이내에 나의 수중에 들어올 것"이라고 말했다.

중국 대사관은 지난 2019년 5월 12일 웹사이트에 올린 글을 통해 캄보디아 경찰과 협조해 이 동영상에 대해 조사하여 실체를 파악했다고 밝혔다. 이에 앞서 캄보디아 당국은 지난 2019년 5월 7일 보고서를 통해 2019년 1분기에 외국인 범죄용의자 341명을 체포했는데, 이 가운데 241명이 중국인이라고 밝힌 바 있다.

2018년 말 현재 캄보디아에 취업비자를 받아 입국한 중국인들은 1만6천여 명에 달한다. 이들은 대부분 관광 분야에 종사하거나 중국이 추진하는 일대일로 건설 현장에서 일한다. 그러나 캄보디아 내무부는 시아누크빌에만 중국인이 7만8천여 명이 사는 것으로 추정하고 있다. 이들 대부분은 취업비자 없

코콩, 캄보디아(KOH KONG, CAMBODIA)

자료: kixx.tistory

이 입국한 사람들로 상당수는 폭력조직과 연관돼 있다. 중국은 일대일로 프로젝트의 일환으로 시아누크빌과 인근의 코콩에 항구와 심해 항구를 건설하고 있다.

캄보디아는 동남아시아 국가 가운데 일대일로 프로젝트에 가장 적극적으로 협력하고 있는 나라다. 훈 센 캄보디아 총리는 2019년 4월 베이징에서 열린 제2회 일대일로 정상회의에 참석해 시진핑 중국 국가주석과 별도의 정상회담까지 했다.

일대일로에 찬성하는 쪽은 이 프로젝트에 대해 새로운 일자리 창출에 도움을 주고 경제적 이득도 있다고 주장한다. 그렇지만 환경오염, 부동산 가격 폭등, 토지 분쟁, 중국인 범죄 등을 들어 반대하는 쪽도 만만치 않다.

특히 중국인 폭력범죄가 늘어나면서 최근 들어 일대일로에 반대하는 정서가 확산되고 있는 추세다.

2018년 10월 중국인 보이스피싱 일당 남녀 91명이 프놈펜 국제공항에서 추방되기 전 중국에서 온 공안과 특경에게 몸수색을 받고 있다.

자료: news.v.daum.net

11
/
킬링필드의 상흔

1950년 한국전쟁 때 캄보디아가 우리나라에 쌀을 지원했다는 사실을 알고 있는 사람은 몇이나 될까? 지금은 국가적으로 또 기업이나 봉사단체가 캄보디아를 후원하고 있지만 그 옛날엔 우리가 캄보디아의 후원을 받았다는 사실을 말이다. 아마도 1975년에 일어난 킬링필드 사건만 없었더라면 캄보디아는 지금도 많은 나라를 후원하고 있을지 모른다.

킬링필드 대학살에서 안경을 낀 사람, 손이 고운 사람, 시계를 찬 사람 또 사회 지도자, 지식인, 공무원, 노인, 여성, 심지어 갓 태어난 아이까지 죽임을 당했다.

킬링필드의 축소판인 왓트마이 사원

자료: leeesann.tistory.com

'청아익 대량학살 센터'를 찾은 저자 촬영(2020년 1월 12일)

이곳에서 희생된 사람은 어른들뿐만 아니라 아이들도 있었다. 아이들을 때려 죽였던 나무라고 불리는 곳 '칠드런트리'
그 밑에 특히 여행자들의 팔찌가 많이 걸려 있다.

자료: getabout.hanatour.com

그 방법의 잔인함은 말할 것도 없다.

캄보디아 대학살이 일어났던 장소를 뜻하는 킬링필드는 캄보디아의 수백여 곳에 달한다. 씨엠립에는 왓트마이가 대표적이며, 프놈펜에는 '청아익 대량학살 센터'가 있다.

1928년에 태어난 폴 포트Pol Pot는 캄보디아에서 최초로 파리 유학을 떠날 정도로 지식인이었다. 파리 유학 시절 동안 공산주의 사상을 접하면서 자신만의 유토피아를 만들 계획을 세우게 된다. 프랑스 공산당에 가입할 정도로 공산주의 사상에 깊이 빠졌던 폴 포트는 캄보디아로 귀국한다. 1975년 미국과 베트남전쟁이 끝나고 미국이 철수함에 따라 캄보디아의 친미 정권이었던 론 놀을 몰아내면서 공산혁명을 시작했다.

그 공산혁명이 시작된 날은 1975년 4월 17일, 폴 포트의 세력인 크메르 루주는 온갖 잔인한 방법으로 대량학살을 자행했다. 그들은 희생자들을 죽이는 데 총알도 아깝다며 야자수 나무의 뾰족한 나뭇잎 끝으로 사람을 죽였다고 한다. 학살된 대부분의 사람들은 좋은 곳으로 이사를 시켜주겠다거나 혹은 좋은 일자리를 소개하겠다는 폴 포트 정권의 달콤한 유혹에 속아 이곳에 끌려와 집단으로 매장당했다.

억울한 죽음을 당한 이들을 기리는 팔찌가 가득한 곳은 약 450여 개의 유골이 발견된 장소다. 또 킬링필드를 이루는 곳곳의 구덩이는 수많은 유골이 묻혀 있던 장소. 처음 발굴 당시에는 5m 넘는 구덩이도 있었다고 하니 얼마나 많은 사람을 매장했던 것일까. 이런 역사적 사실을 접하면서 그 누가 웃을 수 있을까. 킬링필드에는 무거운 침묵만이 가득하다.

이곳은 우기가 지나고 나면 옷가지와 유골이 종종 발견된다고 한다. 채 썩지 않은 옷을 보니 캄보디아의 비극이 얼마 지나지 않았음을 짐작할 수 있다.

킬링 트리와 갓난아기들을 때려 죽였다는 보리수나무

자료: brunch.co.kr

자료: namu.wiki

수십 년이 지나서야 자신의 존재를 알리는 옷가지처럼, 아직도 땅 속에 갇혀 있는 유골이 많다고 하니 그저 비통할 뿐이다.

킬링필드 중심에는 보리수나무가 있다. 얼핏 보기엔 평범한 보리수나무지만 가장 큰 슬픔을 지닌, 이른바 '킬링 트리'라 불리는 나무다. 킬링 트리는 갓난아기들이 떼죽임을 당한 곳이다. 부모의 죽음을 복수하지 못하도록 씨족을 말살해 버리겠다는 이유로 아이들의 발목을 잡고 머리를 나무에 내리쳐서 학살했다고 한다. 처음 이 나무가 발견될 당시 나뭇가지 사이에 머리카락과 뇌와 같은 내장이 끼어 있었다고 하니 그 잔인함에 치가 떨린다.

킬링필드를 돌아보면서 많은 사람들이 참았던 눈물을 쏟는 곳이 바로 킬링 트리 밑이다. 폴 포트의 잔인함이 가장 극에 달했던 장소다. 그 어린아이, 아

잠들지 못한 영혼들

니 갓 태어난 아기들이 세상의 빛을 보기도 전에 잔인한 죽음을 당했다는 사실에 분노와 슬픔이 치밀어 오르는 것이다.

'청아익 대량학살 센터'의 마지막 스폿 17층 높이의 위령탑 안에는 무자비하게 학살된 수많은 유골이 안치되어 있다. 불교국가인 캄보디아는 육신이 소각되지 않으면 영혼이 자유롭지 못하다고 하여 전시된 유골을 내리길 바라는 목소리도 높다고 한다. 하지만 이런 일이 되풀이되지 않고 과거를 기억하는 것도 중요하기 때문에 내일도 위령탑을 애도하는 물결은 계속될 것이다.

20세기 최악의 사건으로 손꼽히는 킬링필드의 결말은 1979년 미국과의 전쟁에서 승리한 베트남 군대의 침공으로 막을 내리게 된다. 이후 폴 포트는 단한 번의 재판에 회부되지도 않고 타국으로 이주하여 세 번의 결혼생활을 할

자료: namu.wiki

정도로 잘 살다가 1998년 4월 15일에 사망했다. 그는 대학살에 대한 아무런 죗값을 받지 않고 죽었다니 죽은 영혼들이 더 가엽게 느껴진다.

공산주의를 꿈꾸던 인간 말종들에 의한 킬링필드로 인해 캄보디아는 빈민국이 되었고, 현재까지도 공무원의 부정부패는 최악의 수준이다. 만약, 폴 포트가 프랑스에서 공산주의에 빠지지 않았다면 지금쯤 캄보디아의 위치는 어떻게 되었을까.

예수께서 기도하셨다.

"아버지, 저 사람들을 용서해 주십시오. 저들은 자기들이 하는 일을 모르고 있습니다."

– 저들을 용서하소서 _{누가복음 23:34}

위령탑을 중심으로 유골이 발견된 구덩이들 그리고 당시의 흔적들이 여기저기 남아있다. 또한 이곳은 우기와 건기를 반복하며 흙이 내려가면 유골이 계속 나오고 있는 곳이기도 하다.

자료: getabout.hanatour.com

Chapter 11

베트남의
과거와 현재
그리고 미래

3년의 폭정으로
100년이 무너지다

01

/

개 요

베트남 사회주의공화국은 동남아시아 국가다. 약칭은 베트남이다. 주요 도시로는 하노이, 호치민시, 다낭, 하이퐁, 호이안, 후에 등이 있다.

북쪽으로는 중국, 서쪽으로는 라오스 및 캄보디아와 국경을 접하고, 동쪽과 남쪽으로는 동해에 면해 있다. 면적은 약 33만 341km²이다. 인도차이나 반도에서 가장 인구가 많은 나라로 최근 인구 통계에서는 9,649만 명으로 조사되어, 세계에서 13번째로 인구가 많은 나라다. 나라의 명칭인 비엣남Việt Nam은 1945년부터 공식적으로 사용되고 있는데, 이것은 오늘날 베트남 북부와 중국 남부를 지배하였던 옛 베트남 왕조인 남월南越의 명칭을 거꾸로 쓴 것이다.

수도는 하노이이며, 최대 도시는 호치민시다. 공산주의 국가이지만, 중화인민공화국과 같은 혼합경제체제를 가진 명목상 공산주의 국가다.

베트남 지도

자료: www.google.com

고대 베트남은 중국의 지배를 받았으나 938년 박당 전투에서 응오 왕조의 시조인 응오꾸옌吳權이 오대 십국의 하나인 남한과 싸워 이겨 독립하였다. 독립 이후 베트남의 왕조들은 지속적으로 영토를 확장하여 인도차이나 반도의 동안을 따라 남쪽으로 국경을 넓혀갔으며, 이러한 영토 확장은 청나라와의 청불전쟁에서 승리한 프랑스의 식민 지배가 시작될 때까지 계속되었다.

프랑스의 식민 지배를 받는 동안 베트남은 프랑스령 인도차이나의 일부로 편입되었다. 베트남은 프랑스 식민 지배 기간 동안 계속하여 독립 운동을 벌였고, 제2차 세계대전 기간에는 일본의 지배를 받기도 하였다. 전쟁이 끝난 후, 1945년 9월 2일 호치민은 하노이의 바딘 광장에서 베트남의 독립을 선언하고 베트남 민주공화국의 수립을 선언하였다. 그러나 프랑스는 베트남의 독립을 인정하지 않았고, 프랑스와 베트남은 제1차 인도차이나 전쟁을 벌이게 되었다. 1954년 3월 13일 디엔비엔푸 전투에서 베트남군이 대승을 거두고 프랑스군이 철수를 하면서 베트남은 독립을 맞게 되었다. 그러나 서구 열강은 제네바 협정을 통해 베트남을 다시 북위 17도를 기준으로 남북으로 분단시켰고, 약속하였던 전국 선거를 거부한 채 응우옌 왕조의 마지막 황제 바오다이를 왕으로 내세워 베트남국을 수립하였다. 베트남은 얼마 지나지 않아 응오딘지엠의 쿠데타로 붕괴하고 베트남 공화국이 세워져 남북의 대결이 시작되었다.

미국은 도미노 이론을 내세워 베트남에 개입하였으며, 통킹만 사건을 빌미로 베트남전쟁이 벌어지게 되었다. 베트남전쟁 기간 동안 미국은 제2차 세계대전에서 사용한 것보다 훨씬 많은 폭탄을 북베트남 지역에 투하하였고 막강한 화력과 인력을 동원하였다. 그러나 베트남의 끈질긴 저항과 전쟁을 계속하는 동안 일어난 전 세계와 미국 내의 반전 여론에 밀려 결국 1973년 파리 협정을 맺고 철군하였다. 1975년 북베트남은 사이공을 점령하였고, 1976년 7월 2일 베트남 사회주의공화국을 수립하였다. 전쟁 후 베트남은 전후 복구와 공산주의 경제체제를 통한 발전을 도모하였으나, 1979년 크메르 루주와 전쟁을 치렀고, 중화인민공화국과도 국경분쟁으로 중국-베트남전쟁을 치르는 등 순탄하지 않았다. 1992년 베트남 공산당은 도이모이를 시작하여 혼합경제를 도입하였고, 2000년에는 거의 대부분의 국가와 수교를 맺었다.

남베트남의 첫 번째 대통령 응오딘지엠은 과연 미국의 꼭두각시였을까? 그는 어떤 미래를 꿈꿨나?

자료: m.pressian.com

통일 30주년 베트남, '도이모이' 정책으로 발전

자료: www.upkorea.net

02

상징

🎞 국호

베트남의 국명 비엣남越南, 월남은 베트남 북부에서 중국 남부에 이르렀던 기원전 2세기의 고대 국가 남비엣에서 유래하였다. 비엣越은 백월百越족을 뜻하는 말이다. 비엣남이란 낱말이 처음 등장한 것은 16세기 베트남의 시인 응우옌 빈 키엠의 시 삼짱찐讖狀程, 섬상정이다. 이후 비엣남은 점차 베트남을 가리키는 일반적인 명칭이 되어, 1905년 베트남의 판보이쩌우潘佩珠와 중국의 량치차오梁啓超가 일본의 요코하마에서 월남의 식민지화에 대해 나눈 대담은 《월남망국사The Loss of Viet Nam》라는 제목으로 출간되었다. 비엣남은 1945년 프랑스로부터 독립을 선언한 베트남 민주공화국 이후 공식적인 국명이 되었다. 비엣남이 맞는 명칭이지만, 한국에서는 일본식 발음인 '베트남'을 국명으로 표기하고 있다.

한국과 베트남 간의 비공식 접촉은 현대에 들어와서도 있었는데, 대표적인 예는 전술한 바와 같이 1900년대 초 베트남 독립운동의 주역이었던 판보이쩌우_{Phan Boi Chau}가 쓴 《월남망국사》의 영향이다. 이 책은 1905년 출판된 다음 해 곧 우리말로 번역되고 곧이어 두 종류가 더 번역돼 애국운동에 커다란 영향을 끼쳤다. 또한 판보이쩌우의 회고록에 의하면, 1908년 중국과 일본의 진보

판보이쩌우의 《월남망국사》

자료: www.upkorea.net

적 지식인들에 의해 동아동맹회_{東亞同盟會}가 조직됐는데 자신은 물론 한국인 조소앙도 가입했다는 것으로 보아 두 사람 사이에 어떤 접촉이 있었을 것으로 추측된다.

국기

베트남의 국기는 붉은 바탕에 노란 별 하나가 새겨진 것으로 금성홍기_{金星紅旗}라고도 한다. 1940년 항불/항일 투쟁을 하던 베트민에서 처음 사용된 깃발이며 이 깃발이 공식적인 국기가 된 것은 1945년에 베트남 민주공화국_{북베트남}이 세워지고 나서다. 그리고 1975년에 베트남이 북베트남 위주로 무

금성홍기

자료: namu.wiki

력 통일되면서 베트남 전체의 국기가 되었다.

1940년 반프랑스 독립 투쟁 당시 국기의 붉은색은 독립을 위해 흘린 피, 노란색은 베트남인의 인종을, 별의 오각은 각각 사농공상병士農工商兵의 다섯 인민을 나타낸다고 되어 있었다. 그러나 통일 이후에는 별은 베트남 공산당의 리더십을, 붉은색은 프롤레타리아 혁명을 나타내는 것으로 국기의 뜻이 바뀌었다.

1950년대 세워진 베트남 공화국남베트남은 황저삼선기黃底三線旗라고 하는 깃발을 사용했다. 지금도 미국이나 프랑스, 호주에 거주하는 반체제 베트남인들이 사용하고 있지만, 베트남에서 이 깃발을 사용하는 것은 불법이다. 황저삼선기를 아예 볼 수 없는 것은 아니고, 베트남전이나 남베트남에 대해 다룬 영화나 다큐멘터리, 뉴스 같은 영상물이나 박물관, 교과서, 신문 등에서 황저삼선기가 등장하는 것을 볼 수 있기는 하지만, 가위표가 쳐져 있는 등 온전한 모습을 보기는 힘들다. 베트남 국내에서 현재의 정부에 반대하는 의미에서 쓰는 것은 불법이다. 남베트남 지지자가 적지 않은 미국의 베트남 타운에 가면 지금도 많이 볼 수 있다.

대한민국 육군의 당직부관 완장과 흡사한 디자인의 이 깃발은 응우옌 왕조의 10대 군주 타인타이 황제가 고안한 것으로, 붉은색 가로 세 줄은 팔괘의 첫 번째인 건乾괘를 형상화한 것으로 태극기 좌상단의 건괘와 같다. 황저삼선기의 노란색은 베트남인과 베트남의 토지, 붉은색은 베트남인의 피를 뜻한다.

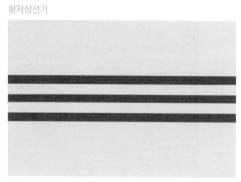
황저삼선기

자료: namu.wiki

흔히 베트남 하면 밀림을 떠올리지만 베트남 면적에서 숲의 비중은 37%에 불과하다. 요즘에야 국립공원을 지정해서 보호 중이고 19세기 때만 해도 베트남의 대부분 지역은 밀림으로 덮여있었으나 농경 목적의 개간이나 베트남전쟁 때의 고엽제 살포로 인한 삼림파괴 등으로 거의 숲이 남아나지 않았던 적도 있었다.

비슷하게 기타 동남아국가인 태국과 인도네시아, 미얀마도 우리가 생각하는 것만큼 삼림 비중이 얼마 되지 않는다. 한국인들이 생각하는 것처럼 길을 가다 밀림 수준은 아니지만 개발이 안 된 지역에서는 아직도 풀과 나무가 많이 보인다. 하노이 호안키엠에서는 국보급 크기의 나무가 많이 있다.

우리나라보다는 낮지만 베트남도 인구밀도가 꽤 높다. 남한 기준 땅 넓이는 베트남이 3배 이상이나 넓지만 인구는 2배 정도니, 베트남이 꽤 낮다. 북한까

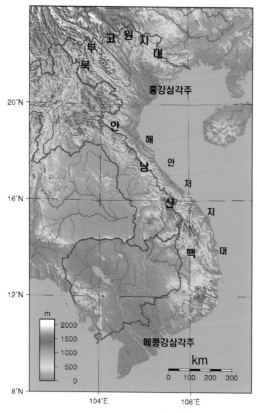

베트남 지리

홍강삼각주

메콩강삼각주

km

자료: ko.wikipedia.org

지 포함한 대한민국 헌법상 영토를 고려하면 베트남이 1.5배 넓이에 인구는 베트남 인구가 2천만 정도 많아 거의 엇비슷하다.

칠레만큼은 아니지만 남북으로 길쭉한 형태다. 세로로 길게 잡아 늘린 S자 모양으로 생겼는데, 남북으로 1,650km 길이다칠레의 경우에는 4,200km. 동서로는 가장 좁은 곳은 50km 정도다. 마라톤 선수라면 동해안에서 국경까지 뛰어갈 수도 있을 것이다. 적도에 가까운 동남아시아 국가들이 받는 메르카토르 도법의 효과와 길쭉한 모양의 영향으로 지도상 넓이는 한반도와 비슷해 보이지만, 실제로는 베트남 면적이 한반도의 1.5배나 되는 상당히 넓은 영토다.

남북으로 긴 지형 때문에 남북 간의 기후차가 있다. 또한 이런 긴 지형 덕분에 지역차이도 존재하고 지역감정도 오래전부터 있었으며 베트남의 대표 도시인 호치민과 하노이가 각각 남과 북에 존재하는 탓에 도시문화마저 다르다.

주요 하천으로 홍 강과 메콩 강이 있다. 이 강 하류의 삼각주에는 넓은 평지가 펼쳐져 있어 논농사가 활발하며 하노이나 호치민, 하이퐁, 껀터 등 주요 도

시가 있다. 후에가 위치한 중북부 해안지역은 해안평야가 펼쳐져 있으며, 중
남부 해안지역은 리아스식 해안이다.

　그 외 지역은 서쪽의 안남 산맥을 중심으로 한 산악 지대이며 서쪽 캄보디
아 국경 지대엔 고원 지대가 있는데 이 지역은 커피 산지로 유명하다. 최서단
에는 푸꾸옥 섬이 존재하는데 베트남 본토에서는 40km 정도 떨어져 있으
나 캄보디아에서의 거리는 5km가 채 안 된다. 동쪽으로는 남중국해와 접하
고 있는데 베트남에선 동해라고 부르며, 중국과 호앙사Hoang Sa 군도와 쯔엉사
Truong Sa 군도의 영유권 문제로 다투고 있다.

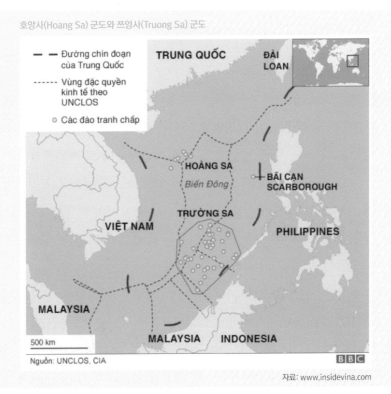

호앙사(Hoang Sa) 군도와 쯔엉사(Truong Sa) 군도

자료: www.insidevina.com

04

/

기 후

　한국에서는 베트남 하면 1년 내내 더운 열대 국가라는 인식이 강하지만, 남북으로 길쭉한 나라인 만큼 지역별로 차이가 있다. 하노이를 중심으로 하는 북부 지방은 대만 및 중국 남부와 흡사한 아열대 기후로 여름옷으로는 가끔 추울 수도 있을 만큼 나름대로 뚜렷한 겨울이 있고 일부 고산 지대의 경우 온대 기후에 가깝다. 난방이 부실하기 때문에 오히려 한국보다 체감상으로는 추울 수도 있다. 2013년 12월 16일에는 폭설도 내렸고 1년 뒤에 또다시 폭설이 내렸다.

　반면 호치민 시를 중심으로 하는 남부 지방은 전형적인 건기 → 혹서기 → 우기의 인도차이나 기후이며, 다낭 등 중부 지방은 이 중간쯤 되는 기후를 띠며 12월 낮 기온이 25도 정도 된다. 어쨌든 베트남 전체를 두고 보면 전반적으론 덥고 습한 편이다. 강수량은 대부분 지역에서 2,000mm 조금 안

되는 정도다. 북부 지역은 아열대로 연간 온도 차가 커서 최저 기온과 최고 기온 차가 약 20℃에 달하는 지역도 있으나, 남부 지역은 열대 몬순 기후로 연간 온도 차가 크지 않아 연간 최저 및 최고기온 차는 약 7℃다.

　강우량은 전국적으로 연 평균 1,800mm 정도이나 우기 때는 더 높은 강우량을 기록한다. 호치민 시를 비롯한 남부 지역은 우기5~10월와 건기11~4월가 6개월씩 교차되며, 수도 하노이를 비롯한 북부 지역은 미묘한 사계절의 변화가 있어 연말과 연초의 기후가 한국의 4월 날씨와 유사하다. 우기5~10월 시에는 하루 30분 정도의 게릴라성 폭우가 내리는데 최근에는 기후 변화 현상으로 인해 하루 종일 비가 오는 때가 많다.

　의외로 하노이를 비롯한 북부 지역은 강수량은 적은데 습도는 높은 경향을 보이며, 그래서 겨울 체감온도가 꽤 쌀쌀한 편이다. 분명 16~19℃대12월 평균기온인데도 현지인들은 두꺼운 오리털 잠바를 입을 지경이다. 2018년 12월 31일에 영상 한파에 못 이겨 50대 인력거꾼이 동사凍死한 채 발견되기도 했다. 참고로 베트남의 기온이 영상 10도 이하로 떨어지면 유치원, 초등학교가, 7도 이하로 떨어지면 중학교가 휴교하는 일이 벌어진다.

베트남 지역별 기후

북부 아열대 기후에 속하며 뚜렷하지는 않지만 사계절이 있다.

중부 일교차가 거의 없으며 건기/우기의 시즌이 뚜렷하다.

남부 최저 기온 25℃를 웃도는 열대기후, 건기/우기 시즌이 뚜렷하다.

자료: veredongce.tistory.com

📽 개요

54개 민족으로 구성된 다민족 국가, 베트남의 혼례 문화

자료: sculturein.com

베트남 국적을 가진 사람 또는 베트남에 전통적으로 거주해온 민족을 총칭하는 개념이다. 베트남인의 대부분은 비엣족으로, 그 외에 53개의 소수민족이 있다. 월족의 원주지原住地는 중국 남부라는 설이 있고, 실제로 광시좡족자치구 일부 지역에도 월족이 거주하고 있다.

양쯔강 이남에 살다가 황허 근방에 살던 한족에게 계속 밀리면서 현재의 위

치로 이주했다는 것이다. 당나라 때만 해도 이 지방은 밀림에 둘러싸인 한족 입장에서는 오랑캐 영역이었다. 베트남인의 유전자 조사에 의하면 현재 화남 지역 중국인과 중국 소수민족인 묘족과 매우 가깝다는 사실도 이러한 가설을 뒷받침하고 있다.

🎞 특징

하노이를 포함한 북부의 베트남인들은 외형상 광둥성, 광시좡족자치구, 하이난성 등지의 한족과 비슷한 편이다. 덧붙이면 태국의 타이족과 라오스의 라오족, 버마의 버마족들은 애초에 중국 남부에서 살다가 그쪽으로 내려온 민족들이다. 쉽게 말해 베트남은 동남아이므로 까무잡잡할 것이라고 하는 선입견과 다르게 극동아시아인의 외모를 가진 자들이 대다수다.

베트남의 주류 민족은 현 중국 남부에서 왔다. 그리고 중국의 지배를 천 년 동안 받았기 때문에 중국 문화를 적극적으로 수용해서 동남아시아 국가 중에서는 싱가포르와 더불어 동아시아의 한자 문화권에 들어가는 국가다. 그래서 지리적으로는 동아시아가 아니지만 이런 인종, 역사, 문화적 배경 때문에 일부 분류로는 동아시아권으로 구분되기도 한다. 베트남을 제외한 다른 동남아시아 국가들은 문화적으로 인도의 영향을 강하게 받았던지라 베트남과 이질감이 아주 크다. 그래서 베트남은 크메르족, 참족 등 인접 동남아시아 민족들과 역사적으로 사이가 좋지 않았고 역으로 동아시아에 더 강한 동질감을 보인다.

한자 문화권

■ 정체자를 사용하는 지역(■ 중화민국(타이완), ■ 홍콩, ■ 마카오)
■ 간체자를 이용하나, 전통자 또한 혼용되는 지역(■ 싱가포르, ■ 말레이시아)
■ 간체자를 이용하는 지역(■ 중화인민공화국)
■ 한자 및 다른 문자가 동일 언어 안에서 혼용되는 지역(■ 대한민국, ● 일본)
■ 한때 한자를 사용했던 지역(■ 몽골, ■ 조선민주주의인민공화국, ■ 베트남)

자료: ko.wikipedia.org

현대 베트남인들 다수는 베트남은 동북아에 가깝다고 생각한다. 이렇게 주장하는 게 상당히 근거가 있다. 당장 역사적으로 베트남 정치 체제와 사회를 지배해온 이념, 종교도 고대에는 힌두교권에 속했다가 상좌부 불교가 지배적으로 자리 잡은 태국, 버마, 크메르, 라오스 같은 다른 동남아 국가들과 달리 베트남은 시종일관 통치 이데올로기로서는 유교, 민간 사회의 대중적인 종교로는 대승불교가 지배했다. 문자도 한자나 한자에 기반한 쯔놈을 사용했으며, 통치체제나 관료제 또한 중국에서 따온 것이다. 중국과 유구히 대립해 왔던 베트남은 동아시아 국가들처럼 자신들의 문명이 주변의 다른 국가보다 뛰어나다는 중화사상이 기본으로 되어 있는 국가라는 게 주위 캄보디아, 태국,

바나(Ba Na)족. 바나족은 베트남 중부 고원지대인 지아라이(Gia Lai)와 콘뚬(Kon Tum)에 주로 사는 소수민족으로 해안가 지역인 빈딘과 푸옌 지방에도 거주한다.

자료: saigonweekend.tistory.com

미얀마와 다른 특이점이라 볼 수 있다.

월족은 강대한 중국이 있어 확장이 불가능한 북쪽 대신 남쪽으로 이주하면서 점차 남중국해 해안을 따라 참파와 캄보디아의 영토를 뺏어가며 확장했다. 이들 지역에서도 비엣족이 다수가 되었지만 여러 소수민족이 많이 남아 있다.

요약하자면 중세 이후 베트남이란 국가 형성 과정은 정치적으로는 중국에서부터 철저한 독립을 추구하되, 문화적, 이데올로기적으로는 오히려 동아시아 문명의 내재화라고 볼 수 있다. 실제로 국가 이데올로기 측면에서 베트남은 한국 일본보다 더 철저한 중화사상을 내세워 국내용 칭호나 문서에서는 아예 대놓고 베트남 조정을 중국 왕조와 대비되는 남조라 칭했고, 참파, 크메르 같은 인도 불교권에 가까운 인근 나라들을 정벌하며 유교를 비롯한 동아시아 문화 전파를 명분으로 삼았다.

동아시아의 문화인 과거 제도와 종묘사직에 지내는 제사 또한 일찍부터 수용하여 적극적으로 추진했고, 정복한 참파나 크메르 쪽에 대충 끼워 맞춘 듯한 동아시아권 작위를 내리며 외왕내제식 통치를 했다. 베트남은 동아시아 국가들과 같이 자신의 문화가 다른 문화보다 뛰어나다는 사상을 가지고 다른 민족을 몰아내며 남진을 계속했다.

종교

베트남인들은 주로 불교를 많이 믿으며 유교 역시 베트남에서 큰 영향력을 발휘한다. 장유유서 같은 유교의 전통이 베트남에 많이 남아 있다. 공산 정권도 불교와 유교는 대놓고 탄압하지 못했을 정도다. 도교 역시 베트남인의 일상생활과 밀접하게 자리 잡고 있다.

이 외에도 프랑스 식민 지배의 영향으로 가톨릭을 믿는 베트남인들도 많아서 전 인구의 5%가 가톨릭 신도다. 이 정도면 적은 것 같지만 2015년 기준, 한국의 가톨릭 인구가 7.9%인 것을 보면 사회주의 국가치고 많은 편이라 볼 수

달랏의 린푸옥 불교사원

자료: blog.naver.com

있다. 가톨릭 신자는 주로 프랑스의 직접 지배를 받았던 남부 지방에 몰려 있는 경향이 있다. 물론 홍콩이나 마카오와는 달리 기독교가 흥하지는 못한 편이다. 애초 도시 하나만 떼어 영국과 포르투갈이 지배한 그 두 곳과 나름 땅덩이가 있는 베트남은 조금 다르다. 한국처럼 전국적으로 복음화기독교 선교가 되면 인구수로 신자가 많을 수도 있으나 프랑스인들은 베트남을 3분할 통치하여 사이공을

다낭 대성당

자료: ketty731.pixnet.net

중심으로 한 남부코친차이나만 직접 통치했다. 하노이를 중심으로 한 북부통킹와 후에를 중심으로 한 중부안남는 응우옌 왕조가 통치하는 간접 통치라 불교세가 온전히 살아 있었다.

그 외의 종교로 도교와 불교 교리를 혼합시켜서 까오다이교道高台나 호아하오교道和好와 같은 베트남 특유의 신흥 종교 신자들도 있는데, 이들 종교들은 남부 메콩 델타 지역이 근거지다. 베트남 남부 지역은 베트남 민족사적 관점에서도 프랑스 식민 지배 직전 19세기는 되어야 확실하게 참파를 비롯한 토착 세력을 완전히 밀어내고 자국의 경계 내에 온전하게 흡수한 지방이었다. 중세부터 꾸준히 유교와 대승불교가 확실하게 자리 잡은 북부 홍 강 델타와 달리 프랑스의 식민 지배로 인하여 두 지배적인 종교적 영향력이 정부 권력의 지원을 받고 안정적으로 자리 잡지 못했다. 그래서 여러 종교의 영향력이 섞인 신흥 혼성 종교syncretic religion가 크게 떠올랐던 지방이다.

📖 언어

베트남어는 오스트로아시아어족에 속한다. 말레이시아의 네그리토와 인도 동부 산악지대 주민, 캄보디아인도 이 어족에 속하는 언어를 쓴다. 현대에 들어 소수민족들도 소수어를 버리고 베트남어를 상용하는 비율이 늘어나고 있다.

인구증가율이 상당하다. 출산율 감소가 늦게 시작된 관계로 출산율은 현재 1.8명대 정도로 크게 낮지는 않은 편이다. 그리고 소수민족의 베트남어 사용이 늘어나며 사용자수가 나날이 늘어나고 있다. 그러므로 80~90년대를 기점으로 한국어 모어 화자수보다 베트남어 모어 화자가 많아졌다.

베트남인들의 이름은 한자로 되어 있다. 호지명이라든가 진흥도 등 베트남의 역사적 인물들의 이름을 보면 알 수 있다. 또한 베트남어 단어의 60%는

베트남어 성조

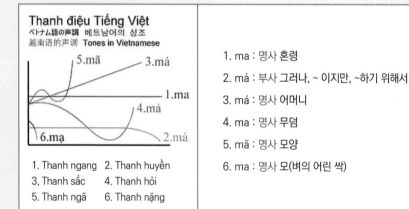

자료: ko.wikipedia.org

한자에서 비롯된 단어들이다. 그러나 쯔놈을 폐지하고 쯔꾸옥응으^{1}를 도입하면서 이걸 잘 모르는 사람들이 많다.

　그리고 베트남 여성은 중간이름에 티$_{Thị}$가 많이 붙는데 한자로 적으면 씨$_{氏}$가 된다. 남성은 빈도수가 좀 덜하지만 응우옌반티에우^{2}나 반 다크홈 같은 경우처럼 중간이름에 반$_{Văn}$이 많이 붙는데 한자로는 문$_{文}$이다.

하노이 맛집 분짜닥킴 간판

1　베트남어를 표기하기 위해 고안된, 로마자를 이용한 문자 체계. 원래 베트남어를 표기하기 위한 문자로는 쯔놈(字喃)이 있었으나 이는 사용하기에 불편했다. 16세기 포르투갈 선교사들이 베트남어를 로마자로 적는 첫 시도를 했고 17세기 알렉상드르 드 로드에 의해 쯔꾸옥응으가 고안되었다. 쯔꾸옥응으가 고안된 이후에도 베트남에서는 일단 고유문자인 쯔놈을 사용했으나, 프랑스 식민 지배 시절 1885년 청불전쟁에서 승리한 프랑스는 베트남에서 프랑스어의 공용화를 원활하게 추진하기 위한 수단으로 로드의 표기법인 쯔꾸옥응으를 보급하였다.

2　응우옌반티에우(阮文紹, 1923년 4월 5일 ~ 2001년 9월 29일)는 남베트남의 군인, 정치인이며 베트남 공화국(남베트남)의 대통령이다.

06

/

역 사

베트남의 선사시대에는 동남아시아의 여러 석기문화가 영향을 주고받았다. 오늘날 이리안자야지역에서 출토되는 석기 유물과 동일한 양식의 유물들이 베트남에서도 발견된다.

베트남의 건국설화에 보면 중국 신농씨의 후손인 바다 신의 아들 락롱꿘貉龍君 용龍의 우두머리과 산신의 딸인 어우꺼가 결혼을 해서 어우꺼는 100개의 알을 낳았고, 그 알에서 태어난 100명의 자식 가운데 50명은 아버지를 따라 바다로, 50명은 어머니를 따라 산으로 갔다고 한다. 이렇게 해서 많은 베트남 부족들의 선조가 태어났는데, 이 중 어머니를 따라간 큰 아들이 나라를 세우고 베트남의 역사가 시작되는데, 이것은 이후 베트남의 모계사회적 특성이 강한 것을 설명해 준다고 한다. 또 우리의 고조선과 유사한 시기에 첫 국가가 건국되고, 기원전 11년에는 한나라에게 복속되었다. 938년에 독립을 이루지만

1406년에 다시 명나라에 복속되었다가 1428년, 레 러이와 응웬 짜이가 다시 명나라를 몰아내고 레 왕조를 세운 후, 베트남 왕조 중 가장 오랫동안 집권하면서 정부 체제를 개혁하고, 유교를 정비하는 등 베트남만의 전통 문화를 만들어 내고, 남부까지 영토를 확장하면서 베트남의 황금기를 열었다.

기원전 2919년 베트남 최초의 국가인 홍방 왕조가 세워졌으며 기원전 257년 툭판 왕조로의 교체가 일어났으나, 이어 중국 세력이 밀려 들어와 기원전 111년에는 한나라에게 복속되었다. 이로부터 10세기까지 간헐적인 독립 운동을 제외하고는 중국 세력의 통치가 지속되었다.

938년 박당 전투에서 응오 왕조의 시조인 응오꾸엔吳權[3]이 오대 십국의 하나인 남한과 싸워 이겨 독립한 이후, 베트남 왕조의 통치가 이어져 15세기의 레 왕조에서 그 절정에 달한다. 1802년, 프랑스의 세력에 힘입어 응우엔 왕조가 건국되었으나 이내 프랑스의 식민 정책에 의해 프랑스령 인도차이나의 일부가 되었다.

프랑스는 제2차 세계대전 때까지 프랑스령 인도차이나의 한 국가로 베트남을 식민지로서 통치하였다. 그러나 프랑스는 종전 후에 다시 군대를

하노이 선떠이 시사에 있는 오권상

자료: ko.wikipedia.org

---

3 응오꾸엔(吳權, 897년 3월 12일 ~ 944년 1월 18일)은 베트남 응오 왕조를 세운 왕으로 중국의 오랜 식민 지배에서 벗어나 나라를 세운 건국자로 전오왕(前吳王)으로 칭해졌다. 부친은 드엉럼(唐林)의 주 목사였던 응오먼(吳旻)이다.

파견하였고 이는 호치민이 지도하는 민족 세력인 비엣민과 남북으로 대립하게 된다. 베트남은 공산주의 진영의 북베트남과 민주주의 진영의 남베트남으로 분단되었고, 1964년부터 1975년까지 각각의 분단된 베트남은 베트남전쟁을 치렀다. 결국 남베트남이 패망함으로써 북베트남이 통일 베트남을 이루었다.

1975년 4월 30일, 북베트남에게 독립궁이 넘어가기 한 시간 전부터 라디오에서는 무조건 항복을 선언하는 즈엉반민 남베트남 대통령의 담담한 목소리가 방송을 통해 흘러나오고 있었다. "본인은 베트남군 총사령관으로 전군에게 현 위치에서 정지하고 발포를 중지할 것을 명령한다. …"

4월 30일 완전한 통일의 그 날

자료: vietnamlife.uriweb.kr

이로써 1858년 프랑스군이 무력으로 다낭을 점령한 지 117년 만에 베트남인들은 프랑스와 미국의 간섭을 물리치고 마침내 자신의 힘으로 통일을 이룬다. 이것으로 길고 긴 베트남전쟁 30년의 역사가 끝을 맺었다. 이는 강력한 제국주의 국가들과 벌였던 길고 고통스러운 무력투쟁에서 베트남 혁명가들과 인민들이 거둔 마지막 승리였던 것이다.

두더지처럼 땅굴을 파고 그 속에서 한줌의 안남미와 소금으로 겨우 연명하며 투쟁해온 남부해방군, 그들은 속옷조차 없이, 타이어를 잘라 끈으로 묶어 군화로 대신하면서 지긋지긋했던 남북 간의 긴 전쟁의 마침표를 찍고 해방군 만세를 외쳤다. 그리고 그 자리에는 '사이공'이라는 옛 이름을 대신해 베트남 독립투쟁을 이끈 영웅의 이름을 딴 '호치민' 시가 탄생한다.

베트남전쟁으로 사이공 정부군 11만 명이 전사하고 49만 9천 명이 부상당했으며, 민간인도 41만 5천 명이 사망했다. 하노이 정부 역시 1975년 정부군과 해방군 110만여 명이 사망하고 60만여 명이 부상당했다고 공식적으로 발표했다. 해방의 대가는 엄청났다.

베트남전쟁

자료: dongbeier.tistory.com

그렇기에 더욱더 베트남전쟁은 우리 현대사에 있어서 결코 잊혀서는 안 된다. 그토록 오랜 시간 제국열강들로부터 자국을 지키기 위해 맨몸으로 순전히 인간의 노동력과 정신력으로 싸웠던 그 자그마한 체구의 베트남 군인들, 그리고 피 흘린 우리나라 젊은이들의

중국-베트남전쟁, 서로 이겼다고 우기는 전쟁.

자료: bemil.chosun.com

희생과 부끄러운 가해의 기억이 아직 남아 있기에 절대 잊어서는 안 되는 남부 해방 기념일이다.

이후 마오쩌둥주의 노선을 표방하는 캄보디아의 크메르 루주와 전쟁을 치렀고 중화인민공화국과도 국경 분쟁으로 중국-베트남전쟁을 치렀다. 1980년대 이후 도이모이 정책으로 서방 세계에 문호를 개방하였다.

07

/

정 치

옛 월맹은 1969년 호치민이 세상을 떠난 뒤 쯔엉찐 국민의회 상임위 주석, 레주언 베트남 공산당 제1서기, 팜반동 총리 등 3인을 중심으로 집단지도 체제를 채택했다. 구 월맹은 월남이 공산주의 국가가 된 후 월남 임시혁명정부와 함께 1여 년간의 남북통일 준비 작업을 끝내고 1976년 4월 25일 30년 만에 처음으로 국가 최고권력기구인 492석의 남북단일 국민의회를 구성하기 위한 총선거를 실시했다.

이 선거로 인구 10만 명당 1석을 기준으로 하는 배분원칙에 따라 북베트남에서 249석, 남베트남에서 243석을 선출했다. 남북 베트남의 18세 이상의 유권자들이 참가한 총선은 남북 베트남의 공산주의 정권이 전국의 노동자·농민·여성·산악부족 및 그 밖의 소수인종에서 선정한 후보자 중에서 국민의회 대표들을 선출했으며 야당후보는 없었다.

2018년 12월 26일 열린 베트남 공산당 12차 중앙위 9차 전원회의 모습. 베트남 공산당은 국부 호치민의 유훈에 따라 집단지도 체제를 채택하고 있다. 김정은이 기억해야 할 호치민의 유훈이다.

자료: weekly.chosun.com

　　총선거를 통해 구성된 남북 베트남 단일 국민의회는 1976년 7월 역사적인 통일 베트남 수립을 선포하고 국호를 베트남 사회주의공화국으로 하였다. 수도는 하노이로 정하는 한편 초대 주석으로 구 월맹의 마지막 주석 똔득탕을, 그리고 2명의 부주석으로는 응우옌르엉방 및 응우옌흐우토를 선출하였다. 또한 옛 월남 수도 사이공을 호치민 시로 개칭하고 국기는 종래의 월맹기였던 〈금성홍기金星紅旗〉를 그대로 쓰기로 하였다.

　　국민의회는 통일 베트남의 새 헌법을 마련할 36명의 헌법기초위원회를 구성하는 동시에 새 헌법이 공포될 때까지 1959년도 월맹 헌법을 계속 사용하기로 결정했다. 입법기관으로 국민의회가 있고 각 성省에 각급 인민회의가 있다. 단원제이며 임기는 5년, 매년 2회 소집된다. 주석, 부주석과 간부의원 15명으로 구성되는 상임위원회가 실질적인 입법기능을 행사한다.

　　1991년 6월 제7차 당대회에서 도이모이 건의에 중심 역할을 해온 도므어이가 총서기로 선출됐으며, 동 8월의 내각 개편에서 개혁파인 보반끼엣 총리로 선출됐다. 1996년 6월의 공산당 전당대회에서도 '도이모이 정책'을 지속적으로 추진할 것을 재확인했다. 2001년 4월 농득마잉 서기장이 취임했다.

행정 구역

베트남의 행정 구역은 63개 성으로 이루어져 있다. 수도인 하노이를 포함하여 껀터, 다낭, 하이퐁, 호치민은 성과 같은 급의 직할시다.

베트남 정부는 가끔씩 지방을 8개의 지역으로 구분 짓는다. 이러한 지방 구분은 항상 사용되는 것은 아니며, 대체 분류로 가능하다.

사법

베트남 사법부의 최정점에는 상소심과 사법심사를 담당하는 최고인민법원人民最高이 있다. 최고인민법원은 베트남 의회에 보고를 하는데, 의회는 사법부의 예산을 통제하고 대통령이 제안한 최고인민법원 판사 후보와 대검찰청 검사 후보를 확정한다. 대검찰청은 체포영장을 발부하는데, 때로는 소급적용하기도 한다. 최고인민법원 산하에, 지방법원과 군사법원, 행정, 경제, 노동법원이 있다. 지방법원은 제1심을 관할하는 법원이다. 국방부는 군사법원을 관할하는데, 일반법원과 같은 절차를 적용한다. 군 판사와 담당 직원들은 국방부와 최고인민법원이 선출하는데, 감독책임은 최고인민법원에게만 있다. 헌

Vietnam Supreme Court

법에는 판사와 담당 직원~~행정 능력이 떨어짐~~들의 독립성을 규정하고 있다.

　그러나 미국 국무부는 베트남의 사법부는 독립성이 부족하며 이것은 부분적으로, 베트남 공산당이 판사를 선택하고 그들에게 정치적 책임을 묻기 때문이라고 한다. 더욱이, 공산당은 국가나 당의 지배적인 지위를 위협할 만한 판결의 결과에 영향을 주기 위해 모색한다. 사법부의 독립성을 향상할 목적으로, 정부는 지방법원을 법무부에서 최고인민법원으로 2002년 9월에 이관하였다. 그러나 미국 국무부는 앞서 말한 목적이 실제로 이행되었는지에 대해서는 아무런 증거가 없다고 밝히고 있다. 베트남 사법부는 또한 법조인의 부족과 초보적인 재판절차로 인하여 방해받고 있다. 사형 집행은 부패 또는 마약밀매 사건의 경우 자주 집행되고 있다. 베트남의 형법은 전통적인 유교

사상, 나폴레옹 법전 그리고 호치민 사상이 영향을 끼친 결과이다. 일본이 베트남과 협력하여 베트남의 법제를 정비하고 법률가 양성시스템을 선진국형으로 구축하여 지원한 사업은 현재까지 대단히 성공적인 것으로 평가된다.

대외 관계

2007년 12월 기준, 베트남은 172개 국가와 외교 관계를 수립하였다. 1992년 중화인민공화국과 스프래틀리 군도 영유권을 놓고 분쟁이 있었다. 미국과는 1975년 이후 계속되어 왔던 대 베트남 금수조치가 1994년 2월 해제되고, 1995년 1월 양국 간에 상호 연락사무소가 개설된 데 이어 동 7월 11일에 국교 정상화가 이루어졌다. 또 1995년 1월 독일과 정치·경제 협정을 체결하였으며, 동 4월에는 오스트리아와 4개 경제협정을 체결했다. 대한민국과는 1992년 수교했다. 수단과는 1969년 8월 26일에 외교 관계를 수립하였다. 한편 유엔 등 국제기구들에 대한 외교도 활발하게 하여 1976년 9월 국제통화기금IMF 및 세계은행IBRD에 가입했으며 1995년 7월에는 아세안ASEAN의 7번째 회원국이 되었다.

영유권 분쟁 중인 스프래틀리 군도(난사군도)

자료: hani.co.kr

🎞️ 군사

베트남의 군사조직은 육군, 해군, 공군, 그리고 국경 수비대로 구성되어 있다. 1950년 이후 인도차이나전쟁을 통해 프랑스, 미국, 중국 등 열강에 승리를 거두었고, 캄보디아와의 전쟁에서 모두 승리함으로써 군사력을 증명하였다.

군사력을 증강하고 있지만 국방비가 없어서 힘든 상황이다. 베트남 해군은 킬로급 잠수함 등을 운용 중이다.

무인 항공기 Unmanned Aerial Vehicle, UAV 연구제작 프로젝트에서 5종의 UAV를 개발하였고 대량 양산에 들어갈 것이다.

베트남, 벨라루스의 지원을 받은 것으로 보이는 신형 HS-6L HALE 무인기 공개

자료: www.janes.com

08
/
경 제

베트남은 정부개발원조와 외국투자가 경제를 견인하고 있다. 공산화 이후 경제 기반이 무너져 가난한 생활을 하다가, 1986년 '도이모이'라는 슬로건하에 실용주의적 경제 정책을 도입하기 시작하였다. 1980년대 말부터, 외국인의 투자를 보호하는 여러 법이 개정되었고, 1990년대에는 ASEAN 등 국제 사회에 편입되기 시작하였다. 이 개혁 기간 동안 10%에 가까운 경제 성장률을 거듭하다가 2000년대 중반 이후 침체기가 되었다. 세계금융위기로 일시적으로 추락하였던 GDP의 성장률은 2009년 5.3%, 2010년 6%로 안정적인 성장이 지속되고 있다.

그런데 2020년대 베트남의 GDP 성장률은 약 10%로 세계에서 가장 높을 것으로 예측되며, 이후 다음 10년간은 베트남을 포함한 아시아의 시대가 될 전망이다.

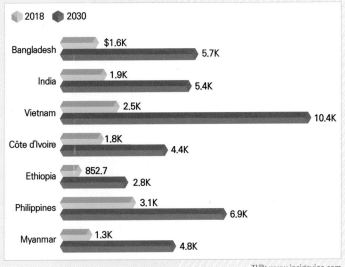

자료: www.insidevina.com

　　베트남의 GDP는 2,239억 달러2017년이며 1인당 GDP는 2,343.12달러2017년이다. 중국의 인건비가 상승기조에 있는 점 때문에, 새로운 투자대상국으로서 근년에 주목받고 있다. 이리하여, WTO 가입이 정부에 의하여 중요한 목표가 되어 2007년 1월에 마침내 WTO에 가입하였다. NEXT11과 VISTA의 일원으로서도 손꼽히고 지금 이후부터 한층 경제의 발전이 예상되고 있다. 노동인구의 66%가 농업 등 제1차 산업에 종사하고 있으나, 근년에는 제2차, 제3차 산업이 급성장하고 있다. 관광업의 신장세가 특히 현저하여, 중요한 외화획득원이 되고 있다. 베트남은 쌀, 후추, 커피의 세계 3대 생산국이자 수출국이다. 대한민국과의 무역도 활발하다. 베트남은 중화인민공화국, 태국 등과 더불어 미래에 매우 유망한 나라 중 하나다.

📽️ 경제사

1975년에 공산화로 통일된 베트남은 오랜 전쟁 탓에 국토는 황폐하고 공산주의 이식 실패에 따라 경제 기반이 무너져 베트남 국민들의 가난한 생활이 계속되었다. 북부 베트남의 주요 수출품은 석탄·목재·해산물·차 등이었고, 석탄·철광석·인회석·크롬·주석 등의 지하자원이 풍부하다. 남부 베트남의 주요 수출품은 쌀·고무·새우·차 등이었다. 1980년에는 태풍으로 역사상 최대의 인명 피해가 발생해 베트남 경제가 타격을 받았다. 이후 1990년대부터 베트남 정부는 국민들의 먹을거리를 해결해 주기 위하여 계획경제 작업을 중지하고, 새로운 경제 정책, '도이모이'를 추진하여 실행하였다.

1992년 12월 베트남 공산당 제12차 전당대회에서, 부분적인 혼합경제제도를 도입하는 실용주의 경제 정책 도이모이를 실행하여 중국과 사실상 마찬가지로 개혁, 개방노선으로 전환하였다. 제4차 5개년 계획1987~1992년의 골간으로 1992년까지 2,300만 톤의 식량 생산, 5년간 70%의 수출 증대를 선정하는 등 경제의 개방화를 적극 추진했다. 1992년 12월 〈외국인 투자법〉이 공표되었고, 1993년에는 〈토지법〉이 개정되어 토지상속권과 담보권, 사용권이 인정되었다. 다만, 토지의 소유권은 공적인 의미에서 계속 국가가 보유하는 것으로 하였다. 1994년에는 〈파산법〉이 발효되었고, 2000년 1월에는 기업법이 발효되었다. 1996년의 베트남 공산당 제8회 대회에서는 2020년까지는 공업국으로 진입한다는 목표로, '공업화와 현대화'를 2대 전략으로 하는 정치보고를 채택하였다.

또한 1995년 ASEAN 및 AFTA 가입을 시작으로, 1998년에는 APEC에 가입하였고, 2000년 7월에는 베트남-미국 무역협정에 서명하였다. 2000년 7월

자료: ko.wikiprdia.org

에는 호치민 시에 최초로 〈증권거래센터〉가 개설되었으며, 2005년에 하노이로 확대 개설되었다. 2007년 1월에는 WTO에 정식으로 가입되었고, 2008년 12월에는 베트남-일본 경제연대협정EPA에 공식 서명하였다.

 '도이모이 정책' 이후 베트남 경제는 1992년 이래 연평균 8% 이상의 높은 성장률을 달성했으며 1995년, 1996년에도 9% 이상의 고속성장을 지속했다. 2008년의 GDP 성장률은 6.23%로 최저 성장을 기록하였고, 2009년은 5%로 하향조정하였으나, 세계 경제의 침체로 인해 더욱 낮아질 전망이다.

현재는 옛날의 가난에서 크게 벗어났으며 빠르게 경제 발전을 하고 있지만 빠른 경제 발전의 후유증도 같이 겪고 있다. 2004년부터 빠르게 물가가 상승하여, 2008년에는 22.97%로 최고의 물가 상승률을 기록하였다. 더욱이 국제 원자재 가격의 급등과 베트남 동화의 평가절하 등으로 인플레이션율이 2008년 25%를 초과할 정도로 상승하면서 위기의 상황이 오기도 하였다.

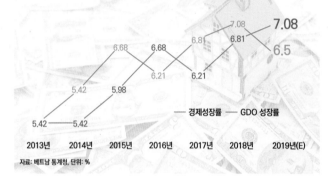

토지의 사유화 및 농지의 전용이 가능해진 이후 골프장 건설과 같은 개발 사업이 크게 늘어 사회적 문제가 되고 있다. 2010년 기준 베트남의 골프장 개발 허가 수는 140여 곳에 달한다. 경작지 감소와 그에 따른 고용 감소를 우려한 베트남 정부는 2008년 이후 농지 전용 억제 정책을 펴고 있다.

산업

베트남의 주요 산업은 2008년 GDP 기준으로 39.91%를 차지하는 제조, 건설업, 즉 2차 산업이며, 농림, 수산업의 1차 산업은 21.99%에 이른다. 3차 산업인 서비스업은 38.10%로 높은 성장률을 이루어냈다. 그럼에도 불구하고, 전체 노동인구의 53.9%가 농림, 수산업에 종사를 하며 이들은 쌀, 고무, 사탕수수, 커피, 열대 과일 등과 새우 등의 수산물 등을 생산하고 있다. 메콩 강 삼각주에서 생산되는 쌀이 국민의 주식인 동시에 수출품목의 대종을 이루었다. 1992년 자급을 달성한 이래, 중화인민공화국과 미국을 이어 3대 쌀 생산국이다. 남부에서는 2년 7모작이 이뤄지며, 세계 2위 쌀 수출국이기도 하다. 그 외에 커피와 차, 향신료도 유명하다. 커피는 현재 브라질에 이어 세계 제2위의 생산량99만 톤, 2003년에 달하고 있다.

베트남 G7커피 5종

자료: www.wemakeprice.com

대부분이 인스턴트 커피, 캔과 페트병에 들어가는 청량음료, 제과 용도로 사용되는 값이 싼 로브스타 종가네포라 종인데, 레귤러 커피에 사용되는 고급품인 아라비카 종의 재배도 시작되고 있다. 또한 현지에서는 기본적으로 식민지 지배를 받아 프랑스의 방식을 따른 베트남 커피가 음용되고 있다. 베트남은 석탄, 석유를 중심으로 한 동력자원, 주석을 중심으로 한 광물자원의 혜택을 입고 있다. 북부 하롱홍게이에서 산출되는 석탄은 상질의 무연탄으로, 19세기 말부터 홍게이탄으로서 채굴이 시작되었다. 2003년 시점의 채굴량은 1,670만 톤이다. 베트남은 중국과 서방 세계와의 합작으로 이루어진 석유개발을 통해 산유국이 되어 1,660만 톤의 원유를 생산한다. 천연가스의 채취량은 126천조 주울joule이다. 광물자원은, 북부 삼각주 주위의 구릉지대를 중심으로 생산된다. 가장 중요한 것은 세계 제4위의 주석4,000톤, 세계 점유율 1.5%, 2005년이다. 아연, 금, 크롬, 철, 납, 인도 산출된다.

 **무역**

주요한 수출 품목은 원유, 의류, 농수산물이다. 수출품목의 제1위는 석유로서, 2002년 시점에는 수출총액의 19.6%를 차지하였다. 쌀은 450만 톤2008년을 수출함으로써 타이에 이어 세계 제2위의 수출국이었으나, 현재는 수출 일부 제한 조치를 하고 있다. 커피는 2008년 20억 달러 이상을 수출한 세계 제2위의 수출국이며, 후추는 2008년을 기준으로 115만 톤을 수출하여 세계 1위의 수출국이기도 하다.

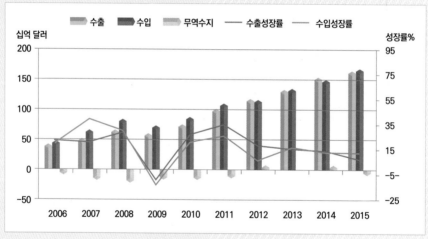

2006~2015년간 베트남 무역 동향

자료: www.emerics.org

유통업

베트남 유통업태는 특히 도시지역에서 과거 몇 년 동안 전통적인 재래시장으로부터 현대화된 슈퍼마켓과 쇼핑센터로 점진적으로 변화하고 있다. 이러한 추세는 수입상품의 취급 확대를 촉진하고 있다. 1999년 2개의 대형 슈퍼마켓에서 2004년에는 전국적으로 85개가 넘는 현대화된 슈퍼마켓이 운영되고 있다. 베트남의 입장에서 한국은 2008년을 기준으로 9위의 수출국이며, 5위의 수입국이자, 6위의 교역국이기도 하다. 2008

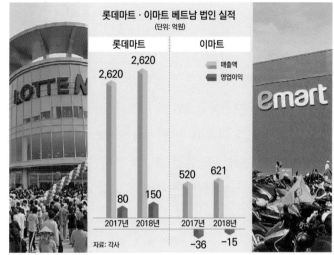

베트남에 진출한 롯데마트와 이마트

롯데마트 · 이마트 베트남 법인 실적
(단위: 억원)

자료: 각사

자료: m.sedaily.com

년을 기준으로 투자국 순위로는 4대 투자국이며, 베트남에 투자건수는 총 9,494건이며, 총 등록액은 1,320억 달러였다.

📖 서비스업

2009년 말 현재 베트남의 전화 가입자 수는 모두 1억3천40만여 명으로 이 가운데 85%가 휴대전화 서비스 가입자로 집계됐으며, 비엣텔 등 일부 선도회사들은 매년 30% 이상의 높은 신장세를 보여왔다. 정보통신부는 2009년 8월, 8번째 서비스업체로 인도차이나 텔레콤에 대해 사업허가를 승인했고, 2010년 6월에는 VTC가 정부로부터 이동 서비스 허가를 받았다. 이에 따라, 베트남 이동통신 시장은 비나폰, 모비폰, 비엣텔, S-Fone 등 선발 4개 업체들과 EVN텔레콤, 베트남모빌, 비라인, 인도차이나텔레콤, VTC 등 후발 5개사들 간에 치열한 고객확보 경쟁이 벌어질 전망이다.

🎞 교통

베트남의 현대적 교통 체계는 프랑스 식민지 시대에 수확한 농산물을 운송할 목적으로 발달하기 시작하였고, 베트남전쟁의 결과 파괴된 교통 체계를 재건하고 현대화하였다. 가장 일반적인 교통수단은 도로 운송이며, 도시 간 이동에 일반 시외버스와 오픈 투어 버스Open tour bus를 이용할 수 있다. 2,654km의 단선 철도는 중화인민공화국과 연결이 되며 하노이와 호치민 시간을 연결하는 철로가 중요하다. 베트남의 차량은 우측통행을 하며 2륜차가 매우 많다.

하노이 '2030년, 오토바이 전면 금지'

news.kbs.co.kr

09
/
사 회

베트남은 2006년 '5대 부정부패' 사건으로 큰 혼란을 겪었다. 교통부 고위 관리들이 외국의 자금을 지원받아 도로를 건설하는 프로젝트PMU18를 추진하는 과정에서 700만 달러를 사적으로 유용해 파장을 일으켰다. 이 때문에 교통부장관이 책임을 지고 물러나기도 했다. 베트남 교통경찰과 토지 등록 사무소, 세관 및 세무서에서도 흔히 뇌물을 요구하거나 받는 것으로 드러났다.

주민

베트남의 인구는 약 9,620만 8,984명2019년으로, 그 90%가 베트남인이다. 그 밖에 태국인 · 중국인 · 크메르인 등이 있으며 산악지대에는 미오 · 랭

이 · 몬타냐 등 많은 부족이 살고 있다. 베트남은 다민족 국가로서 베트남 정부가 공인하는 민족의 수가 54개에 이른다. 최대 민족은 킨족京族 또는 비엣족越族으로 보통 베트남인이라고 할 때 다수 종족인 이 킨족을 가리키는 경우가 많다. 킨족은 베트남 전체의 86.2%를 차지한다. 므엉족과 같은 대부분의 소수 민족은 킨족과 밀접한 관계가 있으며, 국토의 2/3를 덮고 있는 산악지대에서 발견된다. 킨족 내부에서도 서로 다른 역사적 배경과 정체政體를 거친 북부인과 남부인은 여러 가지 면에서 대조적인 신체적 특징과 정치, 경제적 대립의식을 갖고 있다. 각각의 소수민족은 고유한 언어와 문화를 가지고 있으며 참족과 같이 역사상 독립국가였다가 베트남에 흡수된 민족도 있고, 민족국가를 이루지 못한 채 산간지역에서 생활을 하는 민족도 있다. 호아족과 크메르 크롬은 저지대에서 생활하고 있으며, 킨족을 제외하고 가장 많은 소수 민족은 몽족, 다오족, 따이족, 그리고 눙족이 있다. 1978년에서 1979년에 45만 명의 중국계 소수민족이 베트남을 떠났다. 아울러, 근래 대한민국의 베트남에 대한 투자가 급증함에 따라서 한인동포의 수도 비례적으로 급증하여 베트남 정부가 2012년 기준으로 추산한 자료에 따르면 13만 명의 한국인들이 거주하고 있으며, 지속적으로 증가 추세에 있다.

몽족 여인

자료: ko.wikipedia.org

📷 언어

베트남의 공식 언어는 베트남어이며 로마자로 적는다. 베트남어는 단철어單綴語로 성조에 6성이 있다. 중국의 영향으로 한자가 사용되고 있었으나, 19세기부터 프랑스의 식민통치를 받으면서 베트남어의 로마자 표기가 추진되어 현재 한자는 별로 쓰이지 않는다. 꾸옥응으國語로 불리는 이 로마자 표기는 16세기부터 로마 가톨릭 선교사들이 현지어를 로마자로 옮겨 적으려는 작업에 바탕을 두고 있었다. 예수회의 알렉상드르 드 로드는 포르투갈어 철자법을 바탕으로 최초의 안남어 사전을 만들어냈다.

베트남어는 민난어閩南語[4]처럼 동아시아의 언어들 중에서 중국어와 유사한 문자 체계에서 로마자로 변경한 흔치 않은 언어 중 하나이다. 이 로마자 표기법은 현지인들의 교육에 널리 사용되었으며, 1945년 이후 베트남이 독립한 뒤 공식 표기법이 되었다.

베트남에서는 15세기 말에 한자와 비슷한 문자인 쯔놈이 발생하였지만, 그 사용은 한문에 익숙한 일부 지식인층에 국한되었고, 널리 보급되지 않았으며 20세기 이후에는 사용이 끊어졌다. 이는 프랑스의 식민 정책과 관련이 있다. 프랑스 식민통치자들은 베트남을 지배할 때 베트남의 전통적인 유교 사상을 말살하기 위해서 베트남어를 로마자로 표기하는 꾸옥응으를 사용하게 하였다. 그러나 처음에 프랑스 식민 지배에 대한 반감으로 로마자에 거부감을 표시하던 베트남의 독립운동가들은 베트남 민중들에게 새로운 지식과 근대사

---

4 중국어의 방언으로, 주로 푸젠성과 타이완에서 쓰인다. '민'(閩)은 푸젠(福建)을 간략히 일컫는 말이다. 전통적으로는 8개, 지역에 따라 7~8개의 성조가 존재한다. 광둥어와 마찬가지로 입성(入聲)이 존재한다.

상을 보급하기 위해서는 어려운 한문이나 쯔놈으로는 한계가 있음을 절감하여 로마자의 편의성을 인정하고, 이후 로마자를 베트남어의 새 문자로 적극 받아들여 오늘날에는 전통적인 한자 문화를 완전히 대체하였다.

베트남은 55종에 달하는 언어의 다양성으로 알려져 있으며, 이들은 다시 6, 7개 정도의 언어 집단으로 나뉜다.

외국어로는 영어를 가장 많이 선호하며, 일부 엘리트 층들은 프랑스어, 러시아어 등을 구사한다. 현재 프랑스어는 식민 지배에 대한 반감 및 프랑스어의 쇠퇴 등으로 인해 거의 감소 추세에 있지만, 베트남은 이미 프랑스어 사용국기구 프랑코포니의 정회원국으로 가입되어 있다.

베트남 영어능력 순위 2019년 52위

● Very High ● High ● Moderate ○ Low ● Very Low

Very High Proficiency		High Proficiency		Moderate Proficiency			
01 Netherlands	70.27	15 Hungary	61.86	30 Costa Rica	57.38	39 Uruguay	54.08
02 Sweden	68.74	16 Romania	61.36	31 France	57.25	40 China	53.44
03 Norway	67.93	17 Serbia	61.30	32 Latvia	56.85	41 Macau, China	53.34
04 Denmark	67.87	18 Kenya	60.51	33 Hong Kong, China	55.63	42 Chile	52.89
05 Singapore	66.82	19 Switzerland	60.23	34 India	55.49	43 Cuba	52.70
06 South Africa	65.38	20 Philippines	60.14	35 Spain	55.46	44 Dominican Republic	52.58
07 Finland	65.34	21 Lithuania	60.11	36 Italy	55.31	45 Paraguay	52.51
08 Austria	64.11	22 Greece	59.87	37 South Korea	55.04	46 Guatemala	52.50
09 Luxembourg	64.03	23 Czech Republic	59.30	38 Taiwan, China	54.18		
10 Germany	63.77	24 Bulgaria	58.97				
11 Poland	63.76	25 Slovakia	58.82				
12 Portugal	63.14	26 Malaysia	58.55				
13 Belgium	63.09	27 Argentina	58.38				
14 Croatia	63.07	28 Estonia	58.29				
		29 Nigeria	58.26				

베트남의 영어능력 순위가 2018년 세계 41위에서 올해 52위로 11계단이나 추락했다. 세계 최대의 교육기관 EF Education First가 최근 2019년 11월 발표한 순위에서 조사 대상 100개국 중 베트남은 52위로 나타났다.

국가별로는 네덜란드가 스웨덴보다 1.53점 높은 70.27점우수으로 1위를 차지했다. 아시아에서는 싱가포르가 66.82점우수으로 꾸준히 선두를 달리고 있지만 세계 순위로는 2018년에 비해 2계단 하락한 5위를 차지했다.

동남아에서 베트남보다 순위가 높은 나라는 필리핀20위, 양호과 말레이시아26, 양호가 있다. 태국미흡, 미얀마미흡, 캄보디아미흡 3개 나라는 모두 베트남보다 순위가 낮은 각각 74위, 86위, 94위를 차지했다. 동아시아에서는 한국이 55.04점보통으로 아시아와 세계 순위는 각각 6위, 37위에 자리했다. 일본은 53위미흡, 중국과 대만은 둘 다 38위보통에 자리했다.

Low Proficiency

47 Belarus	52.39	**59** Brazil	50.10
48 Russia	52.14	**60** El Salvador	50.09
49 Ukraine	52.13	**61** Indonesia	50.06
50 Albania	51.99	**62** Nicaragua	49.89
51 Bolivia	51.64	**63** Ethiopia	49.64
52 Vietnam	51.57	**64** Panama	49.60
53 Japan	51.51	**65** Tunisia	49.04
54 Pakistan	51.41	**66** Nepal	49.00
55 Bahrain	50.92	**67** Mexico	48.99
56 Georgia	50.62	**68** Colombia	48.75
57 Honduras	50.53	**69** Iran	48.69
58 Peru	50.22		

Very Low Proficiency

70 U.A.E.	48.19	**86** Myanmar	46.00
71 Bangladesh	48.11	**87** Sudan	45.94
72 Maldives	48.02	**88** Mongolia	45.56
73 Venezuela	47.81	**89** Afghanistan	45.36
74 Thailand	47.61	**90** Algeria	45.28
75 Jordan	47.21	**91** Angola	44.54
76 Morocco	47.19	**92** Oman	44.39
77 Egypt	47.11	**93** Kazakhstan	43.83
78 Sri Lanka	47.10	**94** Cambodia	43.78
79 Turkey	46.81	**95** Uzbekistan	43.18
80 Qatar	46.79	**96** Ivory Coast	42.41
81 Ecuador	46.57	**97** Iraq	42.39
82 Syria	46.36	**98** Saudi Arabia	41.60
83 Cameroon	46.28	**99** Kyrgyzstan	41.51
84 Kuwait	46.22	**100** Libya	40.87
85 Azerbaijan	46.13		

https://www.ef.com/

📽 교육

초등교육은 5년제의 의무교육이다. 중등교육은 전기 4년제, 후기 3년제이다. 베트남의 대학에는 국가대학 총리 직할 학교, 국립대학 지방종합대학, 전문대학 교육훈련성, 후생성, 문과정보성, 인민위원회 등의 소관, 민립대학이 있으며, 교육비는 대학 과정까지 무료다.

하노이 베트남 국립대학교

BUI TUAN / BTPRESS

10

/

문 화

📽 지방의 문화 차이

중국 남부 지방과의 오랜 교류로 인하여, 베트남 문화를 특징짓는 한 가지 요소는 재정적 책임이다. 베트남에서 교육과 자수성가는 높은 가치를 부여받는다. 역사적으로, 중국의 과거 시험을 통과하는 것만이 베트남 사람이 사회적 지위를 높이는 유일한 것이었다.

베트남이 오늘날의 영역으로 통합된 것은 근대의 일이다. 그 전에는 유교 및 한漢 문화의 영향을 받은 북부와 베트남의 주 종족인 킨족 외에 인종적으로 말레이계에 속하는 참파인의 국가였던 참파가 있었던 중부문화권, 그리고 크메르 제국의 영역에 속했던 남부 등으로 나뉘어 있다. 이 북부, 중부, 남부의 차이는 언어 및 풍속, 문화 등 모든 영역에 걸쳐 존재한다. 중국의 유교 영향을 많이 받았음에도, 베트남에서는 윗사람과 아랫사람이라는 상하 개념은 없고, 서로 스스럼없이 대한다.

📽 사회주의와 공산주의의 영향

공산주의 시대에 베트남의 문화적 삶은 정부가 통제하는 미디어와 공산주의적 프로그램에 많은 영향을 받았다. 수십 년 동안 외국 문화의 영향은 차단되고 소련, 중화인민공화국, 북한 등 공산주의 국가의 문화를 음미하고 공유하는 것이 강조되었다. 1990년대 이래로, 베트남은 일본, 유럽, 미국의 문화와 미디어에 대폭적으로 노출되기 시작하였다. 베트남에는 1945년 9월 2일에 하노이에서 설립된 국영방송국인 베트남의 소리가 있다.

베트남 프로파간다

자료: brunch.co.kr

🎞️ 이름

베트남인의 이름은 성, 가운데 이름, 그리고 이름으로 구성되어 있다. 그리고 한국과 사실상 마찬가지로 그들의 성씨 제도는 중국에서 도입된 것이다. 한자가 폐지되면서 자신의 이름을 한자로 쓸 수 있는 베트남인은 소수이지만, 이름 뒤에는 한자의 의미가 숨어 있다. 결혼 후에도 자신의 성을 그대로 유지한다.

🎞️ 문학

18세기의 작가 응우옌주에 의해 저술된 대서사시 <쭈옌 끼에우>는 베트남 문학사에서 가장 중요한 작품이다. 6.8조의 연서체로 분량은 총 3,254행에 달한다. 특히 이 작품은 쯔놈으로 쓰인 자료 중의 최대의 것으로 베트남의 국민문학으로 불린다.

🎞️ 의상

베트남의 민속 의상 중 가장 대중적인 것은 여성들이 입는 아오자이다. 아오자이는 현재에는 명절이나 결혼 등 행사, 일상의상 등으로 입는다. 흰색 아오자이는 베트남 전역에서 여학생의 교복으로 지정된 경우가 많고 학생 이외에는 다양한 색상의 원단으로 아오자이를 만들어 입는다. 예전에는 성별 구

아오자이

분 없이 아오자이를 입었으나 현재에는 여성용 의복으로 한정된다. 단, 전통 문화 행사에서는 남성이 입는 경우도 있다.

🎞️ 요리

주 요리의 재료는 대개 쌀과 간장, 생선 소스 등이다. 대체적으로 음식의 맛은 달거나 맵거나 시거나 감칠맛이 나며 향채 풀로 인한 민트향과 바질향이 나기도 한다. 유명한 음식은 베트남 쌀국수다.

베트남 쌀국수

📽 종교

베트남의 종교는 불교, 기독교로 마 가톨릭교회, 개신교 등이다. 베트남은 대승불교권 국가이다. 그 외에 까오다이교와 호아하오교 같은 신흥 종교도 있다. 까오다이교는 1926년 베트남 남부의 터이닌에서 응오반쩨우에 의해 창시된 불교, 기독교와 토속신앙이 혼합된 유일신 사상이며, 호아하오교는 베트남 남부에서 기원한 불교에 바탕을 둔 신흥 종교이다. 1939년 후인 푸 소가 창시하였다. 발원지인 메콩 강 삼각주 지역을 중심으로 대략 200만 명의 신자가 있다고 추산된다. 베트남은 과거에는 종교의 자유가 없었지만 예로부터 베트남에서 가장 많이 믿는 종교가 중국, 인도의 영향을 받

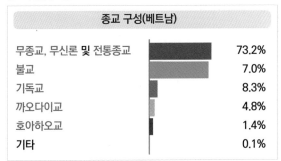

종교 구성(베트남)

종교 구성(베트남)	
무종교, 무신론 및 전통종교	73.2%
불교	7.0%
기독교	8.3%
까오다이교	4.8%
호아하오교	1.4%
기타	0.1%

자료: ko.wikipedia.org

까오다이교의 한 사원

자료: ko.wikipedia.org

은 불교였기 때문에 불교나 유교만은 탄압하지 못했다. 현재는 제한적인 종교 활동은 허용되고 있는데, 정부의 허가 없이 찬송가를 부르는 것은 불법이며, 집회는 사전 신고를 하여야 하고 선교는 불법이다. 이것은 공산주의 국가의 종교 정책이 탄압 정책에서 종교를 실용적으로 활용하는 실용 정책으로

변경되었기 때문이다. 특이하게 대승불교권인데도 부처님 오신 날은 음력 4월 15일이다.

🎞️ 생활

공산주의의 영향으로 개인별 소득 차가 크지 않다. 남녀평등사상이 확산되고, 보통 자녀수가 많다. 전 국민의 절반 이상이 농촌에 거주한다급속한 이농 현상. 여성의 사회 활동이 활발하고 여성 노동자의 고용을 장려하고 있다소득 감면 혜택이 주어진다. 가사 노동을 부부가 분담하며 유교 전통이 드러난다장손을 중시하고 아들에게 유산 등을 상속하는 행위. 연애결혼이 증가 추세에 있다.

베트남 탱화성 한적한 농촌풍경

자료: vnwed.tistory.com

11

송무백열松茂栢悅의 한월관계

　　1992년 12월 22일 한국이 북방외교 종착점인 베트남과 외교 관계를 수립한지 25년이 지났다. 당시 수교 교섭을 했던 김석우 전 통일원 차관은 베트남 외교부의 카잉 차관보에게 밝혔다. "앞으로 10년 안에 맞이할 21세기에는 중견국인 두 나라가 힘을 합쳐야만 하고, 이를 위해 양국은 발전하지 않으면 안 된다. 베트남이 발전하려 한다면 한국이 도와야 하고, 한국이 발전하려 한다면 베트남이 도와야 한다. 그럴 경우 나쁜 인연이라도 인연이 있던 것이 인연이 없던 것보다 훨씬 낫다."고 말했다.[5]

　　이에 대해 카잉 차관보는 "베트남 사람들은 현명하다. 과거에 연연하여 미래를 포기할 수 없다."고 화답하였다. 그래서 '소나무가 무성해지면 잣나무가

5　김석우, 베트남, 한국에게 왜 특별한가?, 펜앤드마이크, 2018.01.22.

즐거워한다(松茂栢悅)'는 고사성어를 양국 협력의 키워드로 삼기로 하였다.

송백후조(松柏後凋)라는 말에서 알 수 있듯이 소나무와 잣나무는 친구다. 둘 다 상록수인데 소나무는 잎이 두 개 묶여서 나고 잣나무는 잎이 다섯 개 묶여서 난다. 열매를 보면 두 나무의 차이를 확실히 알 수 있다. 송백과 비슷한 말이 지란(芝蘭)이다. 둘 다 향초(香草)인 지초와 난초를 말한다. 벗들의 맑고 높은 사귐이 지란지교(芝蘭之交)다.

친구가 잘되는 것은 나의 기쁨이다. 그런 우정을 말해주는 성어가 송무백열(松茂柏悅)이다. 소나무가 무성해지자 잣나무가 기뻐한다니 그 우정이 아름답다. "사촌이 땅을 사면 배가 아프다."는 속담과 정반대다.

송무백열은 중국 진(晉)나라 때 육기(陸機)가 쓴 《탄서부(歎逝賦)》에 나온다. 그는 이렇게 썼다. "옛날에 나이 든 사람들이 소싯적에 친했던 이들을 손꼽으며 '아무개는 벌써 죽고 없고, 살아 있는 이는 얼마 안 되는구나'라고 이야기하는 것을 들었다. 내가 이제 마흔인데 친한 친척들 중 죽은 이가 많고 살아 있는 사람은 적다. 가까운 친구들 역시 절반도 안 남았구나. 일찍이 함께 놀던 무리들, 한 방에서 함께 연회하던 이들도 10년이 지나면 모두 죽을 테니 슬픈 생각이 들어 시를 짓노라."

송무백열은 시의 중간쯤에 나온다.

"진실로 소나무가 무성해지면 잣나무가 기뻐하고
   아, 지초가 불에 타면 혜초가 한탄하네.　　　　　"

"그대, 그런 사람을 가졌는가?"라는 함석헌 선생의 말을 빌려 묻는다. 그대, 소나무와 잣나무 같은 그런 우정을 가졌는가?

그 다짐이 양국 간에는 꾸준하게 이행되었고, 신뢰관계가 깊어졌다.

한국의 베트남 누적투자액은 577억 달러로 2014년부터 1위 투자국이 되었다. 2위 일본의 투자액은 494억 달러다. 6천여 개의 한국기업이 베트남에 진출하였고, 대표적인 기업이 삼성, LG, 두산중공업, 한국전력공사다. 한국기업에 취업하는 베트남인은 150만 명이 넘는다. 대표적으로 삼성 베트남법인은 16만 명의 베트남 근로자를 고용하는 베트남 제2위의 기업이 되었다. 거기서 생산하는 휴대폰 1억 5천만 대를 포함 해외 수출이 베트남 전체 수출액의 24%를 차지한다.

2017년 한국의 대對 베트남 무역은 수출 477억 달러, 수입 162억 달러로서 총액은 637억 달러에 달한다. 전년대비 47%나 급증한 것이다. 한국의 아세안 전체 10개국과의 교역 총액 중 절반을 차지한다. 베트남은 중국홍콩 포함, 미국에 이어서 한국의 3번째 수출대상국이 되었다. 이는 한국기업의 대 베트남 투자 확대로 한국 조달 생산설비 및 원부자재 수출이 증가하기 때문이다. 특히 전자분야 생산기지가 중국에서 베트남으로 전환되면서 베트남으로의 수출이 급증하고 있다. 2015년 12월 발효한

한-베트남 FTA 4년

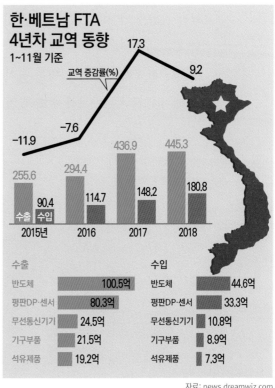

한·베트남 FTA 4년차 교역 동향
1~11월 기준

교역 증감률(%)

-11.9 -7.6 17.3 9.2

	수출	수입
2015년	255.6	90.4
2016	294.4	114.7
2017	436.9	148.2
2018	445.3	180.8

수출		수입	
반도체	100.5억	반도체	44.6억
평판DP·센서	80.3억	평판DP·센서	33.3억
무선통신기기	24.5억	무선통신기기	10.8억
기구부품	21.5억	기구부품	8.9억
석유제품	19.2억	석유제품	7.3억

자료: news.dreamwiz.com

한·베 FTA 협정의 효과도 있다. 베트남 시장에서의 한국 상품의 점유율이 22.3%로 제2위이고, 제1위 중국의 27.2%와의 격차가 줄고 있다.

베트남 체류 한국인과 한국 체류 베트남인은 각각 15만 명 정도다. 그중 국제 결혼한 베트남 여성이 6만 명, 근로자 6만 명, 유학생 7천 명이다. 상호 여행이 급격히 늘어서 한국인의 베트남 여행이 220만 명으로 중국인에 이어 두 번째다. 베트남인의 한국 여행도 33만 명에 달하고, 베트남 내 23개 대학에서 한국어 과정을 운영 중이다. 베트남 사회에 한류문화가 크게 확산되어, 안방에서의 한국 드라마 시청이 일상화되었고, 한국화장품의 인기가 대단하다. 퓨리서치센터의 2015년 조사에 의하면 베트남인의 82%가 한국에 대해 호의적 감정을 가지고 있다. 이는 아시아 9개 조사대상국 중에서 가장 높은 수치다.

1964년 한국이 베트남 파병을 하지 않았다면, 미국은 주한미군 2개 사단을 빼내어 베트남으로 보낼 수밖에 없었다. 한국 방위의 공백은 제2의 6·25를 의미하였다. 베트남전쟁이 끝날 무렵 김일성이 중국을 방문하여 '한반도에서 전쟁이 나면 잃을 것은 분계선이고 얻을 것은 남북통일'이라고 중국의 지원을 요청했던 사실이 한국의 베트남 참전의 전략적 의미를 웅변해 준다. 다행히 중국이 응하지 않았다.

백마부대 제2대대, 본부 중대의 군인들

자료: ko.wikipedia.org

1996년 9월 김수한 당시 국회의장이 베트남을 공식 방문했을 때, 도므어이 당서기장에게 가장 존경하는 지도자가 누구냐고 물었더니, 서슴없이 "박정희 대통령"이라고 답하였다. 한국의 베트남 파병을 결정한 책임자인데도 그러하 냐고 되물었더니, 베트남 서기장은 한국의 베트남 참전은 미국과 함께 한 사 소한 일이고, 원대한 비전과 계획을 가지고 국가건설을 추진한 박대통령의 정 치적 리더십을 높이 평가한다고 하였다.

베트남 참전을 통해 한국의 엘리트 군인들은 최첨단의 군사 장비와 작전을 익히게 되었다. 한국군 현대화도 추진되었다. 미군은 베트남전에서 성공하지 못했지만, 한국군의 위용은 베트남에 깊은 인상을 주었다. 물론 5천 명의 군 인이 산화하였다. 남베트남군이 양적인 우세였음에도 부패 때문에 패망하는 현장을 목격하였다. 1975년 4월 30일 남베트남이 패망하기 전 1년 동안 베트 콩이 800명 이상의 우익인사들을 암살하고, 승려와 신부들이 주도하는 소요 사태가 지속되자, 지도급 인사들은 숨을 죽이고 침묵하였다. 결국 남베트남 은 멸망하였다. 지금 우리의 반면교사다.

한국군의 베트남 참전은 우리 경제사에도 전환점이 되었다. 한강의 기적 을 이끈 현대, 한진, 대우 등 주요 기업이 베트남 현장에서 도약을 시작했다. 우물 안 개구리였던 한국인들이 넓은 세계에 눈을 떴다. 일본의 식민통치와 6·25 전화 속에서 만성적 실업과 자조의식이 만연하던 한국사회가 변해갔 다. '무엇을 해도 안 된다.'는 비관적 사고가 '하면 된다Can Do Spirit.'는 정신으로 180도 바뀌었다. 베트남에 나갔던 기업인과 근로자들이 1970년대 중동의 사 막에 진출하여 석유 달러를 끌어왔다. 그 군인들, 그 기업인들, 그 근로자들 덕분에 우리는 전 세계 10위권의 경제대국, 6위의 수출국, 1인당 소득 3만 달 러의 나라가 되었다. 전 세계에서 제조업이 살아있는 4개국 중 하나가 되었다.

파월장병을 격려하는 박정희 대통령

자료: 1boon.kakao.com

일본, 독일, 중국과 함께 한국은 세계 4대 제조업 강국이다. 그런 의미에서 베트남에 특별한 의미를 부여해야 한다.

　수교 교섭 당시 베트남 측은 경제지원을 원하였으나, 우리의 국내 정치사정상 응할 수 없었다. 그래서 당시 김석우 전 통일원 차관은 한국의 개발원조ODA가 비록 초창기이지만 베트남을 최우선 대상국으로 하겠다고 구두로 약속하였다. 그 구두약속을 한국 정부가 성실하게 지켰고, 베트남은 한국의 개발원조의 첫 번째 수혜국이 되었다. 1인당 국민소득이 1,000달러를 넘으면 개발원조에서 졸업시킨다는 지침에도 불구하고 베트남에는 지원을 강화하였다. 1992년부터 2016년까지 무상 4.2억 달러, 유상 12.1억 달러로 총 16.4억 달러를 지원하였다. 베트남 농촌에 학교와 병원을 지어주었다. 직업훈련소도 지원하였다. 이러한 노력이 베트남에게도 믿음을 주었다. 그 신뢰 위에서

한·베트남 경제·통상관계가 폭발적으로 확대되고, 인적·물적 교류가 확대되었다. 동남아지역 중 압도적인 비중을 차지하는 동반자가 되었다.

한국의 베트남전 참전결정에 존슨 대통령이 크게 감동하여, 박정희 대통령이 간절하게 원하던 한국과학기술연구원KIST 설립을 지원해주었다. 해외에 나갔던 과학자들이 귀국하여 과학기술 한국의 토대를 만들었다. 그 베트남 판 과학기술연구원V-KIST 설립을 위한 사업이 2017년 11월 21일 베트남 하노이에서 시작되었다. 수교 교섭 당시 베트남이 벤치마킹했던 프로젝트다. 한국의 대법원은 베트남의 사법제도 개선을 위한 협력을 제공하고 있다. 사법연수원 역량강화사업에 부장판사를 현지에 파견하여 경험을 전수하고 있다.

베트남은 보통의 이웃이 아니다. 한국과 너무도 비슷한 점이 많다. 한자문화의 영향을 받았고, 유교적 전통도 남아 있어서 서로 이해하기 쉽다. 뜨거운 사막의 중동지역은 물론이고 극한의 시베리아에서도 일할 수 있는 민족

한국과학기술연구원 설립을 지원하는 존슨 대통령

자료: www.kist.re.kr

은 지구상에 한국인과 베트남인뿐이라고 한다. 9,500만 베트남 인구의 대부분은 매우 젊고, 부지런하고, 머리와 손재주가 우수하고, 한국처럼 문맹이 없다. 이른 새벽이면 남녀노소가 공원이나 운동장에서 걷거나 운동을 하는 모습도 다른 개도국들과 다른 점이다. 스스로 돕는 자들의 사회라고 할 수 있다.

베트남 지도자들은 정말 야무진 꿈을 가졌다. 전쟁에서 벗어나서 아직도 빈곤의 냄새가 가득하던 시기에 그들이 만든 경제건설의 구상 중에는 경공업뿐만 아니라 중공업건설의 원대한 포부도 포함시켰다. 동남아지역의 경우 중공업건설 구상은 매우 희귀한 예다. 베트남 지도자들은 남달랐고, 그들이 따르려는 모델은 바로 한국의 근대화 과정, 공업화 과정이었다.

자본은 일본에서, 경공업은 대만에서, 그리고 중공업은 한국에서 들여오겠다고 계산하였다. 한·베트남 수교 훨씬 이전부터 베트남의 지도자와 경제관료들은 한국의 경제발전 과정을 교과서로 만들어 공부하였다. 지금 현재는 IT, 바이오와 같은 미래의 최첨단 산업구축을 위해 한국기업과의 협력을 강화하고 있다. 하기야 옛날 독립운동을 하던 호치민도 그의 머리맡에 다산 정약용의 《목민심서》를 두고 있었다.

지도자들은 국제적 전략 감각도 남다르다. 과거의 적이었던 미국과의 관계를 신속하게 복원하고 소련 군함이 사용하던 항만시설을 미 군함에 개방하였다. 국제정세의 흐름과 자신의 지정학적 위치에 대해 냉철한 인식을 가진 결과다. 그들은 현명하기에 일시적 감정의 한풀이로 국가의 백년대계를 그르치지는 않는다. 그러나 힘이 약할 때에도 강대국의 무리한 요구에는 굴종하지 않는다. 동아시아에서의 조공체제 복원이라는 망령에는 결연하게 맞설 것이다.

베트남의 자긍심은 대단하다. 중국을 둘러싼 14개국 중 한국과 베트남만이 수천 년간 중국이라는 제국 옆에서 독립을 유지해온 데 대해 자긍심을 가질 만하다. 특히 베트남은 13세기 초 쿠빌라이 칸이 유라시아 대륙을 휩쓸 당시 백만 몽골대군의 세 차례에 걸친 침공을 격퇴한 데 대해 무한한 긍지를 가지고 있다.

베트남 삼성전자 공장 현황

삼성전자의 베트남 휴대전화 공장 현황

★ 타이응우옌성 옌빈공단
• 휴대전화 생산 2공장
• 휴대전화 부품 생산 공장

★ 박닌성 예퐁공단
• 휴대전화 생산 1공장
• 휴대전화 디스플레이 모듈 생산 공장 (2020년 완공 전망)

VIETNAM

★ 호찌민 사이공하이테크파크 공단
• 가전 공장

자료 : 유진투자증권

자료: hankyung.com

과거나 현재나 국가가 위기에 처했을 때 비겁하지 않다. 베트남 사람들은 목숨을 걸고 전장에 나간다. 가히 영국 사회의 노블레스 오블리주Noblesse Oblige를 방불케 한다.

2014년 5월 중국이 남중국해 파라셀 군도 해역에서 대륙붕 유전시추를 시도하자 빈약한 연안경비정들이 중국선박과 충돌하는 공격을 감행하고, 베트남 내 중국기업에 대한 격렬한 반중시위가 일어났다. 중국도 물러설 수밖에 없었다. 죽음을 각오하는 결연한 자세에 아무리 대국이라도 조심하지 않을 수 없다. 1979년 베트남과 중국의 전쟁에서 중국이 혼났던 기억은 아직도 생생하다. 우리가 배워야 할 점이 너무 많다.

베트남과 인연을 맺었던 한국인들은 베트남에 대해 형제애와 같은 진한 애정을 느끼고 있다. 2009년부터 양국은 '전략적 협력 동반자 관계'를 선언하

자료: news.joins.com

고 미래를 향한 협력을 강화해 가고 있다. 양국은 '소나무와 잣나무의 상생관계'를 더욱 발전시켜 개발협력의 성공적 모델을 만들고 있다. 현재 6%대의 성장을 계속하는 베트남이 경제발전에 성공하면, 그야말로 한국-베트남 모델이 전 세계 개발도상국의 참고서가 될 것이다.

　동아시아에서 패권국가의 무리한 독주가 일어난다면, 두 나라는 역동성 있는 오피니언 리더로서 공동의 목표를 추구함으로써 지역의 안정과 번영을 위한 중심 역할을 하게 될 것이다. 한국과 베트남은 서로 돕고 배워야 할 형제국가다. 서로의 자긍심을 존중하면서 긴밀하게 협력해 나가야 한다.

　　2013년 7월 말 베트남의 쯔엉떤상[1] 당시 국가주석은 미국 오바마 대통령의 초청으로 백악관을 방문했다. 1995년 양국 관계가 정상화된 이후 두 번째 정상회담이었고, 분위기도 아주 좋았다. 반면 1960, 70년대 미국의 폭격으로 큰 피해를 입은 이웃나라 캄보디아의 상황은 좀 다르다. 2012년 프놈펜에서 훈 센 총리를 만난 오바마 대통령은 캄보디아의 인권 상황을 주제로 꺼냈고, 백악관 대변인들이 회담 분위기는 "팽팽했다tense"고 발표해 물의를 빚기도 했다. 캄보디아에서 선거가 공정하게 치러지지 않으면 미국 정부와 국제기구의 원조를 줄여야 한다고 격하게 주장하는 미국 정치인들도 있었다.

베트남 국가주석, 백악관 방문

자료: news.joins.com

훈 센 총리, 오바마 대통령과 만남

자료: nbcambodia.com

1　쯔엉떤상(1949년 1월 21일 ~)은 베트남의 정치인으로, 2016년 4월 2일까지 베트남 사회주의공화국의 국가주석을 역임하였다. 베트남 공산당 정치국원 겸 서기국원을 맡고 있다.

하지만 이와 같은 미국의 태도 차이가 과연 두 나라의 인권 및 민주주의 상황 때문일까? 반드시 그렇지는 않다. 훈 센 총리의 통치 스타일은 의심의 여지없는 권위주의고 캄보디아의 선거가 완벽했던 것은 아니지만, 베트남은 일당 체제를 유지하고 있어 아예 정치세력 간의 경쟁이 없다. 블로거나 정부 비판세력에 대한 탄압도 여전하다. 미국 내에도 베트남계 주민들의 의견을 반영해 베트남의 정치 상황에 비난의 목소리를 높이는 의원들이 있다.

그럼에도 불구하고 미국의 태도가 다른 이유는 현실정치 때문이다. 안보의 중심축pivot을 아시아로 옮기겠다는 미국의 전략에서 베트남은 중요한 동맹국이기 때문이다. 지금도 베트남은 역내 미국의 경쟁 상대인 중국과 해상 경계선을 놓고 분쟁하는 등 관계가 좋지 않고 미국이 추진하고 있는 환태평양경제동반자협정Trans-Pacific Partnership, TPP에도 적극 참여하고 있다.[2] 그에 비해 캄보디아는 역내 중국의 주요 동맹국이고 TPP에 참여할 가능성도 낮다. 1970년

오바마, 9년 전쟁 치른 나라서 의장대 사열 – 2016년 5월 23일 베트남을 방문한 버락 오바마(오른쪽) 미국 대통령이 쩐다이꽝 베트남 국가주석과 함께 하노이 주석궁에서 의장대를 사열하고 있다. 두 정상은 회담을 가진 뒤 공동 기자회견에서 "미국이 베트남에 대한 살상무기 수출 금지 조치를 전면 풀기로 했다."며 양국이 과거 적국에서 안보 동반자로 탈바꿈했음을 밝혔다. '오월동주' 중국을 겨누다.

자료: m.news.zum.com

대 세계정세를 지배하던 현실정치의 논리는 오늘날에도 여전히 유효한 듯하다.

오늘날 캄보디아는 UN 회원국이며, 세계은행과 IMF의 특별 회원이다. 아시아개발은행ADB과 ASEAN 회원국이고, 2004년 WTO에 가입하였으며, 2005년에는 동아시아 정상

2   2016년 2월 4일 서명. 미국은 2008년 2월 협상 시작, 2016년 2월 4일 서명, 2017년 1월 23일 탈퇴했다.

회의EAS에 참가하였다.

　캄보디아는 많은 나라들과 외교
관계를 수립하고 있는데, 대부분의
동남아 이웃 국가들과 파리 평화협
정에서 중요한 역할을 했던 미국,
오스트레일리아, 캐나다, 중국, 유럽
연합, 일본, 러시아 등과 수교 관계
를 맺고 있다. 또한 캄보디아는 조
선민주주의인민공화국과 대한민국
모두와 수교 관계를 맺고 있다.

지난 2008년 7월 23일 캄보디아군이 태국 국경 인근에 위치한 프레아 비히어 사원에서 태국·캄보디아 힌두교 사원 귀속권 문제로 경계 근무를 하고 있다.

unikorea21.com

　1970년대와 80년대의 격동이 지나가고, 몇 차례의 국경 분쟁을 이웃 국가
들과 경험했는데, 여전히 일부 도서와 베트남에 인접한 국경 및 태국과 접한
바다의 경계는 아직도 분쟁의 대상이 되고 있다.

　2003년 1월, 프놈펜에서 태국의 인기 여배우의 발언으로 촉발된 앙코르 와
트와 관련하여 소요가 발생했는데, 캄보디아의 언론과 훈 센 총리까지 곤욕
을 치른 사건이었다. 당시 타이는 자국민을 보호하기 위해 국경을 폐쇄하고
전투기를 출격시키는 등의 조치를 취했다. 2003년 3월 21일, 캄보디아 정부에
서 타이 대사관을 파괴한 보상금으로 600만 달러의 보상금을 지불하고 국경
이 다시 개방되었다.

　2008년 태국과의 국경에 위치한 프레아 비히어 사원Preah Vihear Prasat의 유네
스코 세계유산 등록을 둘러싸고 캄보디아와 태국은 사원 인근에 각각 군대
를 주둔시켰으며 잦은 충돌이 일어나고 있다.

　한편 2007년 12월 기준, 베트남은 172개 국가와 외교 관계를 수립하였다.

1986년 도이모이 프로그램의 채택 이후 베트남의 외교 정책은 더 이상 베트남, 캄보디아, 라오스 3개국의 '특별한 주권 관계'의 보전을 최우선 과제로 삼지 않고 있다. 장기간의 캄보디아 내전 개입으로 베트남은 국가건설과 발전에 입은 손실이 너무 크다는 데에 비단 사회뿐만 아니라 지도층 엘리트 사이에도 광범위한 공감대가 형성되어 있다. 이는 과거의 군사적 대응을 통한 반외세, 팽창적 기조보다는 국가주권의 보호와 실질적 실현을 위한 물적 토대와 대외 환경의 조성이 베트남의 새로운 안보 정책의 목표가 되어야 한다는 변화의 배경이 되었다. 베트남은 과거의 '적敵'들과의 관계를 모색하면서 지역 안보의 최대 위협으로부터 지역안정의 새로운 지지자와 최대 수혜자로 변모해 왔다. 1989년 캄보디아로부터 철수 이후, 베트남은 아세안, 유럽, 동아시아 국가들과의 관계 개선을 적극적으로 모색하였다. 1991년 중국과 수교한 후, 1992년 중국과 남사군도 영유권을 놓고 분쟁도 있었으나, 1999년에는 대륙국경 협정을, 2000년 12월에는 통킹만 국경협정을 체결하였다. 미국과는 1993년 외교 관계 수복을 위한 본격적인 노력을 시작하였다. 베트남 정부가 폐쇄적인 사회주의 계획경제의 문제점을 깨닫고 개혁개방 정책을 편 이후 미국 기업인과 언론이 베트남과 관계를 개선하라는 압력을 넣자 1994년 2월, 클린턴 행정부는 마침내 1975년 이후 계속되어 왔던 베트남에 대한 무역금지 조치를 해제했다. 1995년 1월 양국 간에 상호 연락사무소가 개설된 데 이어 동 7월 11일에 국교정상화가 이루어졌다. 베트남과 미국은 1998년 3월 잭슨-바닉 수정안에 의한 최혜국 대우자격Jackson-Vanik waiver을 부여, 2000년 10월 빌 클린턴 대통령의 베트남 방문, 2001년 12월 미국-베트남 상호무역협정 발효 등 대단히 빠르고 실질적인 관계 개선의 길을 걸어 왔다. 베트남은 미국의 비토 철회로 세계은행, IMF, 아세안 개발은행, APEC에 가입하는 개방일로의 정책을 지속해 왔다. 두 나라 사이에는 이제 미국 기업의 베트남 진출과 베트남전쟁 당시 실종된 미군 유해를 찾는 일을 둘러싼 협상이 이루어지고 있다. 또 1995년 1월 독일과 정치·경제 협정을 체결하였으며, 동 4월에는 오스트리아와 4개 경제협정을 체결했다. 대한민국과는 1992년 수교했

한·베트남 정상회담, '2020년 1천억 달러 교역' 가속화 합의

자료: news.sbs.co.kr

다. 수단과는 1969년 8월 26일에 외교 관계를 수립하였다. 한편 유엔 등 국제기구들에 대한 외교도 활발하게 하여 1976년 9월 국제통화기금IMF 및 세계은행IBRD에 가입했으며 1995년 7월에는 아세안ASEAN의 7번째 회원국이 되었다.

　베트남과 캄보디아의 양자 관계는 캄보디아-베트남전쟁1976~1990년으로 인하여 오랫동안 긴장 상태였다. 캄보디아는 동쪽과 남동쪽으로 베트남과 1,137km에 이르는 국경선으로 맞닿아 있다. 역사적으로 오랫동안, 캄보디아는 베트남의 정치 권력에 지배되어 왔고 베트남의 통치자에게 공물을 바쳐왔다. 1~6세기에 지금의 베트남 남부 지역은 매우 세련된 예술 및 건축 양식을 특징으로 하는 인도계 푸난 왕국에 속해 있었다. 푸난인들은 정교한 운하 체계를 갖추어 운송 및 관개용수 공급에 사용했다. 1113년, 크메르 제국의 수르야바르만 2세가 즉위하여 국내를 통일하고, 베트남 남부에 위치한 참파 왕국과 베트남의 리 왕조를 침입하였다. 1177년에는 참파의 대군이 크메르 제국의 수도인 야소다르프라를 공격하여 파괴했다. 1181년, 참파에 원정하고 있던 자야바르만 7세1181~1220년?가 귀국해 즉위했다. 그는 끈질기게 나라 만들기를 진

행시켜 1190년에는 숙적 참파를 항복시켰다. 18세기 말에는 베트남에서 일어난 떠이선의 난[3]의 여파로 캄보디아 국토가 황폐화되기도 하였다. 19세기에, 양국은 프랑스령 인도차이나로 편입되었다. 베트남과 캄보디아의 독립운동가들은 독립을 얻기 위하여 제1차 인도차이나전쟁 1945~1954년

기간 동안 프랑스군에 맞서 싸우기 위해서 서로 협력했다. 베트남전쟁 시기에, 남베트남 해방민족전선의 게릴라들은 캄보디아를 거점으로 하여 베트남 내부에서의 공격을 감행하였다. 미군이 철수하고, 1975년에 베트남과 캄보디아에서 공산주의자가 승리하자, 베트남과 캄보디아뿐만 아니라, 이 나라들의 북부에 이웃한 라오스도 공산주의 통치하에 놓이게 되었다. 서방 세계의 기대와는 달리, 공산주의 체제의 구축은 캄보디아와 베트남을 서로 친밀하게 하지는 않았다. 1962년 제네바 협약은 캄보디아의 정치 세력인 크메르 루주의 안전을 보장하지 않았는데, 크메르 루주는 이것 때문에 베트남을 비난하였고 베트남 공산당과 크메르 루주는 서로 적개심을 키워나갔다.

1970년 3월 17일 친미 세력 론 놀이 시아누크의 외유 중에 쿠데타를 일으켰고, 10월 9일 시아누크 일파를 추방하고 크메르 공화국의 수립을 선언했다. 론 놀은 정권을 취하면서 격렬한 반베트남 캠페인을 실시해 남베트남 해

---

3 떠이선 왕조(西山朝)는 24년간 베트남을 지배한 단기 왕조이다. 이 기간의 일련의 사건은 떠이선당의 난(西山黨之亂)이라고도 부른다. 떠이선이라는 이름은 베트남의 역사에서 후 레 왕조와 초기 응우옌 왕조의 말기에 왕국을 약화시킨 무리로 자주 언급된다.

방민족전선의 지원이 의심되는 캄보디아 거주지 내의 베트남계 주민을 박해·학살하였다. 이 때문에 시아누크 시대에 50만 명이었던 베트남계 주민 중 20만 명이 1970년에 베트남에 대량 귀환하는 사태가 계속되었다.

1978년 1월 베트남을 침공한 폴 포트는 베트남과 단교를 선언하였다. 그 즈음 베트남은 소련과의 관계를 강화하고 있었는데, 중-소 대립의 구도로부터, 중국과 관계가 깊은 폴 포트 정권과 대립하게 되었다. 5월에는 중앙의 폴 포트에 대한 반란의 혐의를 둔 동부군 관할구역을 공격해 동부지구의 대량의 크메르 루주 장병이 처형되었다. 이 때문에 베트남에는 10수만 명에 달하는 동부지구 지역의 피난민이 유입되었다. 1978년 12월 25일, 베트남군은 망명 캄보디아 난민으로부터 캄푸치아 민족구국통일전선을 조직해 크메르 루주 장교로 베트남에 망명한 헹 삼린을 옹립해 폴 포트 타도를 내걸어 캄보디아에 침공했다. 1979년 1월 6일, 베트남군이 프놈펜을 공략 유폐에 가까운 상태에 있던 시아누크는 다시 북경으로 도망갔으며, 폴 포트, 이엔 사리 등 크메르 루주는 태국 경계 근처까지 쫓겨나게 되었다. 1월 10일 친베트남의 캄푸치아 인민공화국People's Republic of Kampuchea이 수립되었다. 그러나 헹 삼린이 이끄는 캄보디아인민당에 의한 정권은 베트남의 괴뢰정권이라는 이유로 세계 각국의 승인을 얻을 수 없었다. 동년 2월에는 중국군이 캄보디아 침공의 보복으로 베트남을 공격했다. 그러나 중국은 실전 경험 풍부한 베트남군에 참패해, 3월에 철수하게 된다.

베트남 여군에게 감시당하고 있는 중국 포로들

자료: www.hani.co.kr

1983년 2월에 열린 인도차이나 3국 정상회담에서 베트남군의 부분적 철수가 결의되었지만, 3월에 베트남군은 폴 포트파의 거점을 공격하였다. 1984년 7월의 동남아시아 국가연합 외상회담에서 캄보디아에 주둔한 베트남군을 비난하는 공동선언을 채택하게 된다. 그러나 베트남군은 내전에 계속 개입하여 1985년 1월에 민주 캄푸치아 연합정부의 거점을 공략하여, 3월에 시아누크 국왕파의 거점을 제압하였다. 1988년 3월, 베트남 수상 팬 분이 급사하는 정변이 일어나자, 6월에 베트남군은 철수를 시작해 1989년 9월에 철수를 끝내게 된다. 그 결과 당시 수상의 자리에 있던 훈 센은 베트남군의 버팀목을 잃고 세력이 약화되어 내전은 더욱 수렁에 빠지게 되었다.

1990년 6월 4~5일, 도쿄에서 캄보디아 각파가 참가하는 평화를 향한 직접 대화의 장소로서 캄보디아에 관한 도쿄 회의가 개최되었다. 다음 해 1991년 10월 23일, 캄보디아 평화 파리 협정이 개최되어 최종 합의문 국제연합 캄보디아 잠정 통치기구 UNTAC'의 설치, 무장해제와 내전 종결, 난민의 귀환, 제헌의회 선거의 실시 등에 19개국이 승인함으로써 20년에 이르는 캄보디아 내전이 종결되었다. 전쟁이 끝나고 나서, 양국의 관계는 발전되어 왔다. 베트남, 캄보디아 양국은 ASEAN, 메콩-강가 협력 Mekong-Ganga Cooperation과 같은 다자 간 지역 기구의 가맹국이다. 양국은 국경무역을 개시하고 발전시켰다. 캄보디아는 베트남 물품의 16번째 수입국에 불과하나, 베트남은 캄보디아의 3번째로 큰 수출 시장이다.

응우옌푸쫑[4] 당서기장의 2017년 7월 20~22일 사이 캄보디아 왕국 국빈 방문은 양국 관계의 역사적이고 중대한 사건이며 양국 관계 50년의 길을 다

4 응우옌푸쫑(阮富仲, 1944년 4월 14일 ~)은 베트남 공산당의 서기장이다. '공산주의 혼합경제' 개념을 만들었다. 전임 쩐다이꽝 국가주석이 2018년 9월 21일 재임 중 사망함에 따라 10월 23일에 제9대 국가주석으로 선출되었다.

시 확인할 수 있는 기회였다. 이번 방문을 통해 양
국 관계의 결과 및 경험을 다시 확인하며 양국 협력
의 잠재력 및 새로운 협력의 장을 열 수 있었다. 양
국의 관계는 더 넓고 믿음직하게 새로운 단계로 발
전하여 더 깊고 효과적인 방면으로 발전할 수 있게
되었다.

응우옌푸쫑 당서기장, 캄보디아 국빈방문

자료: viethantimes.com

캄보디아 방문 일정 3일 동안 응우옌푸쫑 당서기
장은 22건의 회담 및 회견을 효과적으로 진행하였
다. 응우옌푸쫑 당서기장은 노로돔 시하모니Norodom
Sihamoni 캄보디아 국왕과 회담 및 회견을 하였고 노로돔 모니나스 시아누크
Norodom Monineath Sihanouk 황태후와도 만남을 가졌으며 상원의장, 국회의장 등 캄
보디아 정부의 주요 인사와 접견하였다. 모든 회담, 회견 및 만남은 명백함에
충실하면서도 깊고 넓게 실용적으로 진행되었다.

양측은 지난 50년간 양국 관계의 결과를 평가하였으며 실질적인 경험을 바
탕으로 현재 세계 속에서 양국 관계의 중요성에 대하여 함께 공통적으로 인
식하였다. 양측은 베트남-캄보디아 관계가 더 높은 단계로 올라갈 수 있도록
다방면에서 실용적인 발전 방향을 논의하였다.

양측은 50년이라는 기간 동안 양국의 우호 및 이웃 관계는 같은 '적'과의
투쟁, 독립을 위한 투쟁, 캄보디아 집단살해 제도를 물리치기 위한 투쟁, 현재
국가의 건국 및 반전운동 등 수많은 시련을 겪으며 모든 분야에서 좋은 결과
를 얻었다. 일련의 시련들을 통해 양국은 서로 의지하고 단결하는 모습을 보
여주었다. 양국 관계는 신성한 상징이 되었고 귀중한 재산이 되었으며 앞으로
건설과 발전 과정의 토대 및 동력이 될 것이다.

자료: vietnam.vnanet.vn

양측은 서로 아낌없이 도와주었던 매우 중요하고 귀중한 동지이자, 이웃인 친선 관계를 양국의 발전 과정에서 중요한 요인으로 인식하고 미래 세대들에게 보존하고 물려주기 위해 상호 역량을 발휘해야 할 것이다.

양국은 50년간 지속되었던 관계 발전을 토대로 앞으로 서로 더욱더 깊게 넓히도록 노력하여 모든 분야에서 실질적이고 효과적인 새로운 발전 단계로 확대해 나갈 것이다. 베트남과 캄보디아는 어떠한 상황이 발생하더라도 영원한 이웃 국가로서 긴밀하고 효과적인 협력을 유지해 나갈 것이다.

이번 방문을 계기로 양국 외교부장관은 '베트남-캄보디아 우호-협력 관계 강화에 대한 공동성명'을 체결하였고, 이 체결식에 응우옌푸쫑 당서기장과 캄보디아 총리 및 양국 대표단이 참석하였다. 이번에 체결된 공동성명을 통해 양국 관계의 새로운 장을 열었다. 공동성명을 통해 50년 양국 관계를 높이 평가하고, 앞으로도 양국은 모든 분야에서 전체적인 협력 방향에 대하여 언급하며 각종 정책적인 문제들에 대한 해결 방향을 모색하기로 하고 세계 및 지역의 문제점에 대한 인식을 같이 하기로 하였다.

응우옌 쑤언 푹[5] 베트남 총리의 초청에 따라 훈 센 캄보디아 총리가 캄보디아 고위급 대표단을 이끌고 2019년 10월 4~5일 베트남을 공식 방문했다. 이 방문은 2018년 9월 캄보디아가 6기 임기정부를 설립한 이래 훈 센 총리의 1년 사이 두 번째 공식 방문이다. 베트남-캄보디아 관계가 계속 원만히 발전하고 있으며, 캄보디아와의 전면적이고 지속 가능한 협력, 전통 우정 관계 유지 중시를 비롯하여 독립적이고 다양한 대외 정책을 강조하고 있는 배경 속에 훈 센 총리의 베트남 정식 방문이 이루어졌다. 이 방문은 양국 간 경제, 무역, 투자 등에 협력 관계 제고를 위한 것이었다.

응우옌 쑤언 푹 베트남 총리는 통룬 시술릿 라오스 총리(맨 왼쪽), 훈 센 캄보디아 총리(맨 오른쪽)와 회견을 가졌다.

자료: vovworld.vn

---

5 응우옌 쑤언 푹(阮春福, 1954년 7월 20일 ~)은 베트남의 정부수상이다. 2016년 4월부터 베트남 공산당 서열 3위다.

참고문헌

- 김이은 저, 베트남의 호 아저씨 호치민, 자음과모음, 2013.
- 권태인 편저, 힘센 훈 센 캄보디아 근대 40년사, 문예림, 2008.
- 권헌익 저, 베트남전쟁의 유령들, 산지니, 2016.
- 다니엘 에므리 저, 성기완 역, 호치민, 시공사, 1998.
- 데이비드 핼버스탬 저, 송정은 역, 최고의 인재들: 왜 미국 최고의 브레인들이 베트남전이라는 최악의 오류를 범했는가, 글항아리, 2014.
- 로빈 무어 저, 양욱 역, 그린베레: 베트남전쟁과 그린베레의 전설, 플래닛미디어, 2008.
- 로웅 웅 저, 이승숙·장미란 역, 킬링필드, 어느 캄보디아 딸의 기억, 평화를 품은 책, 2019.
- 배정호 저, 사이공 패망과 내부의 적: 베트남전쟁과 통일전선전술, 비봉출판사 (BBbooks), 2018.
- 보응웬지압 저, 강범두 역, 디엔비엔푸: 베트남 독립전쟁 회고록, 길찾기, 2019.
- 비엣 타인 응우옌 저, 부희령 역, 아무것도 사라지지 않는다: 베트남과 전쟁의 기억, 더봄, 2019.
- 손본영 저, 행복을 가르쳐준 캄보디아, 이안에, 2019.
- 송필경 등저, 현대사상 18 호치민, 현대사상연구소, 2017.
- 오정환 저, 무릎 꿇지 않는 베트남-중국 천년전쟁, 종문화사, 2017.
- 윌리엄 J.듀이커 저, 정영목 역, 호치민 평전, 푸른숲, 2003.
- 윤충로 저, 베트남전쟁의 한국 사회사: 잊힌 전쟁, 오래된 현재, 푸른역사, 2015.
- 이용준 저, 베트남, 잊혀진 전쟁의 상흔, 한울, 2019.
- 이지상 저, 혼돈의 캄보디아, 불멸의 앙코르와트: 이지상 캄보디아 여행기, 북하우스, 2007.
- 임윤갑 역, 전쟁에 관한 대통령의 결정: 한국, 베트남 그리고 페르시아만, 북코리아 (Bookorea), 2008.
- 정병선 역, 미국의 베트남전쟁: 미국은 어떻게 베트남에서 패배했는가, 갈피, 2004.

- 정의한 저, 안, 캄보디아, 나다, 2013.
- 찰스 펜 저, 김기태 역, 호치민 평전, 자인, 2001.
- 채명신 저, 베트남전쟁과 나, 팔복원, 2006.
- 최용호 저, 베트남 정글의 영웅들, 전쟁과평화연구소, 2012.
- 필립 쇼트 저, 폴 포트 평전, 실천문학사, 2008.
- 호치민 저, 옥중일기, 지만지, 2012.
- 호치민 저, 호치민: 식민주의를 타도하라, 프레시안북, 2009.
- 후루타 모토오 저, 박홍영 역, 역사 속의 베트남전쟁, 일조각, 2007.

| 저자 소개 |

 노형진 | e-mail: hjno@kyonggi.ac.kr

- 서울대학교 공과대학 졸업(공학사)
- 고려대학교 대학원 수료(경영학박사)
- 일본 쓰쿠바대학 대학원 수료(경영공학 박사과정)
- 일본 문부성 통계수리연구소 객원연구원
- 일본 동경대학 사회과학연구소 객원교수
- 러시아 극동대학교 한국학대학 교환교수
- 중국 중국해양대학 관리학원 객좌교수
- 현재) 경기대학교 경상대학 경영학과 명예교수
  한국제안활동협회 회장

| 주요 저서 |
- 『Amos로 배우는 구조방정식모형』(학현사)
- 『SPSS를 활용한 주성분분석과 요인분석』(한올출판사)
- 『Excel 및 SPSS를 활용한 다변량분석 원리와 실천』(한올출판사)
- 『SPSS를 활용한 연구조사방법』(지필미디어)
- 『SPSS를 활용한 고급통계분석』(지필미디어)
- 『제4차 산업혁명을 이끌어가는 스마트컴퍼니』(한올출판사)
- 『제4차 산업혁명의 핵심동력 – 장수기업의 소프트파워-』(한올출판사)
- 『제4차 산업혁명의 기린아 기술자의 왕국 혼다』(한올출판사)
- 『제4차 산업혁명의 총아 제너럴 일렉트릭』(한올출판사)
- 『망령의 포로 문재인과 아베신조』(한올출판사)
- 『프로파간다의 달인』(한올출판사)

이애경 | e-mail: aizzing57@naver.com

- 경기대학교 경영학과 졸업(경영학 학사)
- 경기대학교 대학원 석사과정 수료(경영학 석사)
- 경기대학교 대학원 박사과정 수료(경영학 박사)
- 경기대학교 경상대학 경영학과 겸임교수 역임
- 현재) 인천지방법원 김포지원 민사조정위원
  (주) 용신플러스 대표이사

| 주요 저서 |
- 『제4차 산업혁명을 위한 인재육성』(배문사)
- 『제4차 산업혁명을 이끌어가는 스마트컴퍼니』(한올출판사)
- 『제4차 산업혁명의 핵심동력 – 장수기업의 소프트파워 –』(한올출판사)
- 『프로파간다의 달인』(한올출판사)

3년의 폭정으로 100년이 무너지다

초판 1쇄 인쇄 2020년 04월 16일
초판 1쇄 발행 2020년 04월 20일

저 자 노형진·이애경
펴낸이 임 순 재
펴낸곳 (주)한올출판사
등 록 제11-403호
주 소 서울시 마포구 모래내로 83(성산동 한올빌딩 3층)
전 화 (02) 376-4298(대표)
팩 스 (02) 302-8073
홈페이지 www.hanol.co.kr
e-메일 hanol@hanol.co.kr
ISBN 979-11-5685-889-8